EDUCAÇÃO E ÉTICA NA MODERNIDADE

Uma Introdução

Carlota Boto

EDUCAÇÃO E ÉTICA NA MODERNIDADE

Uma Introdução

70

EDUCAÇÃO E ÉTICA NA MODERNIDADE
UMA INTRODUÇÃO

AUTOR: Carlota Boto

DIRETOR ALMEDINA BRASIL: Rodrigo Mentz
EDITOR DE CIÊNCIAS SOCIAIS E HUMANAS: Marco Pace
ASSISTENTES EDITORIAIS: Isabela Leite e Larissa Nogueira

REVISÃO: Gabriela Leite
DIAGRAMAÇÃO: Almedina
DESIGN DE CAPA: Roberta Bassanetto

ISBN: 9786586618259
Março, 2021

Dados Internacionais de Catalogação na Publicação (CIP)
(Câmara Brasileira do Livro, SP, Brasil)

Boto, Carlota
Educação e ética na modernidade: uma introdução /
Carlota Boto. – 1. ed. – São Paulo: Edições 70,
2021.

ISBN 978-65-86618-25-9

1. Educação 2. Ética 3. Modernidade 4. Pedagogia
I. Título.

21-55093 CDD-370

Índices para catálogo sistemático:

1. Educação 370

Aline Graziele Benitez – Bibliotecária – CRB-1/3129

Este livro segue as regras do novo Acordo Ortográfico da Língua Portuguesa (1990).

EDITORA: Almedina Brasil
Rua José Maria Lisboa, 860, Conj. 131 e 132, Jardim Paulista | 01423-001 São Paulo | Brasil
editora@almedina.com.br
www.almedina.com.br

> [...] todo aquele que se julgue incapaz de, por assim dizer, usar antolhos ou de se apegar à ideia de que o destino de sua alma depende de ele formular determinada conjetura e exatamente essa, a se ombrear com tal manuscrito, melhor fará se permanecer alheio ao trabalho científico. Esse jamais sentirá o que se pode denominar de a 'experiência' viva da ciência. Se não contar com essa embriaguez singular, de que zombam todos aqueles que se mantêm alheios à ciência, sem esse entusiasmo, sem essa certeza de que 'milhares de anos se escoaram, antes de você ter acesso à vida e milhares se escoarão em silêncio' se você não for capaz de formular aquela conjetura – enfim, sem isso, você não possuirá jamais a vocação do cientista e melhor será que se dedique a outra atividade. Efetivamente para o homem enquanto homem, nada tem valor a menos que ele possa executá-lo com entusiasmo.
>
> (WEBER, 2006, p. 32)

Dedico este livro a meus sobrinhos,
que são os filhos que eu não tive...

Luís Felipe Boto Siqueira Bueno
Luís Carlos Boto Siqueira Bueno
Luiz Henrique dos Reis Boto Scarlassari
Rodrigo dos Reis Boto Scarlassari

PREFÁCIO

José Sérgio Fonseca de Carvalho

Em uma de suas mais importantes reflexões acerca da formação de professores da escola básica, José Mário Pires Azanha analisa a complexa relação entre os aportes teóricos de diferentes disciplinas das ciências humanas e a formulação de "diretrizes educativas". Nela José Mário – cuja influência no pensamento pedagógico da Profa. Carlota Boto não pode ser subestimada – afirma que "a adequada formação do professor não pode ser imaginada como a simples e direta aplicação à situação do ensino de um saber teórico" (AZANHA, 2006, p. 57). Tanto a formação de professores como os programas educativos exigem "um ponto de vista pedagógico", ou seja, uma perspectiva teórica que articule as reflexões e os conhecimentos empíricos acerca da cultura escolar com a dimensão axiológica inerente a qualquer esforço de formação educativa. Esta obra ilustra de forma frisante o alcance e a profundidade da advertência desse mestre que marcou gerações de pesquisadores.

Creio ser essa – a adoção de um ponto de vista pedagógico – a maior virtude da obra que Carlota Boto nos apresenta. Nela, a exposição – sempre rigorosa – que a autora faz de diferentes formas de se refletir acerca dos vínculos entre ética e educação jamais se afasta da especificidade dos desafios de uma cultura escolar comprometida com princípios e virtudes públicas, como a justiça, a solidariedade ou a tolerância. Não se trata, pois, de apenas perfilar doutrinas e sistemas éticos que se sucedem ao longo da história do pensamento ocidental, mas de articular as reflexões dos grandes mestres que nos precederam com um desafio que emana do presente: educar em um mundo despojado de certezas compartilhadas.

Tomemos como exemplo uma bela passagem de seu segundo capítulo, que se debruça sobre as relações entre diálogo, amizade e ética no mundo antigo. Depois de uma reconstituição rigorosa e elucidativa do contexto histórico e teórico do qual emergem essas reflexões, Carlota Boto ilumina seu possível significado educativo:

> Desse *insight* político por excelência, é possível desmembrar uma clara expressão pedagógica. Só serei verdadeiramente professor quando – ao ensinar –me fizer capaz de observar do ponto de vista do outro. A ação ética residirá, portanto, em alguma ponderação sobre esse mundo comum que contempla a solidão do diálogo entre um mestre e seu discípulo; como se isso acontecesse por um ato fortuito de amizade.

A amizade a que se refere Boto não equivale à relação íntima e pessoal que marca essa noção no mundo contemporâneo. Ela é, antes, uma espécie de disposição política – a *philia* – para partilhar com as novas gerações objetos e prática culturais que criam um vínculo de pertencimento ao mundo comum, a esse espaço de objetos culturais e experiências simbólicas que compartilhamos tanto com nossos contemporâneos e antepassados como com os que nele nos sucederão. Trata-se de uma partilha sempre mediada pela palavra (daí a centralidade do diálogo!), esse artifício humano que confere sentido aos objetos de uma cultura e às experiências que eles nos proporcionam, pois, como nos lembra Arendt:

> [...] o mundo não é humano simplesmente por ter sido feito por seres humanos, e nem se torna humano porque a voz humana nele ressoa. Ele se humaniza apenas quando se tornou objeto de discurso. Por mais afetados que sejamos pelas coisas do mundo, por mais profundamente que elas possam nos instigar e estimular, elas só se tornam humanas para nós quando podemos discuti-las com nossos companheiros. [...] Humanizamos o que ocorre no mundo e em nós mesmos apenas ao falar, e no curso da fala aprendemos a ser humanos. (ARENDT, 1987, p. 310)

Assim, a reconstrução dos debates éticos que marcam o mundo antigo – tecida no entrecruzamento entre história, filosofia, poesia e drama – culmina em uma meditação ética acerca da natureza da relação pedagógica. Não se trata, que fique claro, de qualquer sorte de anacronismo ou de mero louvor do passado. Carlota Boto desloca-se pelo legado da tradição filosófica como quem procura pérolas e as traz à tona para que iluminem o presente. Por isso sua seleção não tem nenhuma pretensão enciclopédica: ela se guia pela natureza dos problemas que pretende examinar. E, claro, pelo compromisso ético e político que a anima. Daí a presença e o confronto entre pensadores separados no tempo e no espaço – como Kant e Durkheim; Rawls e MacIntyre – cujas obras são tomadas como objeto não só de compreensão e exposição, mas sobretudo de *meditação*, como ressalta a autora.

E esse é um outro traço marcante da obra de Carlota Boto. Se é verdade que o tema da ética na formação educacional tornou-se, ao longo das últimas décadas, um debate recorrente, não é menos verdadeiro que essa presença na cena pública e midiática tem sido mais marcada pela repetição de slogans e clichês do que pela reflexão. O que a autora nos propõe, na contramão dessa tendência, não é a via curta das soluções simplificadoras, mas a via longa da compreensão de uma tradição reflexiva. Uma tradição que, como ressalta Ricoeur, ao apropriar-se de um pensamento que era distante e estranho, torna-o próprio; que ao se esforçar para compreender *o outro*, compreende a *si mesmo*.

SUMÁRIO

EDUCAÇÃO E ÉTICA: UMA INTRODUÇÃO

> Daí a vida docente como existência incomensuravelmente exposta em sala de aula; uma exposição cujo despudor, por mais intenso, não consegue evitar certa tragicidade aí imanente: entre professor e aluno, há sempre algo mais a ser dito. E não o será. É do que deixei de dizer aos meus alunos que este livro se ocupa.
>
> (AQUINO, 2014, p. 31)

Este livro intitulado *Educação e Ética: uma introdução* propõe-se como uma reflexão pedagógica sobre a temática da ética. Destina-se a professores dos diferentes níveis de ensino e a estudantes dos cursos de Pedagogia e das demais licenciaturas. Seu conteúdo pretende abarcar alguns conceitos e assuntos considerados aqui importantes, no âmbito dos estudos desse campo do pensamento filosófico. À partida, será problematizado o tema da pluralidade cultural e da diversidade, frente aos dilemas e às potencialidades de se adotar uma perspectiva universalista. O pensamento ético de Aristóteles e as reflexões de Kant a propósito da ética como objeto de estudo serão relacionados com sua interface com a educação. Será, ainda, apresentada a perspectiva pedagógica de duas matrizes distintas da ética: a "ética das virtudes" e "uma teoria da justiça". O livro pretende abordar diferentes concepções de ética, elaboradas em momentos distintos da História do pensamento ocidental, com o intuito de oferecer aos leitores oportunidade de algum contato com a problemática específica dos valores pensados na particularidade da ação educativa. Trata-se, ainda, de ponderar sobre a ideia de justiça aplicada à educação. Finalmente a obra abarcará aspectos concernentes à especificidade da profissão de professor, mais diretamente, pela relação coletiva travada por profissionais da educação no âmbito do cotidiano escolar.

As sociedades contemporâneas, na mesma proporção pela qual costumam evocar a relevância do papel da educação para o desenvolvimento dos povos, habituam-se a sublinhar a crise do modelo pedagógico adotado pela escolarização. A escola é tida por vilã; a educação, como salvadora. A contemporaneidade do debate pedagógico vê-se, assim, confrontada com uma série de impasses: o que significa educar hoje? Qual será o papel da escola e da família perante o império de uma sociedade da informação, perante a cultura da mídia e especialmente a disseminação cada vez mais expandida das ferramentas da tecnologia digital? Como agir em relação ao ensino? O que precisa ser ensinado na escola? Como selecionar conteúdos culturais e valorativos que possam, transmitidos pelos professores, concorrer com os múltiplos dispositivos de aquisição do saber que hoje estão fora da alçada escolar? Enfim, como instruir, formar, cuidar e educar nossas crianças na escola? O que significa, no limite, refletir sobre a ética inscrita na educação? É possível projetarmos uma ação planejada acerca de quais critérios e de quais teorias éticas iremos adotar em nossa prática? Sobre tudo isso, pretende trabalhar este livro.

No primeiro capítulo serão abordadas, de modo introdutório, as acepções de ética e de moral, discutindo também o lugar social da ética na civilização contemporânea. O tema da ética será, entretanto, introduzido à luz da discussão da tolerância. Procurando reportar-se aos modos mediante os quais os povos antigos, medievais e modernos lidavam com a temática do estrangeiro e – nos primeiros casos – do bárbaro, verifica-se que está aí ancorada a própria acepção de civilização. Refletir acerca da matéria da tolerância impulsiona naturalmente o debate sobre a pluralidade cultural. Sendo assim, a perspectiva que aqui será defendida é aquela que Guilherme de Oliveira Martins denominou de "universalismo onde todos caibam" (1998, p. 83). A fronteira dos direitos humanos pode ser considerada o mínimo denominador comum de um ponto de vista ético capaz de abarcar a todos. O texto prossegue meditando sobre as questões da moral, expressas nas diferentes miradas pelas quais o objeto pode ser tomado, seja na dinâmica das éticas deontológicas, seja na opção das éticas teleológicas, as quais serão desenvolvidas nos demais capítulos do presente livro. Trata-se, neste momento, sobretudo, de problematizar os impasses entre a pluralidade das culturas e a possibilidade de se pensar em valores morais que, universais, transcendam as particularidades e as identidades específicas. Finalmente, a discussão se desdobrará pelo ingresso da temática da educação e da escola, bem como do papel da instituição escolar na produção e reprodução de um leque de valores considerado importante para ser incorporado por todas as pessoas da sociedade que abriga o referido sistema educacional.

O segundo capítulo trabalhará a acepção grega de justiça, a partir da visão de Tucídides, Sófocles e Platão. Trata-se, portanto, de buscar qualificar a ideia de bem no mundo antigo, em seus sentidos individual e coletivo. Pensar a ética na Antiguidade requer abordar a dimensão e o alcance das virtudes. Este capítulo aborda algumas referências clássicas que possibilitam a compreensão de um panorama acerca da ética, como objeto da ação humana. Os três textos sobre os quais se debruçará esta parte do livro são os seguintes: 1) O *Discurso fúnebre de Péricles*, escrito por Tucídices; 2) *Édipo-Rei*, a tragédia de Sófocles; e 3) *A apologia de Sócrates*, de Platão. Tomou-se como hipótese a ideia de que as três obras acima referidas podem ser apreendidas na condição de diálogo. Uma das principais características da *polis* é o diálogo: o fato de ela dar a ver, de maneira pública, na vida coletiva, as regras de seu funcionamento. Na *Oração fúnebre de Péricles*, Tucídides reconstitui as palavras de Péricles na Guerra do Peloponeso. Trata-se de uma exaltação dos modos de ser da cidade ateniense, com o elogio de todas as virtudes políticas e éticas dos cidadãos da *polis*. Trata-se, ainda, de comparar Atenas com os demais povos, para assinalar a sua superioridade, em todos os sentidos. A ética aqui, portanto, subordinar-se-ia à esfera pública. O *Édipo-Rei* é um relato trágico que também, indiretamente, perpassa o campo da ética, tomado este como o lugar onde se habita. Édipo, ao buscar desvendar o enigma da cidade e ao procurar salvá-la dos males que a afligiam, descobre sua própria identidade e todos os desdobramentos morais de suas ações. *A Apologia de Sócrates*, por sua vez, versa sobre a história do julgamento do filósofo, no qual ele, tomando para si a sua defesa, passa a limpo a própria vida, destacando, pela narrativa de seus atos, a orientação moral que o singularizava no ambiente da *polis* ateniense. Nos três casos aqui reportados, a abordagem da ética é apresentada de maneira transversal, tendo em vista demonstrar que a ética como objeto de pesquisa pode ser encontrada em textos outros, para além daqueles que explicitamente abordam o tema da moralidade. Articulando as mensagens dos três textos, procurou-se dialogar com análises críticas de inúmeros comentadores, para, a partir delas, mobilizar a reflexão para abarcar o território educativo.

O terceiro capítulo versa sobre a visão aristotélica de ética, bem como sua aplicação na educação. Nesse sentido, serão abordados aspectos da noção de virtude na ética de Aristóteles. Serão, ainda, trabalhadas a amizade como virtude, a concepção de justo meio e suas implicações pedagógicas. O pensamento de Aristóteles foi imprescindível para edificar os alicerces da filosofia moral. A ética aristotélica tem como fundamento a dinâmica das virtudes, mediante as quais será possível obter o que o filósofo compreende por vida boa: ao mesmo tempo, uma vida do bem e uma vida feliz. As virtudes – fortaleza, prudência, temperança, coragem etc. – seriam destruídas tanto pelo excesso quanto pela falta. Aristóteles considera que o justo meio seria a proporção adequada para cada uma das virtudes. A virtude apresenta-se, portanto, referenciada por tal mediania e pela ocasião apropriada. Há um momento certo para agir desta ou daquela maneira em relação às virtudes. Além disso, o meio-termo, equidistante de dois extremos, não seria posto no mesmo ponto para todas as pessoas. A virtude da justiça é tida como a mais completa entre as virtudes, mas, a amizade também é, por Aristóteles, compreendida como uma virtude essencial. Por meio dela, as pessoas poderiam mobilizar a afinidade natural que possuem com os outros como um dispositivo da ação ética. De tal compreensão da amizade como pilar da virtude é que se desdobra a dimensão pedagógica do pensamento de Aristóteles. A ação profissional entre professores possibilitaria a construção de uma ética da amizade, mediante a configuração de uma forma de agir em relação aos colegas como se fosse por amizade. É isso que eu chamo aqui – reportando-me a António Nóvoa (BOTO, 2018) – de colegialidade docente. A ética profissional situar-se-ia como um critério de reflexão acerca de normas passíveis de ancorar nosso padrão de conduta no tocante à profissão. De todo modo, não se poderia redigir um livro sobre educação e ética prescindindo da ética de Aristóteles como começo de conversa.

O quarto capítulo trabalha o pensamento moral de Kant e a visão de Durkheim sobre a mesma matéria, observando as aproximações e diferenças entre os dois pensadores. Kant parte da ideia segundo a qual a moral se dá pelos princípios que a nortearam, derivados da boa vontade, à luz da autonomia, tal como esses dois conceitos são inscritos nas formulações do filósofo. Além disso, debate fundamentalmente o primado da justiça como critério da moral kantiana. A compreensão de Kant é a de que o ser humano é capaz de representar a lei moral, de concebê-la. Sendo assim, ele teria por dever agir de tal maneira que a máxima de sua ação pudesse tornar-se uma lei de validade universal. O ser humano – para agir moralmente – deve atuar conforme as leis, que, por princípio, ele deu a si mesmo e que, por sua vontade, tornam-se também as normas reguladoras de toda a Humanidade. Isso significa que, a cada dilema ético, seria importante indagar se a ação escolhida pode ser universalizada para qualquer pessoa na mesma situação. À luz do exposto, Kant qualifica o que compreende ser a autonomia da razão, ou seja: a capacidade de o sujeito dar a si mesmo as leis morais, que regularão seus atos e que serão condizentes com as leis de toda a Humanidade. Émile Durkheim mobiliza algum arcabouço do pensamento ético kantiano, para postular, entretanto, que a moralidade só pode ser apreendida como inscrita no universo simbólico que regula os códigos de ação de uma dada sociedade, de uma dada comunidade. Durkheim pretendeu discorrer sobre uma ciência dos costumes e, para tanto, situou a educação em um lugar privilegiado. Por meio da educação, a sociedade reforça a sua homogeneidade e reproduz, para as gerações novas, as formas de julgar e de agir condizentes com o que a mesma sociedade considera adequado. O papel da educação é, pois, o de formar o ser social, compreendendo-se, em Durkheim, que as normas da moralidade são intrínsecas a um código coletivo de valores considerados apropriados pela vida social. A conduta humana é, então, moralmente derivada dos costumes. A sociedade é, em Durkheim, tomada como um ser coletivo, que transcende os sujeitos individuais. A adesão ao grupo social seria, pois, para ele, o primeiro requisito da moralidade.

O quinto capítulo faz uma retomada das ideias de ética de Aristóteles e de Kant, procurando mobilizá-las para pensar questões contemporâneas, especialmente relativas à ação educativa. Reportando-se ao conceito grego de *paideia*, o texto abarca os significados públicos da ética de Aristóteles, que tem na acepção de justo meio sua expressão mais plena. Do ponto de vista aristotélico – como, inclusive, já se viu anteriormente – o tema da vida boa é um mecanismo regulador da ação ética. Para trabalhar a moral da Modernidade, procura-se desenvolver uma reflexão acerca do pensamento social de Rousseau, que compreende que a faculdade distintiva da condição humana seria antes a vontade do que a razão. Diferentemente de seus contemporâneos, os quais acreditavam no progresso indefectível da razão, Rousseau compreenderá por vontade a faculdade de dizer não ao desejo e ao impulso, sendo, portanto, um sentido que faculta o raciocínio moral. De maneira distinta da perspectiva aristotélica, a ética kantiana configura-se – conforme já se observou anteriormente – mediante uma perspectiva deontológica. Para Kant, do ponto de vista da moral, o que importa são os princípios da ação. Dessa maneira, agir moralmente não acarreta – como queria Aristóteles – a vida boa. A felicidade, para Kant, não é o resultado necessário da vida justa. Pelo contrário: a ação moral torna o sujeito apenas digno da felicidade. Será também abordado o modo como Piaget apropria-se da ética kantiana para refletir sobre o juízo moral na criança e sobre as etapas de formação da perspectiva moral à luz da sua psicologia do desenvolvimento. Em virtude, portanto, de tal discussão clássica, o presente capítulo trabalha algum debate contemporâneo acerca da ética, ponderando a propósito das especificidades do diálogo sobre a tolerância, sobre as identidades e sobre impasses e desafios contidos na busca por um consenso possível no campo dos valores.

O sexto capítulo debate duas concepções de ética, opostas entre si, que tomam ambas por interlocutora a acepção kantiana de moral. O teórico inglês John Stuart Mill (1806-1876) acreditava que uma sociedade cumprirá os requisitos da ética quando proporcionar, para seus integrantes, o bem-estar da maioria. O utilitarismo – perspectiva teórica à qual ele se filia – fazia um cálculo dos prazeres e das dores, como os principais móbeis da vida humana. A sociedade seria tão mais feliz e seria também mais ética, caso respeitasse o princípio da utilidade, o qual assegura a maximização do prazer. A ética utilitarista é uma ética consequencialista. Nesse sentido, quem faz uma boa ação merece ser cumprimentado por ela – em virtude do resultado por sua ação obtido – independentemente da intenção que motivou tal ato. A virtude seria alcançada, pois, pela multiplicação da felicidade coletiva. A filosofia política do norte-americano John Rawls (1921-2002), por sua vez, propor-se-á a combater o utilitarismo, mediante o resgate de alguns elementos da moral kantiana. Rawls tomava como ponto de partida a ideia de uma sociedade equitativa e bem ordenada. Em direção a ela, considera que as pessoas teriam intrinsecamente dois poderes morais: um senso de justiça e uma concepção de bem. Uma sociedade bem ordenada seria aquela em que há um acordo sobre os princípios de justiça que a norteiam. Rawls – à luz da acepção de contrato – cria a teoria da escolha racional. Dotados de racionalidade e razoabilidade, os seres humanos firmariam um contrato expresso a partir do exercício de um "véu da ignorância", que fizesse com que os atores ignorassem o lugar social que ocupam no tabuleiro societário. Rawls denomina essa condição de "posição original". Na posição original, sob o véu da ignorância, os indivíduos tenderiam a escolher, nas condições oferecidas, o máximo do mínimo (que Rawls irá chamar de "maximin"). Além disso, para que o contrato respeitasse a dimensão de equidade, algumas medidas seriam tomadas em direção do benefício dos menos favorecidos.

O sétimo capítulo explora a dimensão ética do pensamento de Sartre e de Hannah Arendt. Sartre toma por pressuposto a tese segundo a qual o ser humano vive, antes de ser definido por qualquer conceito. Mediante o estudo do pensamento de Sartre, verificar-se-ão os impasses, dilemas e, ainda, os desafios do universalismo, bem como as potencialidades da diversidade e, ao mesmo tempo, os limites do relativismo. Sartre apresentará a ideia de uma ética em situação, a partir da perspectiva de escolha. A liberdade é, portanto, uma condição constitutiva do estatuto do humano. Sendo assim, tendo uma existência que precede a essência, o homem está sempre por se constituir. Dotado de sua liberdade, ele elege projetos que conferirão identidade a sua pessoa. Nesse sentido, o ser humano é sempre um projeto inscrito em uma dada situação, a qual, entretanto, não é escolhida por ele. Para eleger seus projetos, o sujeito escolhe, e a escolha é irredutivelmente necessária. Escolhemos sempre circunscritos por uma específica situação, a qual foge de nosso controle. Nem por isso, contudo, situamo-nos fora da liberdade. Sempre há algo por escolher. A dinâmica da escolha provoca a angústia e o desamparo. Mesmo assim, ela constitui-se como um requisito da condição humana. A escolha, entretanto, não supõe algo de antemão: ela é escolha na, da e pela liberdade. À luz do exposto, como já queria Kant, tudo o que eu escolho para mim – isso é importante – eu devo desejar que seja a escolha de e para toda a Humanidade. A expressão moral da reflexão de Hannah Arendt é colocada, por sua vez, nas reflexões da autora sobre o julgamento do oficial nazista Eichmann, cujo processo ela acompanhou em Israel no ano de 1963. Na ocasião, ela constata no réu a incapacidade de pensar. Eichmann, em seu relato, alegava ter seguido em seus atos a moral kantiana, expressa na obediência a normas ditadas por seus superiores hierárquicos. À luz desse caso, Arendt argumenta sobre o que nomeia de "banalidade do mal", quando fruto da incapacidade de pensar, especialmente pensar do ponto de vista da outra pessoa. Para a autora, o ato de pensar constitui um diálogo do sujeito consigo próprio: como se fôssemos dois em um. Essa acepção do pensar é exatamente o que caracteriza a dimensão ética do pensamento arendtiano. O que ocorreu durante os horrores perpetrados pelo nazismo foi que teria havido uma erosão em todos os parâmetros anteriores de moralidade, sendo erigido um novo código ético. Faltou a essas pessoas o requisito da ação moral, constituído exatamente pela capacidade de pensar, a qual traria por corolário a capacidade de lembrar e, por conseguinte, de transformar a própria vida em uma narrativa dotada de significado.

O oitavo capítulo aborda a temática das virtudes e da justiça para adequá-la ao domínio educativo. Trabalhará a ética das virtudes, bem como sua potencialidade educativa. Procura-se identificar a atualidade de tal concepção de ética, explorando suas implicações pedagógicas. O objeto de tal reflexão compartilhada é, em síntese, identificar perspectivas e possibilidades críticas e criativas para o julgamento e o aprendizado das escolhas que acompanham as decisões que, no dia-a-dia das escolas, os profissionais da educação deverão tomar. A discussão concernente à ética das virtudes propõe-se a refletir acerca de questões pedagógicas que podem ser desdobradas do debate ético. Para abordar a vertente comunitarista, o texto debruçar-se-á sobre a análise do livro

Virtudes públicas, de Victoria Camps. No parecer da referida autora, que retoma parâmetros clássicos da ética de Aristóteles, a vida moral constitui uma segunda natureza, que faculta ao ser humano a possibilidade de viver com os outros. O pensamento de Victoria Camps volta-se para algumas facetas das virtudes, por ela consideradas imprescindíveis: a solidariedade, a responsabilidade, a tolerância, a profissionalidade, a boa educação, as virtudes femininas e as identidades. A ética das virtudes matiza o universalismo do pensamento de John Rawls, por exemplo, sem recair, entretanto, no absoluto relativismo, posto que considera que nem tudo é tolerável. À luz dessa reflexão, o capítulo ingressa no debate pedagógico, reportando-se brevemente às produções de Masschelein e Simons e de Dubet. Em seguida, o texto irá debruçar-se sobre uma retomada do pensamento do próprio Aristóteles, para chegar à reflexão da Hannah Arendt acerca da educação. Hannah Arendt compreende a educação como uma tarefa pública de preservação das gerações novas e do mundo comum. Trata-se de preservar os bens culturais e também aquelas pessoas, hoje crianças e jovens, que terão por tarefa manter e ampliar a vida cultural. Também será mobilizado nesse capítulo o significado narrativo passível de ser engendrado na ação pedagógica. Para tal perspectiva, desenvolve-se o pensamento de Alasdair MacIntyre, a partir do qual a narratividade pode ser tomada como estratégia de desenvolvimento dos sentidos da ética na educação escolar. Vários autores são, neste último capítulo, mobilizados para pensar sobre as questões relativas à formação humana, ao papel da educação e particularmente na educação escolar para a projeção de uma sociedade mais justa e mais fraterna. Desse modo, a relação entre o aprendizado dos alunos e o ensino do professor é posta sob o crivo da crítica, buscando-se interpretar o lugar social de um e de outro no cenário da trama pedagógica. Ao fazer isso, supõe-se haver entrelaçado o conjunto dos demais capítulos em uma reflexão específica sobre a educação e sobre a escola.

*

Este livro, que procurou contemplar as reflexões que venho desenvolvendo nos períodos em que trabalho a disciplina *Ética e Educação*, na Faculdade, foi fruto de pesquisa de longo prazo, que vinha sendo paulatina e despretensiosamente desenvolvida. Do ponto de vista do texto, contudo, boa parte do livro foi escrita em meses de pandemia. Procurei conferir ao debate sobre a ética e a educação uma dimensão introdutória. Busquei pensar, pelo olhar da pedagogia, algumas das facetas que podem ser compreendidas nos estudos da temática ética.

Este texto não teria sido possível se não fosse o apoio que recebi da Faculdade de Educação da USP; do Departamento de Filosofia da Educação e de Ciências da Educação da FEUSP; do CNPq, mediante o recebimento da Bolsa Produtividade PQ1D; e da FAPESP, pela qual integro o Projeto Temático intitulado "Saberes e Práticas e Fronteiras: por uma história transnacional da educação" (Processo FAPESP: 18/26699-4). Eu não poderia deixar de agradecer a José Sérgio Fonseca de Carvalho pela leitura dos originais e pelo diálogo, sempre generoso e fraterno. Agradeço também Pedro Dallari, Julio Groppa Aquino, Flávia Schilling, Milton Lahuerta, Bruno Bontempi Jr., José Castilho Marques Neto, Renato Scarlassari, Marcos Callia, Sinezia Moura Pacheco, Fernando Catroga, Ana Pato Catroga, Eugenia Cunha, Jézio Gutierre, António Gomes Ferreira, Rui Cunha Martins, e, especialmente, João Amorim e Teresinha Reis Pinto. Agradeço a minhas irmãs, Anita e Nenê, pela sempre amizade, cumplicidade e fraternidade. Agradeço à Editora Almedina nas pessoas dos amigos Carlos Pinto e Elsa Machado, por ter acreditado desde o início no potencial desta proposta de trabalho. Por fim sou grata aos integrantes do Grupo de Estudos de Filosofia e História das Ideias Pedagógicas (GEFHIPE) e, claro, a todos os meus alunos do presente e do passado – que são sempre a âncora que sustenta minha crença e minha aposta no poder da educação. Evidentemente, registro que toda a responsabilidade pelos eventuais equívocos cometidos na escrita e interpretação dos autores é inteiramente minha.

1.

ÉTICA E MORAL: ENTRE O SUJEITO E A POLÍTICA

> Como uma nova onda que se levanta, uma nova geração está surgindo. Vem vindo, com todas as suas qualidades e defeitos. Vamos criar condições para que eles cresçam cada vez melhores.
>
> (KORCZAK, 1986, pp. 98-99)

Tolerância: um sentido contra a barbárie

A tolerância[1] é uma atitude imprescindível para se lidar com tudo aquilo que não nos é familiar, em termos de crenças, de costumes, de atitudes, de pensamentos. Significa, a rigor, estar disposto a ouvir o pensamento do outro e a ponderar sobre ele. Significa, pois, estar aberto ao diálogo – seja qual for a própria convicção pessoal. A acepção de tolerância requer uma disposição para aceitar o diferente e isso exige algum empenho interior: "nada do que é humano me é estranho" (*apud* ROMILLY, 2000, p. 33). O contrário da tolerância sempre foi visto, desde os gregos antigos, como selvageria e brutalidade. António Sousa Ribeiro elabora o seguinte comentário sobre o tema:

---

[1] Este capítulo baseou-se em publicação anterior: BOTO, Carlota. Educação e ética: formação para a cidadania e para a tolerância. Revista Internacional d'Humanitats. Barcelona: CEMOrOc-Feusp/Universidade Autônoma de Barcelona: Editora Mandruvá, ano XIV, nº 22 (jul./set. 2011), pp. 29-46. Disponível em: <http://www.hottopos.com/rih22/carlota.pdf>. Acesso em: 26 out. 2020.

> Se a tolerância não pressupõe o conhecimento do outro ou o desejo de conhecer o outro, mas sim a simples aceitação do seu direito a ser diferente, ela redunda, afinal, na simples afirmação da identidade do mesmo, já que o outro, evidentemente, só o é como construção a partir da perspectiva desse mesmo. A definição da tolerância como 'respeito pela diferença' oculta o fato de que essa diferença não é natural e estática, antes é produzida e permanentemente reconfigurada a partir da perspectiva de um lugar de identidade. Aqui reside a ambiguidade fundamental do conceito pensado como valor ético positivo: ele transporta, no entanto, desde sempre conotações que são indissociáveis de uma relação de poder, desde logo o poder de definir o que é ou não tolerável. É, assim, com toda a justeza que os críticos do conceito chamam a atenção para o princípio de humilhação muitas vezes subjacente ao ato de tolerar. (RIBEIRO, 2004, pp. 406-407)

Para a Grécia clássica, aquilo que diferencia um bárbaro de um civilizado seria exatamente o fato de o primeiro não se submeter nem à razão nem à *polis*. Os bárbaros – aqueles cuja linguagem não se compreende – caracterizar-se-iam por não possuírem controle sobre seus impulsos. Nesse sentido, para o caso dos gregos antigos, pode-se dizer que "ainda que o substantivo 'barbárie' não faça parte da sua linguagem, nós o encontramos presente em certos textos como uma espécie de elemento primordial e repulsivo sobre o qual o pensamento deve exercer seu domínio" (MATTÉI, 2002, p. 92). Assim – comenta Mattéi – o conceito de medida seria princípio ético na antiga Grécia, ao passo que os bárbaros seriam (enquanto tal) sujeitos à desmedida. O bárbaro é, antes de tudo, um estrangeiro, aquele que eu não compreendo. Seja como for, a mera existência do bárbaro remetia à fratura entre as pessoas. Não existia o reconhecimento do gênero humano, cuja postulação alguns autores creditam ao pensamento platônico. Pode-se, contudo, reconhecer que admitir a existência de dois campos – o do civilizado e o do bárbaro – com a clara superioridade do primeiro sobre o segundo, era, já por si, traço de intolerância, embora tenha sido também na Grécia que se forjaram os primeiros grandes textos historicamente conhecidos acerca dos sentidos da justiça entre os homens.

Mattéi confere a Roma o "endurecimento da clivagem entre civilização e barbárie" (MATTÉI, 2002, p. 111). Segundo ele, a noção grega de bárbaro remontaria às Guerras Médicas, no princípio do século 5 a.C, porém, o termo barbárie só teria surgido no âmbito do Império

Romano, e bastante tardiamente, "por volta do século IV de nossa era, para designar as forças exteriores de destruição" (MATTÉI, 2002, p. 111). Em Roma, como na Grécia, os povos estrangeiros não eram bem-vindos enquanto eles permanecessem estrangeiros. Havia aversão pela diferença e pretensão de superioridade da cultura que fala a língua do povo que domina. Por isso há quem diga que, aos olhos de seu vizinho, um povo sempre pode ser classificado como bárbaro. A civilização romana pretendia superar a barbárie mediante a inclusão do outro em patamares pretensamente civilizadores, expressos na universalidade da cultura romana. A finalidade disso seria a construção de um mundo declaradamente pertencente a todos. Os romanos, assim, subjugavam os povos que conquistavam, não apenas por efeito da força física, mas pelo aspecto de inclusão dos dominados em um suposto caldo de cultura apresentado como universal, e falado em latim. É possível dizer, como Maria Irene Ramalho, que

> A evolução semântica da palavra "tolerância" levou-a ao sentido positivo que o nosso tempo deseja dar-lhe com os objetivos mais louváveis, mas a verdade é que, etimologicamente, "tolerar" significa ter de aguentar algo que não é agradável e se deseja evitar, seja uma situação ou um sentimento, um elemento natural ou uma construção humana, um acontecimento ou uma ação, um animal ou uma pessoa. Nessa evolução semântica, a palavra foi ganhando, sobretudo a partir do humanismo renascentista, aquela conotação, que tão necessária parece ser ao mundo de conflitos sangrentos em que vivemos, de indulgência para com o que se apresenta como "diferente" e como tal perturba ou incomoda ou chega mesmo a ameaçar. É princípio quase universalmente consensual das culturas democráticas em que, dizem, hoje vivemos que se deve ser tolerante com o "outro", ou seja, deve deixar-se que o outro viva em paz com as suas crenças, os seus valores, os seus modos de estar, por mais alheios que eles possam ser ao "mesmo" com que nos identificamos. Os próprios termos aqui usados, porém, denunciam o mal-estar que decorre do sentido etimológico da palavra "tolerância": há um centro, que é o "mesmo", que tolera a desagradável diferença de uma margem, que é o "outro". Reverbera, assim, no conceito de tolerância uma relação perigosa com o poder. O poder pode tolerar, a falta de poder nem isso pode. O "mesmo" tolera o "outro", mas só enquanto o "outro" não constitui ameaça à sua posição central e dominante. Mesmo reconhecendo teórica e eticamente que não há o "outro", que todos somos "o outro", as correlações de força rapidamente se encarregam de introduzir a assimetria. (RAMALHO, 2004, pp. 148-149)

A Baixa Idade Média convive com práticas de intolerância, com a expulsão dos muçulmanos, as Cruzadas, a segregação dos judeus etc. Jacques Le Goff (1997) considera que a primeira utilização pública da noção de tolerância estaria consignada no *Édito de Tolerância*, de 1562, que concedia liberdade de culto aos protestantes. A partir do século 17, o termo tolerância tornou-se corrente.

Simbolicamente ilustrativa, a *Carta sobre a tolerância* de John Locke, publicada em 1689, expressa a busca de superação das guerras religiosas que assolavam a Europa daquela época. Para Locke a tolerância, coincidente com a "caridade, brandura e boa vontade para com todos os homens" (LOCKE, 1983, p. 3), seria um dever de todos perante todos os "defensores de opiniões opostas" (LOCKE, 1983, p. 4). Sendo assim, "o poder civil não deve prescrever artigos de fé, ou doutrinas, ou formas de cultuar Deus pela lei civil" (LOCKE, 1983, p. 6). Locke destaca, para evidenciar suas razões, alguns argumentos que estão na base do pensamento sobre a tolerância:

> Cada igreja é ortodoxa para consigo mesma e errônea e herege para com as outras. Seja no que for que certa igreja acredita, acredita ser verdadeiro, e o contrário condena como erro. De sorte que a controvérsia entre essas igrejas acerca da verdade de suas doutrinas e a pureza do seu culto é igual de ambos os lados; nem existe qualquer juiz, seja em Constantinopla, seja em qualquer outra parte do mundo, cuja sentença possa resolver a disputa. A decisão dessa questão cabe unicamente ao Juiz Supremo de todos os homens, a quem também cabe castigar os que erraram. (LOCKE, 1983, p. 9)

Além disso, seria fundamental que o princípio da tolerância se tornasse um dever a ser exigido para regular as relações civis, no sentido mesmo de um "dever de tolerância" a ser exigido das pessoas e dos povos:

> Quem mistura o céu e a terra, coisas tão remotas e opostas, confunde essas duas sociedades, as quais em sua origem, objetivo e substancialmente são por completo diversas. Ninguém, portanto, não importa o ofício eclesiástico que o dignifica, baseado na religião, pode destituir outro homem que não pertence à sua igreja ou à fé, de sua vida, liberdade ou de qualquer porção de seus bens terrenos. (LOCKE, 1983, p. 10)

Os autores iluministas também se debruçarão sobre o tema, indicando que as práticas intolerantes contrariavam o que se passara a nomear direitos naturais. Voltaire remete a ideia de tolerância àquilo que os povos antigos qualificavam por práticas de hospitalidade. Remontando ao preceito ético que apresenta como universal – aquele segundo o qual não devemos fazer aos outros aquilo que não gostaríamos que os outros fizessem conosco – Voltaire recorre a exemplos concretos para evidenciar o quanto a atitude intolerante desrespeitava essa ideia:

> Ora, não se percebe como, de acordo com esse princípio, um homem poderia dizer a outro: "acredita no que acredito e no que não podes acreditar, ou morrerás". É o que dizem em Portugal, na Espanha, em Goa. Atualmente limitam-se a dizer, em alguns países: "crê, ou te abomino; crê, ou te farei todo o mal que puder; monstro, não tens minha religião, logo não tens religião nenhuma: cumpre que sejas odiado por teus vizinhos, tua cidade, tua província". Se fosse de direito humano conduzir-se dessa forma, caberia então que o japonês detestasse o chinês, o qual execraria o siamês; este perseguiria os gancares, que cairiam sobre os habitantes do Indo; o mongol arrancaria o coração do primeiro malabar que encontrasse; o malabar poderia degolar o persa, que poderia massacrar o turco – e todos juntos se lançariam sobre os cristãos, que por muito tempo devoraram-se uns aos outros. O direito à intolerância é, pois, absurdo e bárbaro; é o direito dos tigres, e bem mais horrível, pois os tigres só atacam para comer, enquanto nós exterminamo-nos por parágrafos. (VOLTAIRE, 2000, pp. 33-34)

Tratava-se – para o pensamento da ilustração – de pensar na coexistência pacífica entre hábitos, crenças, tradições e línguas diversas, embora o que tenha motivado os primeiros grandes debates sobre a tolerância na modernidade tenha sido a questão religiosa. O mundo ocidental jamais vivenciou uma época livre dos fantasmas da intolerância. A tolerância perante pessoas de outra cor, de outra religião, de outra língua, com costumes diferentes, requer, do ponto de vista metodológico, o reconhecimento por parte de cada um de não possuir consigo a prerrogativa da verdade. Nesse sentido, tolerância é também "compreender a dor do outro" (COTLER, 2000, p. 72). O mundo contemporâneo, como todas as épocas que lhe antecederam, precisará pensar nessa questão, cuja atualidade é emblemática. Hoje, mais do que nunca, é necessário encetar esforços de tradução cultural, de interpretação das outras culturas, em seus códigos e em suas linguagens, tendo em vista "um conhecimento mútuo, interpelante, aberto à negociação, e tão alargado e aprofundado quanto possível" (BORGES, 2004, p. 154).

Tolerância: pluralidade e convívio

Se a tolerância significa a coexistência na diversidade, será necessário – de acordo com a recomendação de Guilherme d'Oliveira Martins (1998) – um "universalismo onde todos caibam" (MARTINS, 1998, p. 83). Tal orientação metodológica requer, todavia, a regulação pacífica dos conflitos, e nesse sentido "não se trata, porém e apenas, de invocar o pluralismo das convicções, mas sim de compreender o pluralismo das pertenças sociais e culturais" (MARTINS, 1998, p. 83).

A pretensão de infalibilidade é a primeira marca do pensamento e das práticas de intolerância. É comum tomar por natural o que é apenas familiar: entender que a religião que se professa é mais religião do que a do outro; que a língua que se fala é mais língua do que a língua do outro; que os meus costumes são melhores em relação aos que me são estranhos. Isso torna absoluto o julgamento e cristaliza ideologias e preconceitos, exatamente a partir de uma única forma de se pensar a religião, uma mesma maneira de falar a língua. A igreja do outro – que eu estranho – eu chamo de seita. Já a fala do outro, eu chamo de sotaque, e por aí vai.

Acreditar na universalidade supõe necessariamente um esforço de tradução cultural. Isso é diferente de se julgar deter o critério único de "ser mundo". Diz Philippe Bénéton que "o vocabulário reflete claramente a pretensão do Ocidente ao monopólio da 'civilização'. Evolucionismo, etnocentrismo e universalismo aliam-se perfeitamente e conduzem com naturalidade ao imperialismo" (BÉNÉTON, 1975, p. 49)[2]. Há barbárie no que se apresenta como civilização e "o que o Ocidente vê como 'universal' passa alhures como sendo 'ocidental'" (JACQUES, 2002, p. 75).

---

[2] Tradução feita pela autora. Nota: Todas as traduções, salvo indicação em contrário nas referências, são feitas pela autora.

A evolução semântica do conceito de "tolerância" teria levado ao significado que conferimos hoje à palavra, quase uma concessão feita em algum patamar de pretensa superioridade em relação a um outro, que é diverso. Como bem observa Maria Irene Ramalho, assim compreendida, a tolerância poderá assemelhar-se a uma alegada indulgência perante aquilo que, no fundo, incomoda.

Hoje, no entanto, o conceito de tolerância teria sido alargado, extrapolando fronteiras de religião (ou mesmo políticas), para abarcar também o "problema da convivência das minorias étnicas, linguísticas, raciais, para os que são chamados geralmente de 'diferentes', como, por exemplo, os homossexuais, os loucos ou os deficientes" (BOBBIO, 1992, p. 203). Nesse sentido, a atualidade do significado da tolerância remete-nos às questões de preconceito e à consequente discriminação contra alguém que, por razões físicas, etárias, sexuais ou raciais, é percebido como desigual. Além disso, vivemos a assimetria expressa pela violenta exclusão social característica da lógica do mundo globalizado,

> [...] profunda assimetria que faz com que os mais pobres, os discriminados socialmente, os sem-terra e sem voz sejam excluídos de todo este processo, num movimento em que o seu chão natural se vê ecologicamente destruído pela voracidade predadora do centro, e, simultaneamente, a maioria da humanidade se vê estruturalmente empobrecida numa espiral que parece não ter fim. Deste modo, aquilo que parece uma mestiçagem promovida pela globalização mais não é do que a escrita na pele dos mais pobres e dos mais fracos da dominação colorida, às vezes com as tintas da Benetton, das culturas dominantes. (ANDRÉ, 2004, p. 27)

O preconceito é, por sua vez, um "conjunto de opiniões que são acolhidas de modo acrítico passivo pela tradição, pelo costume ou por uma autoridade cujos ditames são aceitos sem discussão" (BOBBIO, 1992, p. 204). Como juízo distorcido da realidade, ancorada em estereótipos, a atitude preconceituosa deriva – como diz Bobbio – de ideias fixas, de generalizações ligeiras e, sobretudo, da fixidez da incompreensão (BOBBIO, 2002, p. 105). O preconceito toma por verdadeira uma opinião claramente errônea: e que, dogmática, resiste à refutação. Trata-se de uma atitude que é perigosa exatamente por furtar-se ao debate, em virtude de uma injustificada pretensão de superioridade.

O comportamento intolerante, contudo, na maior parte das vezes, não se compreende a si mesmo como tal. O intolerante, em geral, porta convicções arraigadas, que não se preocupa em fundamentar racionalmente, de maneira analítica. O intolerante não se preocupa em oferecer suas razões; ele é, antes de tudo, um dogmático. Seus conceitos, ideologicamente cristalizados em opiniões e práticas preconceituosas, reportam-se, inclusive, muitas vezes, aos anos de formação e, até por isso, costumam ser bastante arraigados. Como declara Bobbio acerca do tema:

> A questão que deve pôr a si mesmo o defensor da tolerância em face dos diferentes é outra: como é possível demonstrar que o mal-estar diante de uma minoria ou diante do irregular, do anormal, mais precisamente do 'diferente', deriva de preconceitos inveterados, de formas irracionais, puramente emotivas, de julgar os homens e os eventos? (BOBBIO, 1992, p. 204)

Quando se observa a tolerância relativa às crenças do outro, aí sim, entra em jogo o problema da verdade e não da diferença. Deste modo, Bobbio argumenta que a tolerância se apresenta como uma "atitude ativa de confiança na razão ou na razoabilidade do outro, uma concepção do homem como capaz de seguir não só os próprios interesses, mas também de considerar seu próprio interesse à luz do interesse dos outros, bem como a recusa consciente da violência" (BOBBIO, 1992, p. 207). Nesse caso, ser tolerante não significaria renunciar à própria crença, mas respeitar a do outro.

O valor da diversidade não é o de se furtar a ter convicções, mas o de reconhecer a fragilidade das crenças e a possibilidade sempre iminente do erro. Valorizar a diversidade é ser capaz de ouvir o outro: e parar para pensar no assunto. Isso é exigência democrática. Assim, o tolerante não seria um cético ou indiferente, "porque inspira a própria ação num dever absoluto, como é o caso de respeitar a liberdade do outro" (BOBBIO, 1992, p. 209).

Também Anselmo Borges sublinha a necessidade de se ultrapassar a dimensão passiva do ato de tolerar, com o propósito de dilatar o conceito de tolerância para além desse caráter condescendente de um mero atestado de aceitação, no sentido de se suportar algo que irredutivelmente desagrada. Para o autor, tolerar deve tornar-se mais do que isso, até porque

> [...] ninguém pode pretender ter um saber absoluto ou possuir a verdade toda. Pelo contrário, o saber de cada um e a verdade derivada desse saber são sempre relativos. Precisamente por isso, a coexistência de diferentes concepções e convicções, em vez de ser uma "falha ou inconveniente", é, sobretudo, "uma chance e um desafio" para uma aproximação cada vez maior da verdade "em comum, isto é, em complementaridade recíproca". Já não se trata, pois, de um mero "tolerar" outras convicções, mas de "querê-las" expressamente; passa-se de uma tolerância "passiva" para uma tolerância "ativa", que já se não limita a ser "uma forma de virtude", pois é uma condição de possibilidade da própria verdade. (BORGES, 2004, pp. 145-146)

É comum os povos acreditarem que seus costumes, tradições e crenças seriam (simplesmente por serem os seus) superiores àqueles dos seus vizinhos. Isso – até certo ponto – é compreensível. Se pensarmos em termos concretos, vemos isso em nosso cotidiano. É trivial, por exemplo, as pessoas tomarem como critérios necessariamente válidos seus próprios valores morais, éticos, estéticos, amorosos, sociais, sexuais, enfim, seus modos de agir e de se comportar, seus parâmetros de civilidade. Mas isso sempre é um perigoso caminho que, se não for bem aparado, poderá conduzir ao preconceito, à discriminação, à xenofobia e ao racismo.

A intolerância em várias faces

Bobbio elenca vários níveis em uma escala do comportamento intolerante. Para ele, um primeiro degrau seria o do escárnio verbal, ou o ato de ridicularizar aquilo que nos causa estranheza. O segundo degrau será o da aversão à presença do outro, a distância da indiferença. Em escala maior temos a atitude da discriminação, que é verdadeiramente o "não reconhecimento aos outros dos mesmos direitos" (BOBBIO, 2002, p. 125), atitude essa imediatamente seguida pela ideia de segregação. Esta última "consiste em impedir a mistura dos diversos entre os iguais, a sua colocação num espaço separado, geralmente em zonas degradadas da cidade, a constrição a viver exclusivamente entre eles, impedindo-lhes a assimilação: o diferente deve permanecer diferente" (BOBBIO, 2002, p. 126). Finalmente, o grau mais avançado de intolerância é o da agressão, que pode chegar – como a história demonstra – à busca de eliminação física do diferente.

Como definir a intolerância? Para Paul Ricoeur, trata-se de uma "predisposição comum a todos os humanos, a de impor suas próprias crenças, suas próprias convicções, desde que disponham, ao mesmo tempo, do poder de impor e da crença na legitimidade desse poder" (RICOEUR, 2000, p. 20). Já Françoise Héritier vai mais longe: para ela, a atitude da intolerância inscreve seu lugar na própria dificuldade de reconhecer a expressão da condição humana na figura de tudo o que nos é absolutamente diverso. Ser intolerante seria, sob tal perspectiva, "restringir a definição de humano aos membros do grupo; os outros, sendo não-humanos, podem ser tratados como tais" (HÉRITIER, 2000, p. 25). Já na contraposição disso, a autora definirá o próprio significado da tolerância:

> Se o Eu implica um outro necessariamente diferente e, portanto, o estabelecimento de critérios de reconhecimento, a lógica da diferença não deveria acarretar, automaticamente, nem a hierarquia, nem a desconfiança, nem o ódio, nem a exploração, nem a violência. (...) Tolerar é, portanto, aceitar a ideia de que os homens não são definidos apenas como livres e iguais em direito, mas que todos os humanos sem exceção são definidos como homens. Sem dúvida, é aí que reside o fundamento de uma hipotética ética universal, com a condição – que comporta consideráveis condições – de que haja uma tomada de consciência individual e coletiva, uma vontade política internacional e o estabelecimento definitivo de sistemas educacionais que ensinem a não odiar. (HÉRITIER, 2000, p. 27)

É possível dizer que o conceito de tolerância caminha sempre aliado à acepção de pluralismo e de diversidade. Não se trata, porém, de relativismo. Como observa, sobre o tema, Francis Jacques:

> A aceitação da pluralidade cultural não equivale forçosamente ao relativismo. É o primeiro obstáculo. A negação do plural das culturas seria ideológica, mas, em vez de um rompimento que relativiza e compromete a ideia de humanidade, ela pode ser lida como um convite sem precedente a reabilitar *além* da diversidade cultural. (JACQUES, 2002, p. 67)

Todavia, como bem observa Roseli Fischmann, existe uma intolerância menos visível, que dissimula sua parcialidade e seu particularismo invocando argumentos que se propõem a ser universalistas para, entretanto, negar o reconhecimento de direitos (FISCHMANN, 2008a 2008b). O discurso apresentado como universalista, de fato, muitas vezes oculta o lugar de onde é produzido. Em nome de todos fala-se por alguns e o que é apresentado como critério de valor para o gênero humano, na prática, compõe-se de interesses muito particulares de algumas classes sociais dominantes em determinados povos. Como assinala Bénéton:

> Os primeiros ("nós") nada terão a aprender com os segundos ("os outros"), mas terão tudo a entregar a eles. "Os outros" não são portadores de nenhum valor real, a superioridade do "nós" não contempla qualquer exceção. [...] A referência ao princípio universalista é acompanhada por um agudo sentimento das diferenças entre os homens – entre os povos, entre os ambientes – e pela certeza da primazia do "nós" sobre os "outros". (BÉNÉTON, 1975, p. 69).

Não pode ser legítimo qualquer discurso que, em nome da civilização, afronte o direito alheio, seja em relação a pessoas, seja em relação a povos. Diz Tzvetan Todorov que "bárbaros são os que crêem que os outros, a sua volta, são bárbaros" (TODOROV, 1993, p. 25). É preciso, então, ter cautela para não se confundir bárbaro com estrangeiro e civilizado com conterrâneo. Se todos temos tendência a nos identificarmos com o que nos é familiar, é preciso ter cautela para não avançar o sinal e não cristalizar o estranhamento. Se o ponto de partida for inamovível, seremos tendentes à intolerância. E, se houver limite para a tolerância, este não coincide com estas ou aquelas crenças, mas estará ancorado no pacto social que codificou internacionalmente a *Declaração Universal dos Direitos Humanos* (DALLARI, 2020).

Evidentemente, a tolerância tem, então, algum limite e a fronteira da humanidade será o ideal regulador que o define. O fato de se adotar a tolerância como critério de julgamento não nos pode deixar esquecer da real existência do intolerável. Compreende-se por intolerável tudo o que afronta a dignidade da existência da pessoa humana.

Pensar sobre as fronteiras do intolerável remete-nos ao tema da ética. Adorno situa o mal absoluto no exemplo dos campos de concentração nazistas, demonstrando, pela evidência, as possibilidades que tem o homem de ser cruel. Nos termos do autor:

> A exigência que Auschwitz não se repita é a primeira de todas para a educação. [...] Qualquer debate acerca de metas educacionais carece de significado e importância frente a essa meta: que Auschwitz não se repita. Ela foi a barbárie contra a qual se dirige toda a educação. Fala-se de ameaça de uma regressão à barbárie. Mas não se trata de uma ameaça, pois Auschwitz foi regressão; a barbárie continuará existindo enquanto persistirem no que têm de fundamental as condições que geram esta regressão. É isto que apavora. (ADORNO, 1995, p. 120)

Para Adorno, é imperioso reconhecer que não há fatalidade histórica para decisões humanas. O papel da educação seria o de precaver o homem contra a intolerância em relação ao outro e contra a indiferença, que também pode-se traduzir como uma falta de consciência. Para que Auschwitz não se repita, o tema da tolerância se tornaria imperativo. Nesse sentido:

> É preciso reconhecer os mecanismos que tornam as pessoas capazes de cometer tais atos, é preciso revelar tais mecanismos a eles próprios, procurando impedir que se tornem novamente capazes de tais atos, na medida em que se desperta uma consciência geral acerca desses mecanismos. [...] Culpados são unicamente os que, desprovidos de consciência, voltaram contra aqueles seu ódio e sua fúria agressiva. É necessário contrapor-se a uma tal ausência de consciência, é preciso evitar que as pessoas golpeiem para os lados sem refletir a respeito de si próprias. A educação tem sentido unicamente como educação dirigida a uma auto-reflexão crítica. (ADORNO, 1995, p.121)

Tolerância, educação e ética

Hannah Arendt invocará o exemplo socrático para evocar a capacidade de o ser humano travar um diálogo silencioso consigo próprio. Ela chama de pensamento essa atividade, assim compreendida. Fazer o mal seria atentar contra essa mesma disposição – que cada um de nós teria – de falar consigo próprio. Quando se age voluntariamente mal, é frequente procurar não se pensar mais no assunto. Para Hannah Arendt, a ausência da capacidade de pensar – e, portanto, de lembrar – pode levar à banalização da maldade, porque, se já não sou capaz de dialogar comigo mesma, não haverá qualquer freio para aquilo que serei capaz de fazer. A autora prossegue, destacando a correlação entre pensamento e lembrança:

> Ninguém consegue se lembrar do que não pensou de maneira exaustiva ao falar a respeito do assunto consigo mesmo. [...] Se me recuso a lembrar, estou realmente pronta a fazer qualquer coisa – do mesmo modo como a minha coragem seria absolutamente temerária se a dor, como exemplo, fosse uma experiência imediatamente esquecida. (ARENDT, 2004, p. 159)

A capacidade de escolha – que também nos define como seres humanos – oferece-nos a possibilidade de fazermos o mal. Nossa tradição nos ensinou isso. Como anteparo, nossa contemporaneidade fincou instâncias de proteção dos direitos fundamentais. Como bem observa Roseli Fischmann, também faz parte do ser tolerante a "possibilidade de tratar-se da intolerância inevitável frente a situações que violem os Direitos Humanos Universais em qualquer parte do planeta" (BIASOLI-ALVES; FISCHMANN, 2001, p. 19). Trata-se de proteger a particularidade que nos agrega, sem abrir mão, todavia, do reconhecimento daquilo que, sendo comum, virá também a proteger-nos. Pode-se, ainda, considerar, com Fernando Catroga, o seguinte:

> O que reforça a necessidade de um pano de fundo comum, democraticamente legitimado, que garanta, em coexistência pacífica e integrada, a coabitação de diferenças, mas no respeito daquilo que a possibilita. Caso contrário, e, como ensina o melhor do que se pode colher das lutas pela secularização e pela laicidade, abrir-se-ão, sem resistência, portas ao egocentrismo fundamentalista, ou a fragmentações anómicas, intolerantes e "tribais", ou, ainda, ao predomínio de maiorias interessadas, tão-somente, em fazer perdurar os seus velhos poderes. O reconhecimento e a valorização das diversidades, objetivadas como multiculturalismo, são condições nucleares para se corrigir as concepções (e práticas) demasiadamente abstratas sobre o indivíduo e a natureza do contrato social. Porém, as suas entificações também podem conduzir a uma monadologia ensimesmada e autárcica, não obstante ser igualmente verdade que a pressuposição de atitudes de assimilação – herança de um certo Iluminismo – tende a diluir, aculturar ou destruir o que toma por particular, em nome de uma ideia de homogeneidade realizada como in-diferença. (CATROGA, 2004, pp. 126-127)

Ética e moral, para além da tolerância

Ética e moral são termos que se reportam respectivamente à Grécia e a Roma antigas. Alguns autores dirão que *mores* é a palavra latina que traduziu o termo *ethos*. Este significava morada. Roberto Romano, sobre a ética, destaca que, em filosofia, a palavra significa o conjunto de condutas que se tornaram habituais. Hábito tem a mesma raiz de habitar: "o lugar onde vivemos, lá se situa a nossa casa. Quando estamos 'entre nós', em nosso domicílio, somos o que somos, sem disfarces e enfeites. Nesse sentido, 'sentimento de pátria' é o mesmo que estar no íntimo de nossa casa" (ROMANO, 2002, p. 54). Portanto a ética seria o lugar onde se habita. Para Renato Janine Ribeiro, os conceitos de ética e de moral não seriam, entretanto, equivalentes. O termo *mores* designa costumes, enquanto a palavra *ethos* significava caráter, modo de ser (RIBEIRO, 2002, p. 121). Diz, então, Renato Janine Ribeiro:

> Daí haveria uma diferença entre moral e ética: a moral se referiria aos costumes que determinada sociedade possui e, portanto, se revestiria de um sentido, digamos, mais conformista, mais no rumo de adequar o indivíduo ao seu grupo social; já a ética diria respeito aos *ethoi*, aos diferentes caracteres (plural de "caráter") presentes em qualquer sociedade e, por isso, destacaria a necessidade de cada um buscar o seu caminho próprio, sem seguir a manada. (RIBEIRO, 2002, p. 122)

Note-se que, a despeito das considerações de Ribeiro, no escopo do presente trabalho as palavras ética e moral serão tomadas como sinônimas. Adela Cortina e Emilio Martinez indicam diferentes vertentes para a consideração sobre moralidade e sobre suas características, mediante as quais haveria movimentos diferenciados para se pensar a dinâmica da ética. Haveria, nesse sentido, variados enfoques éticos e cada um deles dirige a moral para um determinado desdobramento:

a) a moralidade é o âmbito da realização da vida boa, da vida feliz, tanto se a felicidade é entendida como prazer (hedonismo) como se é entendida como auto-realização (eudemonismo);
b) a moralidade é o ajustamento a normas especificamente humanas;
c) a moralidade é a aptidão para a solução pacífica de conflitos, quer em grupos reduzidos, quer em grandes grupos, como o país em que se vive ou todo o planeta;

> d) a moralidade é a assunção das virtudes próprias da comunidade a que se pertence, assim como a aptidão para ser solidário com os membros de tal comunidade (comunitarismo);
> e) a moralidade é a assunção de alguns princípios universais que nos permitem avaliar criticamente as concepções morais dos outros e também da própria comunidade. (CORTINA; MARTÍNEZ, 2005, p. 31)

No primeiro sentido acima delineado, a moralidade seria a aquisição de virtudes que encaminham o sujeito para a felicidade. Haveria, nesse sentido, uma racionalidade prudencial, que dirigiria a pessoa em direção a uma vida boa, esta compreendida, ao mesmo tempo, como vida agradável e como vida do bem. Essa ética teleológica, porque pautada pela sua finalidade, difere por completo da ética do dever, que é deontológica, ou seja, firmada sobre princípios que dariam à perspectiva moral todo o seu significado. Nesse sentido, éticas são teleológicas, quando dirigidas pela sua finalidade, e deontológicas, quando dirigidas por seus princípios norteadores. A moralidade pode ser compreendida também como resolução coletiva de conflitos, ou ainda como uma prática solidária das virtudes comunitárias (CORTINA; MARTÍNEZ, 2005, pp. 36-37). Sobre isso, dizem Cortina e Martínez:

> Nos últimos anos do século XX ganhou certo prestígio a corrente filosófica comunitarista, que propõe entender a moralidade como uma questão de identificação de cada indivíduo com sua própria comunidade concreta, aquela na qual nasce e se educa até chegar a se converter em adulto. Essa corrente nasce como reação ao individualismo moderno, um individualismo desprovido de solidariedade e consumista que converteu as sociedades modernas em gigantescos agregados de pessoas isoladas (atomismo) e alienadas por uma cultura de massas (falta de comunicação, ditadura das modas, superficialidade, frivolidade, etc.). Para combater essas sequelas, os comunitaristas começam por destacar o papel moral irrenunciável que sempre coube à comunidade na formação das pessoas: um ser humano só chega a amadurecer enquanto tal quando se identifica com uma comunidade concreta (uma família, uma comunidade de vizinhos, um grupo profissional, uma cidade, uma nação), porque só pode adquirir sua personalidade pelo pertencimento a ela, e só desenvolve as virtudes que a comunidade exige, virtudes que constituem a visão que a comunidade tem em relação às excelências humanas. A moralidade não é entendida aqui como uma questão de deveres e direitos, mas como tarefa

de toda uma comunidade no esforço de desenvolver algumas excelências em todos os seus membros para alcançar solidariamente uma vida plena de sentido." (CORTINA; MARTÍNEZ, 2005, p. 37)

Pensar a ética é também refletir sobre os impasses do universalismo confrontado com a temática da diversidade cultural. Como se poderá pautar o pensamento ético sem a recorrência, em alguma medida, a postulados universais? Por outro lado, como projetar uma ética universalista sem desconsiderar o fenômeno da pluralidade das diferentes culturas? Além disso, o tema da felicidade sempre ronda a problemática da ética. Se, para Aristóteles, a ética conduz o sujeito à felicidade, Kant compreende que a vida ética pode no máximo tornar o indivíduo digno da felicidade, sem qualquer segurança de que ele, portanto, será efetivamente feliz.

Seja como for, é possível demarcar o estudo da ética a partir de uma divisão que compreenderá a metaética, a ética normativa e a ética aplicada. A ética aplicada corresponde à mobilização dos princípios éticos para o enfrentamento de situações particulares. A metaética corresponde à própria reflexão sobre a ética. E a ética normativa seria a ética que estabelece prescrições morais. Este livro pode ser compreendido com uma reflexão metaética, posto que deverá buscar situar a maneira pela qual o debate ético coloca-se na discussão contemporânea e como ele poderá ser mobilizado para pensar a educação.

Conforme observam Maria de Lourdes Borges, Darlei Dall'Agnol e Delamar Volpato Dutra, a ética normativa pode ser dividida em éticas teleológicas ou éticas deontológicas. A ética teleológica busca aferir o que é correto à luz de uma determinada finalidade. Essa dimensão da ética teleológica pode ser consequencialista ou pode ser pautada em uma ética das virtudes. Já a ética deontológica "procura determinar o que é correto, não segundo uma finalidade a ser atingida, mas segundo as regras e as normas em que se fundamenta a ação" (BORGES; DALL'AGNOL; DUTRA, 2002, p. 8).

A mais conhecida dentre as ética consequencialistas é o utilitarismo, que julga que o princípio que deve reger a ação ética é o bem-estar da maioria. Nesse sentido, deveria haver um cálculo de maximização do princípio do prazer e de minimização do princípio da dor. Não haveria cabimento, portanto, em postular regras universais de ação, posto que as situações são todas particulares e circunscritas a uma dada situação. Nesse sentido, a felicidade da maioria é o preceito máximo que rege a estrutura do consequencialismo utilitarista: "cada indivíduo deve analisar a situação particular na qual se encontra e descobrir qual é a ação que trará o maior benefício para todos os envolvidos" (BORGES; DALL'AGNOL; DUTRA, 2002, p. 10).

Outro modelo de ética teleológica é a atualização da ética das virtudes de Aristóteles.

> A questão central da teoria aristotélica das virtudes alude ao que nós queremos em nossa vida, indagando qual a finalidade de nossas ações. A resposta, ou seja, a justificativa para as nossas ações, é a busca da felicidade (*eudaimonia*). Essa felicidade de que fala Aristóteles não consiste em uma alegria momentânea nem em uma euforia efêmera, mas sim em um estado duradouro de satisfação. Aristóteles afirma que é preciso desconsiderar motivos pessoais e subjetivos para se alcançar a felicidade, pois o homem é feliz apenas quando realiza bem a sua função (*ergon*) própria, a sua razão. Assim, o bem supremo constitui uma condição de bem-estar duradouro, conquistada pela realização da racionalidade humana, que é a finalidade da vida virtuosa. Apenas o desenvolvimento da capacidade racional do ser humano poderá proporcionar-lhe uma vida plena. Esse desenvolvimento só é possível pela virtude, que é a excelência moral do ser humano. (BORGES; DALL'AGNOL; DUTRA, 2002, p. 11)

A ética deontológica é aquela que se baseia nos princípios e não nas consequências da ação. Na atualidade, uma das principais éticas deontológicas é o contratualismo moral de Rawls, o qual, inspirado na ética kantiana, parte do pressuposto de que "a determinação de regras dá-se a partir de um contrato hipotético firmado entre as partes, que decidem qual deve ser a regra do moralmente correto" (BORGES; DALL'AGNOL; DUTRA, 2002, p. 13). Para compreender teorias como a de Rawls, entretanto, cabe recordar a ética do dever, de Kant, que postula um imperativo categórico como postulado norteador da ação ética. Nesse sentido, a ação seria moral se, e somente se, "a regra da ação puder ser tomada como regra universal, ou seja, se puder ser observada e seguida por todos os seres humanos, sem contradição" (BORGES; DALL'AGNOL; DUTRA, 2002, p. 12).

Pensar o tema da ética é pensar também como ele se coloca diante do julgamento de nossas ações cotidianas. A ética, por definição, tem um caráter normativo, por mais que os teóricos procurem se afastar dele. Porém, se fôssemos diferenciar os dois conceitos de maneira distinta da moral, que atende por uma linguagem exclusivamente prescritiva, a ética buscará um cânone, um processo de fundamentação da moral. Nesse sentido, pode-se atestar o que diz Adela Cortina, quando argumenta o que segue:

> É por isso que se pode dizer que nossa disciplina é atribuição de especialistas, que ela se distancia do lugar em que os valores surgem e se transmitem por meio do processo de socialização, porque seus argumentos procedem, em princípio, de especialistas e se dirigem a especialistas. [...] A ética não é primariamente gerada, portanto, nesse mundo social, no qual a moral ostenta, sem dúvida, o primado substancial, mas ela se move no nível do discurso teórico reflexivo e autorreferencial da filosofia. Por isso sua forma reflexiva e linguística é filosófica, não cotidiana nem científica. O que, em meu entender, significa que ela é conceitual e argumentativa. (CORTINA, 2010, p. 28)

É preciso lembrar também que, para além da ética normativa, haveria um território do que poderia ser concebido como metaética. A esse campo do conhecimento caberia estipular "se a ética é uma disciplina autônoma, se é ciência" (CORTINA, 2010, p. 43). Hoje, a discussão da ética inscreve-se em um debate intersubjetivo. A ideia de diálogo e de estabelecimento de consensos torna-se, nesse sentido, fundamental. Como já se apontou anteriormente, o grande tema da ética ainda persiste sendo o do confronto entre universalismo e particularidade cultural. Diz Adela Cortina sobre o assunto:

> A meu ver, e apesar de todas as heterogeneidades, apesar do tão celebrado "direito à diferença", existe uma base moral comum à qual nosso momento histórico não está disposto a renunciar de modo algum e que, por sua vez, justifica o dever de respeitar as diferenças. Na altura em que vivemos, a base da cultura que vai se ampliando de forma irrefreável, a ponto de se poder considerar como sustento universal para legitimar e deslegitimar instituições nacionais e internacionais, é o reconhecimento da dignidade do homem e de seus direitos. (CORTINA, 2009, p. 43)

Yves de La Taille, em sua reflexão sobre a ética, também recusa o relativismo de valores.

> O relativismo axiológico, como o seu nome indica, implica afirmar que todos os sistemas morais, que se encontram nas diversas culturas, nos diversos países, nos diversos grupos e em diversas pessoas, têm o mesmo valor, não sendo, portanto, legítimo condenar uns em nome de outros. Consequentemente, essa forma de relativismo implica a ausência total de juízo sobre o valor dos diversos sistemas assumidos como morais por diferentes pessoas. Cada um teria seus próprios valores morais e ponto final. Tal relativismo às vezes encanta os menos avisados pela sua aparente relação com essa bela virtude que é a tolerância. Digo aparente porque o tolerante que toleraria tudo, e, portanto, a própria intolerância, estaria em flagrante contradição. A tolerância é um valor que leva quem o cultiva a procurar compreender os comportamentos alheios – em vez de julgá-los de chofre, com base em um sistema moral fechado – tendo em vista o estabelecimento de um juízo mais abalizado. [...] Do ponto de vista psicológico, o relativista axiológico assemelha-se mais a uma pessoa sem senso moral. Será possível uma pessoa que, por exemplo, valoriza princípios de justiça e de benevolência, não se revoltar ao saber que em nome de princípios religiosos, costumes locais ou códigos jurídicos particulares, tais princípios são solenemente ignorados? É verdade que certas pessoas defendem um relativismo axiológico por assim dizer mais restrito: elas dizem não tolerar certas condutas por parte dos membros da comunidade ou nação na qual vivem, mas tolerá-las em outras culturas. Mesmo com essa ressalva, permaneço cético acerca do possível sincero "respeito" por ações que contrariam frontalmente princípios morais que adotamos, seja quem for o agente dessas ações. Parece-se mais um exercício de retórica do que a real expressão dos sentimentos morais. (LA TAILLE, 2006, pp. 19-20)

De fato existe sempre a possibilidade da ausência do sentido moral, mas mesmo essa opção constitui uma decisão ética. Um tópico que permeia toda a história do debate ético no mundo ocidental é exatamente a pergunta sobre os motivos para agir moralmente (TUGENDHAT, 1996, p. 98). Se, como queria Kant, a ética começa pela boa vontade, a dimensão da vontade é essencial para se referir às decisões da ética. Nesse sentido, a moralidade, sob qualquer perspectiva que ela possa vir a ser tomada, tem a ver com um sujeito em sua interação com outros. Esse sujeito, por suposto, deve ser capaz de autonomia, de "uma consciência moral, capaz de julgar o certo e o errado, o bem e o mal, o justo e o injusto" (FREITAG, 1992, p. 14). Sob tal aspecto, é possível dizer que a moralidade implica alguma liberdade do sujeito: e há que se considerar a existência de razões, de motivos, da intencionalidade da ação, cuja origem se encontrará "na psique, na alma, na vontade, na razão do sujeito" (FREITAG, 1992, p. 14). Por ser assim, Barbara Freitag considera a moralidade como um objeto que requer um tratamento multidisciplinar, capaz de integrar várias formas de análise, seja a sociologia, seja a psicologia, seja a filosofia. De todo modo, é fato que a "ação moral pressupõe um sujeito da ação, livre, dotado de vontade e razão, capaz de controlar e orientar os seus atos segundo certos critérios e princípios, disposto a assumir conscientemente as consequências desses atos, responsabilizando-se por eles" (FREITAG, 1992, p. 15).

À luz do exposto, cabe, por conseguinte, averiguar o caráter social e histórico da lógica dos costumes e, nesse sentido, da moral. Isso significa que as comunidades historicamente constituídas partilham hábitos, valores e visões de mundo que são apresentados costumeiramente como se fossem universalmente válidos. Por ser assim, pode-se compreender que, ao lado da moral normativa, haveria uma moral factual. De todo modo, pensar o comportamento moral requer a averiguação da própria acepção de outro. Como diz Nadja Hermann, a ética opera na relação das pessoas entre si, e as pessoas são tanto os semelhantes como os diferentes: "o outro passa a ser decisivo para o conhecimento de si, pois só podemos nos ver pelo outro" (HERMANN, 2014, p. 31). Nessa dimensão do outro, cabe ressaltar o valor da intersubjetividade como componente determinante da verdade e da racionalidade moral, que pode "proteger-nos, em meu entendimento, da investida dos seculares inimigos das éticas ilustradas: os niilismos e os objetivismos" (GUISÁN, 2002, p. 94). Compreendendo a ética como a teoria do comportamento moral do homem em sociedade e a moral como o conjunto de normas, princípios e valores que regulam as relações dos sujeitos integrantes de uma dada comunidade, Adolfo Sanchez Vázquez traduz essa perspectiva com as seguintes palavras:

> O ato moral supõe um sujeito real dotado de consciência moral, isto é, da capacidade de interiorizar as normas ou regras de ação estabelecidas pela comunidade e de atuar de acordo com elas. A consciência moral é, por um lado, consciência do fim desejado, dos meios adequados para realizá-lo e do resultado possível; mas é, ao mesmo tempo, decisão de realizar o fim escolhido, pois a sua execução se apresenta como exigência ou dever. (VÁZQUEZ, 2002, p. 78)

Seja como for, as normas da moral exigem, por definição, adesão voluntária. Sob tal aspecto, há uma adesão íntima às referidas normas, que são assumidas por convicção interior ao agente. Esse é o elemento motriz da moralidade. Do mesmo modo, seria possível verificar o desacordo moral no debate sobre a ética, e este seria pautado pelo que Carvalho caracteriza como "incomensurabilidades conceituais dos argumentos rivais" (CARVALHO, 2000, p. 33). Trabalhando o pensamento ético de MacIntyre, Carvalho aponta que a linguagem moral contemporânea é permeada pela tensão entre princípios que, muitas vezes, são apresentados como irreconciliáveis. Aí está a dificuldade em ponderar as limitações e o alcance tanto das ideias de universalismo das perspectivas éticas, quanto das dimensões relativas às particularidades inscritas nas diferentes culturas. O relativismo moral pode ser encontrado a partir de várias dimensões: 1) em primeiro lugar, pode-se acreditar que o valor de verdade dos postulados morais seja relativo às crenças dos sujeitos que os proferem; 2) pode-se, ainda, supor que "os juízos morais são incomensuráveis: não há literalmente nenhuma verdade a respeito da matéria que tange à moralidade comparativa de certas ações" (HURD, 2003, p. 35); 3) em uma perspectiva mais humilde, pode-se supor que se trata de considerar moral aquilo que a comunidade julga como acertado em matéria de ação. Nesse sentido, as proposições morais seriam relativas às crenças de grupos sociais. Acerca do tema, Peter Singer polemiza:

> Qualquer um que se tenha debatido com alguma decisão ética difícil sabe que o dilema não se soluciona com o fato de nos informarem o que preconiza a nossa sociedade. Precisamos tomar nossa própria decisão. As crenças e os costumes sob os quais nos criaram podem exercer uma grande influência sobre nós, mas desde que começamos a refletir sobre eles podemos nos decidir a acatá-los ou a agir à sua revelia. O ponto de vista contrário – o de que a ética é sempre relativa a uma sociedade específica – tem consequências extremamente implausíveis. Se nossa sociedade reprova a escravidão, ao mesmo tempo em que a outra a endossa, falta-nos uma base para escolher entre essas visões conflitantes. De fato, numa análise relativista, não há realmente conflito algum – quando declaro errada a escravidão, na verdade, tudo o que afirmo é que a minha sociedade não a aprova; e quando os donos de escravos da outra sociedade declaram correta a escravidão, tudo o que afirmam é que a sua sociedade a aprova. Por que discutiríamos? Obviamente, as duas partes poderiam estar falando a verdade. (SINGER, 2002, p. 29)

Por outro lado, conforme adverte David Lyons, não se pode, em nome do universalismo, tomar os princípios morais que foram escolhidos como se eles fossem, por si mesmos, "autoevidentes". Diz Lyons que "alguns filósofos pensam que nós possuímos uma faculdade especial que fornece conhecimento moral infalível, mas muitos de nós somos incapazes de receber tais mensagens, e aqueles que afirmam tê-las recebido discordam sobre o seu conteúdo" (LYONS, 1990, p. 38). Pode-se, então, acreditar que não há fundamento razoável nem no universalismo levado à sua radicalidade e nem no "relativismo absoluto", por contraditória que tal expressão possa parecer. A ideia de tolerância surge exatamente para isso: para sermos capazes de aceitar formas de vida que não são as nossas, mas que são por nós consideradas legítimas:

> Essa ausência de valores objetivos e universais conduzirá a uma desejável tolerância ante as condutas alheias, posto que ninguém pode falar de construções morais errôneas ou verdadeiras. Cada homem deve realizar a si mesmo segundo seu próprio projeto de vida e deve tolerar os projetos de vida diferentes do seu. Isso garante um pluralismo saudável e uma pacífica convivência. (CEPERO, 2001, p. 47)

Mas será que isso é suficiente? Vivemos em um tempo em que ruiu o culto à razão e caíram por terra as metanarrativas do conhecimento, do progresso e da própria história. O pós-modernismo contemporâneo parte de alguns pressupostos que poderiam ser elencados da seguinte maneira: recusa a ideia de que a ciência seja uma estratégia privilegiada de conhecimento e domínio do mundo da razão; rejeita a perspectiva iluminista segundo a qual os progressos da razão humana levam à progressão do conhecimento científico e, portanto, da prosperidade material e humana do mundo; não aceita a tese de que o saber proveniente da ciência pode vir a ser generalizado, alegando que o conhecimento científico é apenas uma dentre as múltiplas experiências que o indivíduo pode vir a ter como intérprete dos mistérios do mundo, e principalmente

1) Acredita que uma teoria prevalece sobre a outra, não por ser mais verdadeira, mas tão-somente porque consegue impor-se no plano das dinâmicas de poder: quando duas teorias opostas se defrontam, negociam um compromisso desembocando numa

> nova organização da pesquisa. E isto, por meio de um confronto realizado, não no plano da racionalidade, mas no do poder e dos interesses;
>
> 2) Uma vez que é impossível um conhecimento objetivo, defende um subjetivismo absoluto: a única coisa que conta (os únicos fatos reais) são os "motivos" individuais e sociais dos homens que, concretamente constróem a ciência. Não é por acaso que o pós-modernismo é fascinado pelo desconstrucionismo, apresentando-se como uma tendência a demolir as superestruturas e fim de buscar nas "estruturas" sociais os verdadeiros "motivos" das ações humanas. (JAPIASSU, 2001, pp. 57-58)

Zygmunt Bauman considera que a pós-modernidade reencantou a realidade do mundo, fazendo-nos aceitar a contingência e a respeitarmos a ambiguidade. Essa pós-modernidade, irremediavelmente, retirou da pauta da moralidade quaisquer princípios fixos e inamovíveis que pudessem aplacar nosssos escrúpulos. É o que diz o filósofo:

> A realidade humana é confusa e ambígua, e também as decisões morais, diversamente dos princípios filosóficos éticos abstratos, são ambivalentes. É nesse tipo de mundo que devemos viver; e, todavia, como que desafiando os filósofos que não conseguem conceber moralidade "sem princípios", moralidade sem fundamentações, demonstramos dia-a-dia que podemos viver, ou aprender a viver, ou tentar viver num mundo desse tipo, embora poucos de nós estejamos preparados para expressar, no caso de sermos interrogados, quais seriam os princípios que nos guiam, e ainda menos tenham ouvido falar das "fundamentações" que, como se supõe, não poderíamos dispensar para ser bons e gentis em nossas relações recíprocas. (BAUMAN, 1997, p. 41)

Lipovetsky (2005, p. 27) diz que as sociedades contemporâneas vivem em uma "cultura de auto-absorção individualista e do auto-interesse". Para o autor, de uma ética do dever passamos para uma era do pós-dever: "nossas sociedades tornaram inúteis todos os valores inerentes ao sacrifício, sejam eles relacionados à aspiração da vida eterna ou a finalidades profanas" (LIPOVETSY, 2005, p. 29). Na verdade, a dinâmica dos direitos subjetivos sobrepôs-se ao universo dos deveres, de modo que "deixamos de reconhecer a necessidade de uma dependência de qualquer coisa que seja extrínseca a nós" (LIPOVETSY, 2005, p. 29).

Isso não significa que direitos e deveres sejam universos contrapostos. Trata-se de abandonar uma "ética das certezas" e, nesse sentido, de acordo com Lipovetsky, "o ocaso do dever não é nem uma maldição nem uma promessa paradisíaca" (LIPOVETSY, 2005, p. 35). Nesse sentido, a tolerância que os dias atuais reivindicam não se confunde, para o autor, com individualismo: "a tolerância pós-moralista não se identifica com a derrocada geral dos valores ou com a renúncia a todas as convicções" (LIPOVETSY, 2005, p. 127). Mesmo assim, Lipovetsky reconhece que essa consciência pós-moderna institui a recusa do universalismo e da "imposição absoluta dos direitos do homem" (LIPOVETSY, 2005, p. 127). A grande questão que se coloca hoje para o cenário identitário é exatamente a recusa que se faz a qualquer parâmetro de universalidade. Existe um universalismo abstrato, que precisaria ser rejeitado. Luc Ferry recorda que "o sentido da Declaração dos Direitos do Homem não é, essencialmente, a tolerância com relação às diversidades culturais. Não se esqueçam de que a França erradicou os dialetos e impôs o sistema métrico" (FERRY, 1999, p. 135). Por outro lado, o vigor dos particularismos e a defesa intransigente da pluralidade cultural não são capazes de enfrentar os conflitos entre culturas, religiões, nacionalidades e etnias. Sem a ideia de nação como ideal regulador, como ficam os critérios modernos para se pensar na harmonização do mundo? No mundo moderno, a nação foi um referente fundamental:

> A nação aparecia como a forma política da sociedade moderna, complexa e mutável, onde se declinam as pertenças particulares locais, étnicas ou religiosas e onde triunfa uma racionalidade que se traduziu em regras administrativas, em sistemas de comunicação e em programas de educação. (TOURAINE, 1998, p. 193)

O Ocidente, de acordo com Philippe Nemo (2005, p. 122), promoveu o estado de direito e, em virtude disso, verificou um progresso intelectual. Agora teríamos de verificar se é possível e se queremos voltar às culturas tradicionais. Por um lado, critica-se a metanarrativa herdeira do Iluminismo, segundo a qual a ciência, ao mesmo tempo, esclarece e emancipa. Essa crença moderna teria sido desconstruída a partir da perspectiva de que a ciência corresponde a uma forma de discurso (LYON, 1998, p. 24). Ocorre que foi o Ocidente quem estabeleceu efetivamente os discursos e os critérios para a crítica do Ocidente. À luz do exposto, conforme aponta Habermas, "o universalismo jurídico e moral é insuperável no sentido de que as falhas práticas só podem ser criticadas a partir de seus próprios parâmetros" (HABERMAS, 2006, p. 30). Por ser assim, a crítica aos padrões universalistas pressuporia esses próprios parâmetros, bem como "todo desmascaramento descontrutivista da dissimulação ideológica de discursos universalistas depende do ponto de vista crítico previsto por esses mesmos discursos" (HABERMAS, 2006, p. 30). Nesse sentido, a configuração democrática não teria sido ainda ultrapassada.

> Uma constituição democrática tolera a resistência de dissidentes que, após esgotar todos os caminhos legais, lutem contra decisões ou juízos produzidos, por assim dizer, de forma legítima – por sinal, sob a condição de que esta resistência que infringe regras seja justificada de forma plausível pelo espírito e o texto da própria constituição e conduzida por meios que confiram à luta o caráter de um apelo sem violência à maioria para reconsiderar sua decisão. (HABERMAS, 2006, p. 29)

Immanuel Wallerstein diz que, por muito tempo, a modernidade tem sido definida como uma "mistura de costumes, normas e práticas que floresceram na economia-mundo capitalista" (WALLERSTEIN, 2007, p. 66). Para o historiador, embora fosse apresentada como encarnação dos valores universais, a modernidade não era apreciada exatamente como uma condição moral, mas como uma "necessidade histórica" (WALLERSTEIN, 2007, p. 66). Wallerstein questiona a perspectiva de valores universais, argumentando que eles não são dados, mas criados pelos homens. É preciso, portanto, de acordo com o autor, fugir do que ele chama de "universalismo europeu" (WALLERSTEIN, 2007, p. 60), ou do "conjunto de doutrinas e pontos de vista éticos que derivam do contexto europeu e ambicionam ser valores universais globais" (WALLERSTEIN, 2007, p.60). A busca de universalizar requereria um diálogo intercultural de modo a que possam ser encontradas "novas sínteses, que, naturalmente são instantaneamente questionadas" (WALLERSTEIN, 2007, p. 60).

Victoria Camps tenta resolver o impasse entre universalismo e pluralidade cultural, destacando que "existem valores éticos universais e existem, por sua vez, valores culturais que merecem ser conservados porque valem por si mesmos. O que deve ser feito o quanto antes, portanto, é tratar de conferir precisão a essa exigência de universalismo"

(CAMPS, 2004, p. 90). A justiça, para Camps, é um bem transcultural e que envolve certamente o respeito pela diversidade. A dignidade humana, por seu turno, abarcaria a

> [...] não-discriminação sexual ou racial, o direito à educação, o direito a expressar as próprias ideias, a obrigação de proteger crianças e velhos, a igualdade de oportunidades, e tantos outros direitos e obrigações que têm levado a sucessivas declarações de princípios e que têm constituído a base das constituições democráticas. Até o ponto de que hoje resulta impensável uma Declaração de Direitos Fundamentais ou a Constituição de um Estado de Direito que omita ou contradiga qualquer dessas acepções, já universalmente adotadas, da dignidade humana ou da justiça. Há e tem de haver, pois, uma ideia universal de justiça em cuja gestação devem, sobretudo, colaborar todos os povos. De onde se deduzem duas coisas. Primeiro, que a defesa ou a conservação das identidades ou diferenças culturais é eticamente aceitável sempre e quando não contradiga alguma dessas notas que integram semanticamente o conceito de justiça. (CAMPS, 2004, pp. 90-91)

Para trabalhar o tema da cultura, Jean-Pierre Warnier evoca a ideia de narrativas. As narrativas são produtos de grupos sociais constituídos como país, como nação ou como região, em "suas aspirações, sua capacidade, seu futuro" (WARNIER, 2007, p. 100). Diz o autor que "tais narrativas estão no coração da cultura do grupo em suas funções de identificação e de bússola" (WARNIER, 2007, p. 100). Justamente a acepção de metanarrativas da modernidade será desconstruída pelo mundo pós-moderno. É o que traduzirei dizendo que as perspectivas de história, de progresso, de verdade, de razão, tudo isso será colocado em questão. O nacional será substituído pelo local, e passa a haver uma "incredulidade em relação às metanarrativas" (GOERGEN, 2001, p. 29).

Vivemos uma época de educação intercultural, na qual, em vários aspectos, há o questionamento da cultura escolar, considerada agora ocidental e racionalista. A grande questão é a possibilidade de o sujeito sair de sua cultura, tomar distância. Como pensar em princípios universais de justiça? É possível a existência de princípios éticos universais ou a moralidade está indelevelmente inscrita nos costumes? Haveria princípios éticos universais ou deve-se dar como critério único a aceitação das diferenças culturais? Refletir sobre certo número de valores supraculturais e universais é pensar sobre os direitos humanos. Vivemos uma época de um discurso particularista, que exalta diferenças, comunidades e identidades, trabalhando frequentemente com a irredutibilidade das diferenças em que cada comunidade se fecha (LIBÂNEO, 2002). Por sua vez, proteger a originalidade e irredutibilidade das culturas pode significar o fechamento da comunidade em si mesma, um fechamento de fronteiras (LAHUERTA, 2020). A proteção da autenticidade e da originalidade da cultura corre, portanto, o risco de se transformar – como destaca Gérard Barthoux – na mitificação do direito à diferença, dando margem a todas as formas de tribalismo.

Há hoje, nesse sentido, o primado de uma ideologia relativista, que dividiria a Humanidade em guetos autossuficientes. Ideais racionais de liberdade e de igualdade extrapolam contextos históricos e culturais particulares, e o caráter comunitário das culturas tradicionais, indo além disso. Gérard Barthoux argumenta que a universalidade dos direitos humanos não se confunde com a uniformidade de uma única cultura. Portanto não se trataria de pensar a equivocada alternativa entre um falso universalismo – posto pela uniformização da cultura e pela negação da diversidade – e um relativismo que exacerba as particularidades e que essencializa as culturas inscritas em seus próprios determinantes estruturais.

A escola não escapa da tarefa de ensinar valores verdadeiros. Trata-se de uma instância de transmissão de saberes racionais. Nesse sentido, alguns virão a considerar que a escola faz com que o sujeito perca seus saberes e sua cultura de origem. Ela exerceria indelevelmente a função de aculturação. Barthoux, contra tal perspectiva, argumenta que o sujeito não é redutível à sua identidade cultural e não é redutível às suas relações primárias. O sujeito é alguém, portanto, que está sempre se constituindo, mediante uma panóplia identitária. A identidade – pensando assim – não pode ser confundida com determinismo cultural nem com uma concepção substancialista de cultura. Haveria, pelo contrário, diversos elementos culturais constitutivos da identidade do sujeito. Ele vai recebendo esses vetores de cultura ao longo de toda sua vida. Trata-se, então, em alguma medida – continua Barthoux – do direito a ser diferente de sua cultura diferente, com a não reiteração de normas, tradições e costumes. Daí o papel primordial da educação e da escola.

A tarefa da escola republicana tem sido historicamente a de buscar recortar um conjunto de saberes e de valores, selecionados do acervo do conhecimento acumulado e apresentá-lo como se fosse uma matriz universal do conhecimento humano. Por outro lado, romper com os saberes inscritos nessa escolha não nos exime da necessidade de escolher, e ao fazer outras escolhas também estamos, sob outra roupagem, recortando e selecionando – também estaremos apresentando como universais conhecimentos que são particulares. Sob tal perspectiva, há que se concordar com Barthoux (2008, p. 153), quando ele diz que "a escola não deve fechar os estudantes nas particularidades do grupo, ou ensinar a eles o orgulho étnico. Ela deve educá-los para a cidadania, a transcender os laços familiares, étnicos ou costumeiros; e a construir um sentimento de pertença a uma entidade mais ampla: a República". Nesse caso, as pessoas não se agregariam por parentesco ou por afinidade, "mas pela obrigação de viver junto e de organizar a vida social na obediência, não aos homens, mas às leis e a uma constituição" (BARTHOUX, 2008, p. 153).

O respeito à diversidade de culturas não pode ser a relativização de nossas próprias ideias e valores, desde que estejamos convictos do mérito das mesmas referências. Como conciliar o ensino das particularidades com a compreensão de que há um mundo comum, que deve abrigar a todos? Como compreender, na escola pública, o ensino daquilo que pode ser comum? Como diferenciar a cultura do somatório das identidades particulares? Afinal, não se poderia dizer que os direitos humanos expressam exclusivamente uma cultura particular. Na escola pública, aprende-se o que pode ser comum e nesse comum inscrevem-se a tolerância, o respeito mútuo, o direito à diferença e, especialmente, a adesão comum a valores universais e o reconhecimento de saberes racionais comuns. Na escola – como se sabe – os saberes eruditos são transformados em saberes a serem ensinados. É fundamental que a escolarização coloque sempre sob o crivo da crítica e da discussão pública os critérios mediante os quais seleciona este ou aquele conhecimento, esta ou aquela passagem do conhecimento histórico, literário ou físico para valorizá-la e integrá-la à sua cultura escolar.

2.
DIÁLOGO, AMIZADE E ÉTICA NO MUNDO ANTIGO: ALGUMAS ANOTAÇÕES

> [...] a vida é breve, a arte é longa, a ocasião é fugaz, a experiência é falaz, o juízo é difícil. Necessário que o médico logo faça o que deve fazer, e também o doente, os assistentes, as circunstâncias.
>
> (HIPÓCRATES, 1995, p. 13)

A estrutura do diálogo como ponto de partida da ética

O estudo das referências clássicas, para o campo da educação, leva-nos ao encontro da ética, como tema e como problema prioritário para desafiar a condição humana[1]. Ao discorrer sobre ideais de justiça, a filosofia grega situa a compreensão da ideia como uma forma de vivê-la. Conhecer o bem é defendê-lo? Essa indagação permeia os estudos de Platão e a reflexão de Aristóteles. A justiça era, para a Grécia clássica, uma forma de vida a ser encontrada. Por essa razão, torna-se objeto de reflexão compartilhada, passa a ser falada em voz alta. A vida justa será, nessa medida, similar aos modos de pensar a ideia de justo ou as ações consideradas justas por este ou aquele sujeito, desta ou daquela sociedade. Evidentemente, pode-se sempre divergir de modelos interpretativos que são alçados como referências tácitas a propósito da ideia, porém, não é possível fugir da constatação de que

---

[1] Este capítulo foi já publicado em: BOTO, Carlota. Diálogo, amizade e ética no mundo antigo: algumas anotações. *Cadernos Interdisciplinares Luso-Brasileiros*. São Paulo: Escola Superior de Direito Constitucional, vol. 1 (jul/dez 2006), pp.187-223.

parâmetros reguladores da conduta são requisitos imprescindíveis da vida em sociedade. Contudo a ideia de justiça não é um dado óbvio e inamovível. A própria mitologia demonstra tensão sobre o assunto. Para Antígona, a ação justa estava acima das leis da cidade... Seja como for, há uma intrínseca relação entre os códigos de justiça vencedores em uma dada sociedade e seus ideais pedagógicos. O direito como pacto supõe, não apenas a aprendizado, mas a incorporação da norma como uma segunda natureza.

Partimos da identificação dos ideais de formação na Grécia clássica, especialmente na *polis* ateniense. A grande referência, para os gregos, em relação a um ideal pedagógico, é compreendida pelo termo *paideia*. A acepção de *paideia* parece imprescindível para apreender os significados da educação grega. Vocábulo especificamente cunhado na Grécia, a *paideia* da *polis* clássica remete-se a uma dada concepção de homem, que conjuga, sob referência comum, a perspectiva de criação humana, sua formação, o desenvolvimento de patamares de excelência, fosse esta física, intelectual ou moral, bem como – a princípio – o lugar do indivíduo na cidade, no que toca à partilha de tradições e de valores, de educação, de preferência e de gosto, de ideal estético e de referências culturais. Enfim: símbolos, ritos e mitos, tudo isso compunha o vasto significado do original termo grego.

Postular o ideal da *paideia* exige um juízo de si como potência capaz de atualizar em pleno ato as virtuais capacidades. A *paideia* envolve, assim, em larga medida, alguma relação com a subjetividade humana. O indivíduo viverá sua mais justa forma de ser quando dialogar consigo mesmo, em busca do outro eu. Nesse outro eu, a consciência dirige-se para fora e para além de si. E porque nos torna outros, a consciência interpela a alteridade. Aí se põe o mais nobre dos diálogos: aquele que cotidianamente coloca em confronto o eu consigo próprio. Diz Hannah Arendt que, por isso,

> Sócrates contava com dois *insigths*, um deles contido na palavra do Apolo de Delfos, "conhece-te a ti mesmo", e o outro exposto por Platão (e com eco em Aristóteles): "É melhor estar em desacordo com o mundo todo do que, sendo um, estar em desacordo comigo mesmo". Esta última é a frase-chave para a convicção socrática de que a virtude pode ser ensinada e aprendida. (ARENDT, 2002, p.100)

O presente capítulo versa sobre o tema da ética na Grécia clássica. Procura-se depreender da reflexão grega sobre a moral o motivo da amizade. Este virá inscrito em inúmeros relatos acerca da paz, da concórdia, do bem comum e da vida boa no convívio. Além disso, a proposição da ética como objeto de análise firma-se mediante uma estrutura discursiva compreendida como diálogo. Sob tal perspectiva, procuraremos abordar alguns relatos construídos mediante diversos estilos, mas que possuem, em sua estrutura textual, uma dada dimensão de pedagogia política. Por meio dos mesmos relatos, buscaremos identificar alguns aspectos relativos à conduta pública, tal como esta era pensada e dada a ver na Grécia clássica. Sob a perspectiva acima enunciada, as fontes analíticas sobre as quais nos debruçaremos são respectivamente:

1) o *Discurso fúnebre de Péricles*, que se coloca, na atmosfera mental daquele século 5 a.C., como um verdadeiro manifesto da pretensa superioridade grega em seu modelo democrático de vida;
2) o texto da peça *Édipo-Rei* de Sófocles, que permite uma compreensão das disputas entre representações em curso na Atenas do século de Péricles;
3) e, finalmente, a *Apologia de Sócrates* que, escrita por Platão, possibilita decifrar o ofício pedagógico desenvolvido por Sócrates nos diálogos que este travava com todos os que se propunham a ser seus interlocutores.

Nesse último caso, observa-se a possibilidade de pensar na ação educativa como uma tarefa dialógica entre um dado acervo historicamente acumulado e duas gerações que, com o mesmo acervo, a dada altura, se defrontam – quando uma deverá ensinar a outra. Sócrates, em sua defesa, teria ressaltado que o que o diferenciava dos contemporâneos era o fato de ele se "ocupar" da juventude; "preocupar-se" com ela.

Acerca do tema, poder-se-ia considerar um vínculo assumido pelo testemunho do relato grego entre a acepção primeira de diálogo como troca, a dimensão da amizade voltada para o bem comum e a vida ética. Ao educar, teríamos um diálogo com o bem de nosso aluno. Dedicaríamos a ele, portanto, atenção, tempo e ocupação e ao fazer isso, seríamos éticos. Por fim, pudemos observar que existe uma constante remissão à ideia do diálogo em alguns dos principais textos que, da Grécia, chegaram até nós para modelar nosso modo de ser políticos, cidadãos e educadores. Compreender o legado grego seria, nessa medida, acompanhar, um pouco que seja, essa conversa dos clássicos.

Tradicionalmente, os primeiros diálogos do pensamento grego são dirigidos aos antepassados. Aqui podem ser situados a *Ilíada* e a *Odisseia*, de Homero, e *O Trabalho e os Dias*, de Hesíodo. A poesia arcaica grega remete-se a uma dada atmosfera mental segundo a qual o presente pertence aos ancestrais, quando os antecessores teriam construído as telas de uma descendência que deveria honrá-los e deles tornar-se digna. O registro desse universo é expresso no cômputo de uma dada memória coletiva, firmada sob o signo da oralidade. Sendo assim, caberia situar – explorando o registro trágico – a justificativa de Antígona, que segue em seus passos leis consideradas por ela imortais e universais, leis, todavia, não escritas, expressas por uma tradição imemorial. O diálogo com os antepassados passaria, acredita Antígona, pela palavra dos deuses. Por esse motivo, a heroína trágica é convicta ao justificar como inarredavelmente seu o ato de enterrar o irmão; aquele irmão que havia sido, por razões de guerra, condenado pelo governante da cidade a ter o cadáver insepulto.

Traidor de Tebas – é fato – Polinice era, entretanto, antes disso, um irmão a ser enterrado. Foi explicitamente a vontade humana – não o destino, a fatalidade ou o acaso – quem determinou o desenrolar dessa história. Assumindo e tomando a si o ato final, Antígona reconhece que, ao agir, optou pela própria morte. No caso, a escolha foi sua, em nome dos ancestrais. Havia razões maiores do que as razões de Estado: uma justiça que estaria para além dos éditos da *polis*, uma ética que não se confunde com o motivo da política. Diz – sobre o tema – a protagonista Antígona:

> [...] eu não acreditava que os éditos humanos tivessem força suficiente para conferirem a um mortal a faculdade de violar as leis divinas, que nunca foram escritas mas são imutáveis. Não é de hoje nem de ontem que elas vivem: são eternas e ninguém sabe determinar o tempo que foram promulgadas. Em face destas leis – que não cedem, timoratas, à vontade humana – não sou realmente culpada de coisa nenhuma. Criatura efêmera, eu bem sabia que, antes ou depois, com teu édito ou sem ele, haveria de morrer. Se tal vier a acontecer antes do tempo, será de minha total e

> exclusiva vantagem. Quem, como eu, está condenado a viver para sempre na voragem de males sem conta, considera a morte um grande alívio. Por isso, pouco importa o destino que me reservas. Se, ao contrário, eu tivesse deixado o filho de minha própria mãe morto e sem sepultura, ah!, isso sim, é que me faria sofrer terrivelmente! Posso parecer-te louca, mas tem cuidado, não seja ainda mais insano aquele que assim me considera. (SÓFOCLES, 1984, pp. 35-36)

A "Oração fúnebre de Péricles" e a democracia ateniense

Pode-se dizer que o cenário que dá lugar à organização da *polis* é um elemento-chave para compreensão do pensamento grego. O surgimento da estrutura da *polis* representa – como se sabe – um dado decisivo no pensamento da Grécia clássica. Dirá Vernant que, na *polis*, o que temos é a "estrutura da palavra sobre todos os outros instrumentos de poder. Ela torna-se a ferramenta política por excelência, a chave de toda autoridade do Estado, a estratégia de comando e de dominação sobre outro" (VERNANT, 1983, p. 44). Esse recurso da palavra adquire conotação muito própria na acepção de política. Longe de imaginar (como às vezes fazemos) que política corresponde a qualquer atividade humana na vida social, os gregos supunham que a política era um caminho alternativo da violência. Onde há violência e força física – portanto guerra – não há política. A política principia, por um lado, onde cessa a violência, e, por outro, onde calam tradições ancestrais.

Astuciosa e clamando pela esfera pública, o requisito da ação política seria exatamente a arte da palavra, o recurso à persuasão, o poder humano de convencer o outro. Há – como é evidente – uma tonalidade pedagógica nessa prática. O melhor político é aquele que, em assembleia, revela-se capaz de convencer um conjunto amplo de pessoas e, assim, adquirir credibilidade. A política é exercida, portanto, na esfera pública da ação e diz respeito basicamente aos assuntos da cidade:

> a palavra não é mais o termo ritual, a fórmula justa, mas o debate contraditório, a discussão, a argumentação. Ela supõe um público para o qual ela se dirige como a um júri que decide em último recurso levantando as mãos, entre os dois partidos que lhe são apresentados; trata-se de escolha

puramente humana que mede a respectiva força de persuasão dos dois discursos, assegurando a vitória de um dos oradores sobre seu adversário. (VERNANT, 1983, p. 45)

Continua o historiador dizendo o seguinte: "A arte política é, no essencial, manuseio da linguagem; e o *logos*, na sua origem, toma consciência de si próprio, de suas regras, de sua eficácia através de sua função política" (VERNANT, 1983, p. 45). Finley assegura que foram os gregos os inventores da política. Esta, por si, radica no termo *polis*. Mesmo assim, há de se ter cautela em afirmar que Atenas engendrou uma teoria sistemática da democracia. Anotações sobre a democracia são esparsas e não constituem, para o caso grego, um corpo teórico sistemático. Sendo a *polis* uma comunidade entre aqueles reconhecidos como iguais, havia um sentido de concórdia e de bem comum inscrito no processo decisório em curso através de debates abertos. Por tal razão, no imaginário político da época, a boa *polis* será aquela dirigida para a vida boa: vida dirigida tanto ao bem quanto à felicidade.

Como observa, todavia, Gilda Naécia Maciel de Barros, a acepção grega de *polis* transcende fronteiras territoriais para remeter-se a uma pertença, quase uma comunidade de destino. Haveria nítida especificidade na ideia primeira de *polis* para além de suas muralhas e do sangue comum de que provêm seus filhos: orgulho da liberdade e confiança no universo da racionalidade. A *polis* era – no parecer da referida autora – pautada pela regulação da lei: lei que, enquanto tal, se constituía como artefato particular do gênero humano, um

> [...] passaporte para a liberdade. Leis comuns dos homens, leis comuns dos gregos, práticas e costumes, leis escritas ou não escritas, particulares ou universais, radicadas na natureza das coisas ou produto de um artifício social, a lei, sempre a lei, está no centro mesmo dessa visão ordenada e ordenadora do mundo e da cidade. A natureza toda é um cosmos porque regulado pela lei. Ela integra apenas o arsenal de saberes e recurso que elevaram o homem a transcender a sua condição, a superar a sua animalidade e a constituir um modo de vida diferenciado, essencialmente humano, o modo de vida político. É nesse conjunto que assoma a importância da lei que os gregos associavam à constituição de uma arte – a arte política. Como a linguagem, as artes, os mais variados conhecimentos, esse arsenal, legado ou não do titã, viram-no os gregos, é prometeico, ao final. Ele pode

> ser o instrumento de nossa salvação [...] A percepção da importância da arte política na vida dos homens, bem como o elogio da lei, são claramente registrados em vários textos de autores antigos. (BARROS, 1998, pp. 66-67)

Para a perspectiva de Aristóteles, a finalidade da vida política corresponde a uma espécie de amizade compreendida no sentido coletivo. A vida justa seria, pois, a compreensão de interesses voltados para o bem comum, ambiente da cidade-estado:

> Foi na própria Atenas que inventaram, na íntegra, a estrutura e o mecanismo da democracia, enquanto tateavam para encontrar algo sem precedente, sustentando-se apenas em sua própria noção de liberdade, em sua solidariedade comunitária, em sua disposição de questionar [...] em sua experiência política amplamente compartilhada. (FINLEY, 1988, p. 87)

Discorrendo sobre o pensamento aristotélico, Finley dirá que,

> na boa *polis*, os cidadãos prosperam, levam boa vida. Para Aristóteles, esta constituía a principal finalidade da *polis*... a boa *polis* é uma *polis* justa... numa boa *polis*, os acordos políticos são eficazes e vantajosos, servindo não só ao interesse comum como ao interesse de indivíduos ou grupos. (FINLEY, 1998, p. 65)

Note-se que – como, ainda, assinala Vernant – uma das principais características da *polis* é a publicidade. Público é também – e por vezes nos esquecemos disso – aquilo que pode ser divulgado, comunicado a qualquer pessoa. Supõe, sob tal enfoque, um interesse comum. Tratar-se-ia de um "duplo movimento, de democratização e de divulgação [que] traria, para o plano intelectual, consequências decisivas" (VERNANT, 1983, 46). No período clássico, pode-se dizer que a civilização grega se abre em virtude do fato de ter havido uma profunda ampliação do que poderia ser compreendido como uma cultura comum, intrínseca à atmosfera mental da Ática:

> Tornando-se elementos de uma cultura comum, os conhecimentos, os valores, as técnicas mentais são eles próprios conduzidos à praça pública, submetidos à crítica e à controvérsia. Eles já não são conservados, como testemunhos de poder, no segredo das tradições familiares; sua publicação alimentará as exegeses, as interpretações diversas, as oposições, os

> debates apaixonados. Doravante, a discussão, a argumentação, a polêmica tornam-se regras do jogo intelectual, bem como do jogo político. O constante controle da comunidade é exercido sobre as criações do espírito tanto quanto sobre as magistraturas de Estado. (VERNANT, 1983, pp. 46-47)

Regressar para a cultura política da *polis* é referir-se ao convívio entre iguais, à submissão de toda pauta decisória ao debate da praça. A Grécia da *polis* situa na discussão da assembleia sua estratégia política por excelência. O processo decisório continuadamente submetido à esfera pública configura-se referência imprescindível para todos os que, daquele momento em diante, pretendessem abordar o tema da democracia. É possível, sem dúvida, criticar e recusar a acepção grega de democracia. Todavia é impossível fazer política sem, ao menos, passar por ela, valendo-se, inclusive, de algumas de suas categorias.

Além do compromisso com uma "norma racional sempre submetida à discussão" (VERNANT, 1983, p. 48), pode-se considerar o orgulho frente aos antepassados uma marca da cultura clássica. Conscientes do valor da preservação do legado simbólico dos antecessores, os gregos zelavam pela memória desse entrelaçamento cíclico entre gerações como uma das marcas civilizatórias mais características da Atenas clássica. Tucídides aponta isso na reconstituição que faz da *Oração fúnebre de Péricles*. Tucídides pode ser compreendido como o primeiro historiador do mundo grego, já que procura registrar os fatos como eles se teriam efetivamente passado, retirando, assim, do campo do conhecimento histórico, qualquer intervenção divina ou sobrenatural. Para Tucídides – o grande historiador da *Guerra do Peloponeso* – havia de se estruturar um relato confiável e verossímil a partir de um entrecruzamento de fontes.

Na *Oração fúnebre de Péricles* Tucídides reconstitui – como se falasse pela voz do próprio estadista ateniense Péricles (495 a.C.- 429 a.C.) – um rito fúnebre que registrava a morte de concidadãos em combates, na referida Guerra do Peloponeso. Lutando contra Esparta, os cidadãos atenienses mortos em batalha receberiam da Atenas dirigida por Péricles um sepultamento solene marcado por um pronunciamento de elogio à glória dos heróis mortos – por parte do grande estadista da democracia ateniense. Tucídides pretende reconstituir aquelas que teriam sido as palavras de Péricles na oportunidade. Péricles teria, em seu discurso relatado por Tucídides, apontado exatamente para o caráter distintivo entre a experiência da *polis* ateniense em relação à de seus vizinhos. Demarcando o campo de singularidade da estrutura da vida democrática ateniense, observa-se que a primazia do espaço público vem apontada – no mesmo discurso – como a primeira grande característica que trará a Atenas tanto o zelo pela liberdade coletiva quanto a preservação da esfera individual ou da condição de ser livre.

Em primeiro lugar, o elogio dos heróis de guerra coincide com o elogio da própria cidade enquanto tal: por seu regime democrático de governo e por traços de caráter que lhe seriam singulares. Atenas constituir-se-ia como modelo de vida pública, em virtude de uma manifesta superioridade cultural e política frente a quaisquer outros povos. A superioridade cultural dos atenienses derivaria basicamente do fato de a cidade manter-se aberta. Atenas preconizava para seus cidadãos o valor da vida em liberdade, já que as decisões sobre as questões públicas eram tomadas na forma de debates em assembleias.

Unindo cálculo e audácia, os atenienses seriam, a um só tempo, ousados e prudentes. Mais do que isso, seu mérito residiria na habilidade desenvolvida de praticar livremente o bem e, através dessa prática, dirigirem-se ao bem plural, firmando e consolidando amizades. Na vida coletiva, essa amizade adquire estatuto de pacto de convivência entre iguais, alicerçada na concórdia que, no limite, seria o contraponto que relativizaria – pela palavra em diálogo – critérios individualistas de competitividade, orgulho, egoísmo e violência. Tal concórdia era, efetivamente, o parâmetro de uma amizade coletiva expressa na vida pública das assembleias.

O trecho abaixo – extraído da reconstituição feita por Tucídides da *Oração fúnebre de Péricles* (discurso esse pronunciado em Atenas no inverno de 431 a.C. [1º ano da Guerra do Peloponeso]) – configura-se, em tom de manifesto, como uma declaração de tolerância. A tolerância, consequência do primado da liberdade, seria, por sua vez, firmada como base distintiva do modo de ser ateniense; do modo de ser democrático – o que envolve o respeito à privacidade e o compromisso com o domínio público.

> Nossa constituição não copia as leis dos vizinhos; damos antes modelo a alguns do que imitamos a outros. Ela, por depender não de uns poucos, mas do maior número, chama-se democracia; nas divergências privadas, estatui a igualdade de todos perante a lei; quanto às dignidades, as pessoas ascendem às magistraturas não, as mais das vezes, em razão de sua categoria, senão de seus méritos...; nem a pobreza impede ninguém, obscurecendo-lhe o valor, de prestar à república o bem de que for capaz. Não só nas relações políticas somos livres; somo-lo igualmente de mútuos temores na vida cotidiana... A despeito dessa brandura no domínio privado, na vida pública temos o máximo temor às transgressões; obedecemos às autoridades que se renovam e às leis, mormente às que protegem as vítimas de agravos e, embora não escritas, aquelas cuja violação escandaliza... Temos também, em grau elevado, o mérito de, em nosso cometimentos, conciliar a maior audácia com o cálculo; nos outros, do desconhecimento vem a coragem; do cálculo, a hesitação. Justo é atribuir maior fortaleza de alma a quem, embora distinguindo com mais clareza o horrível e o agradável, ainda assim se não esquiva aos perigos. No tocante à bondade, contrastamos com a maioria; contraímos amizades não em virtude do bem que nos fazem, mas do que fazemos nós... Somos também os únicos a praticar o bem livremente, menos por cálculo da conveniência do que pela segurança própria dos livres. Em síntese, digo ser a nossa cidade, no seu todo, uma lição para a Grécia e que o homem de nosso meio, individualmente, me parece ostentar uma personalidade extremamente versátil para exercer com garbo e competência tão variados misteres. (TUCÍDIDES, s/d, pp. 12-13)

Tal caracterização do lugar distintivo e singular ocupado pela vida democrática remete-se a uma pretensa identidade francamente proclamada entre a *polis* e a comunicação sob o estilo do diálogo. É grego quem é político; é político quem dialoga, quem exerce sua condição de ser público. A *polis* é, então, o cenário da cultura mais avançada: aquela que sabe conversar e que, curiosamente, é também aquela que conceitua seu outro. Aliás, sobre o tema, a própria tragédia grega oferece pistas. Para os gregos, a figura genial será aquela capaz de revelar poderes acima dos que são expressos pelos comuns dos mortais. Mas o diálogo em Sófocles – naquela que, de todas as tragédias, será talvez a maior – é fonte de descoberta e conhecimento. Dialoga-se para conferir e para aprofundar o conhecimento.

O Édipo Rei de Sófocles na encruzilhada entre o oráculo e o intelecto

Pode-se dizer que uma das características primeiras da acepção grega de cidadania residia na posse da religião da cidade. Fustel de Coulanges sublinha que era atributo essencial do cidadão louvar os deuses da cidade. Nessa medida, era compreendido como estrangeiro todo indivíduo que

> não tem acesso ao culto, aquele que os deuses da cidade não protegem e que não tem mesmo o direito de invocá-los. Porque os deuses nacionais não querem receber orações e oferendas senão do cidadão, repelem o estrangeiro; a entrada dos seus templos é-lhes vedada e a sua presença, durante as cerimônias, é um sacrilégio. (COULANGES, 1929, p. 308)

Sófocles (496 a.C. – 406 a.C.) vive o século de Péricles, o auge da democracia ateniense. Relata, em suas tragédias, histórias que faziam parte da tradição mítica, perpetuadas pelo relato oral entre gerações. A tragédia de Édipo – reveladora da estrutura trágica por excelência – remete o analista a dois sentimentos que contemplam o sentido mais pleno do trágico: a piedade e o terror. Unidos, eles provocariam no espectador a sensação de *catarse*. A piedade é o sentimento que deriva do reconhecimento de que o herói era inocente. Édipo não sabia que o cavaleiro morto por ele na encruzilhada era seu pai. Édipo casa-se com sua mãe, sem saber que o fazia. O desconhecimento foi o pilar da tragédia, mas o conhecimento ou reconhecimento de sua identidade levará à destruição do herói.

Se a piedade deriva da constatação da inocência do protagonista, o terror é tributário da sensação de que, posto naquelas circunstâncias, qualquer um de nós estaria sujeito a agir como Édipo agiu. Édipo poderia ser, pois, cada um de nós. Nesse reconhecimento do outro, colocamo-nos no lugar dele. Temos piedade, porque o sabemos inocente e – mais do que isso – situamo-nos no cenário trágico. Nessa confluência entre terror e piedade, estaria a base do efeito trágico fundamental para Aristóteles: a *catarse*...

> É a tragédia a representação duma ação grave, de alguma extensão e completa, em linguagem exortada, cada parte com o seu atavio adequado,

> com atores agindo, não narrando, a qual, inspirando pena e temor, opera a catarse própria dessas emoções... A tragédia é imitação, não de pessoas, mas de uma ação, da vida, da felicidade, da desventura; a felicidade e a desventura estão na ação e a finalidade é uma ação, não uma qualidade. Segundo o caráter, as pessoas são tais ou tais, mas é segundo as ações que são felizes ou o contrário. Portanto, as personagens não agem para imitar os caracteres, mas adquirem os caracteres graças às ações. Assim, as ações e a fábula constituem a finalidade da tragédia e, em tudo, a finalidade é o que mais importa. (ARISTÓTELES, 1981, pp.24-25)

Relendo *Édipo-Rei* – principal tragédia de Sófocles e aquela na qual Aristóteles se inspira para tecer sua *Poética* – percebemos que toda a estrutura trágica tem, até mesmo no estilo, o formato simbólico de um longo e dramático diálogo. No percurso do texto, Édipo dialoga com Jocasta, com Tirésias, com Creonte, com o mensageiro, com o servo, com o emissário, com o coro, com o corifeu, e – sobretudo, homem político que era – com o povo da cidade de Tebas. Na forma de diálogo passa-se a ação. Na forma de diálogo, o herói chega ao encontro do destino. Cabe recordar que, em *Édipo-Rei*, Sófocles contrapõe o cenário do diálogo à mensagem dos deuses, para a qual – diga-se de passagem – o diálogo pode ser destituído de qualquer significado, caso mantenha desconhecida a verdade a ser revelada. Se há uma verdade aprisionada pela aparência das palavras, seriam as mesmas palavras suficientes para emancipá-la?

Édipo é um estrangeiro em Tebas e isso não é um acaso. Para se integrar à cidade, ele demonstra, todavia, um outro dom, que – naquele século 5 a.C., o grande século da *polis* clássica – era compreendido pela cidade com gravidade e reverência: Édipo possuía a ciência, o conhecimento, a habilidade de decifrar enigmas. Pela posse do saber, integrou-se àquela *polis* que supunha não ser a sua; foi por tal artifício que ocupou o lugar do poder. Para além da religião, o sinal ali veiculado exprimia, com nitidez, um dado conflito existente entre a pauta da tradição e o poder progressivamente adquirido pelo conhecimento.

A estrutura da tragédia sobre Édipo situa o território distintivo da inteligência humana, mas confronta-o também com a soberania inequívoca manifestada pelos deuses sobre os homens. O desenvolvimento da trama parece conclamar a Humanidade a recordar-se do limite de suas possibilidades perante as incomensuráveis forças cósmicas. Pode-se, além disso, identificar o drama de Édipo como uma revolta diante do desconhecido, a flagrante incapacidade humana de decifrar a esfinge da própria identidade. Édipo evidencia, de algum modo, nossa impotência – mas também nosso atrevimento – diante dos deuses, diante do destino, diante do cosmos.

Sobre sua história pregressa, caberia destacar que Édipo cai do trono pela força do sobrenatural: o destino do qual fugira – e que, impiedosamente, o apanhou. Contudo Édipo tornara-se rei de Tebas pela força da própria vontade – de sair de sua cidade para fugir da maldição que o acompanhava – e da sua habilidade intelectual. Por ter decifrado o enigma da Esfinge ganhou lugar no trono de Tebas, desposando, para tanto, a rainha Jocasta – sua mãe. Assim, a dinâmica impressa nesse célebre diálogo em forma de tragédia oscila sempre entre a força dos deuses e o poder da racionalidade, mesmo impasse vivido pela *polis* democrática daquele século de Péricles. A propósito, Trajano Vieira destaca que

> de certo modo, Édipo seria a expressão da própria Atenas do V século a.C.: inquieto, brilhante, corajoso, arrogante, perspicaz, imperial, curioso, vaidoso, consequente, calculador, investigativo, são alguns dos adjetivos que caberiam também à cidade no seu apogeu. (VIEIRA, 2001, p. 22)

Existe um poder didático singular no relato trágico: um relato que, dramatizado pelo espetáculo cênico, vem a público na forma de entrecruzados diálogos. Ao procurar descobrir os mistérios envoltos na maldição que pairava sobre Tebas, Édipo é conduzido a examinar os segredos que envolviam seu nascimento. Nessa trilha em que perscruta a própria identidade, irá inquiri-la à exaustão, até ao momento em que a avalanche do passado reconstitui, aos olhos de todos, a trama do enigma. É a certeza do saber aliada à identificação de si quem cega o protagonista Édipo. Esse é o drama do conhecimento que, tantas vezes, surge para afastar-nos do senso comum.

> Isto, todos recordarão, foi o que aconteceu ao Rei Édipo, cujo mundo – toda a realidade de seu reino – desintegrou-se assim que ele começou a examiná-lo. Depois de descobrir a verdade, Édipo fica sem nenhuma *doxa*, em seus diversos significados: opinião, glória, fama e um mundo próprio. A verdade pode, portanto, destruir a *doxa*, pode destruir a realidade

política específica dos cidadãos. Da mesma forma, pelo que sabemos da influência que tinha Sócrates, é óbvio que muitos de seus ouvintes hão de ter ido embora, não com uma opinião mais verdadeira, mas sem qualquer opinião." (ARENDT, 2002, p. 105)

Hannah Arendt pondera sobre o assunto, também quando evoca o dilema do filósofo de Platão, que, pela alegoria, ao regressar para a caverna após ter visto a luz, já não se reconhece entre os antigos companheiros. Sobre o tema, as palavras de Arendt são as que seguem: "o filósofo que retorna está em perigo porque perdeu o senso comum necessário para orientar-se em um mundo comum a todos, e, além disso, porque o que acolhe em seu pensamento contradiz o senso comum do mundo" (ARENDT, 2002, p. 109).

No desenlace da tragédia de Édipo revela-se, impiedosamente, a insuficiência da habilidade intelectual para o desvendamento das leis do cosmos. O oráculo ordenara que fosse punido o assassino de Laio. Édipo apresenta-se, perante seus súditos, como investigador e como juiz da trama. Era também, contudo, autor – ele próprio – do ato assassino. Torna-se, então, réu em uma história da qual curiosamente é também vítima. Daí são inferidas as ambiguidades da relação da *polis* (e da política, de maneira geral) com o conhecimento. Em Sófocles, a força do destino é tão avassaladora quanto a força da vontade que luta contra ele. O destino que perseguia Édipo será, incessantemente, interpelado pela racionalidade. Se Édipo é vítima de sua própria história até o início da tragédia, não se pode dizer o mesmo do final. Foram suas mãos que cegaram seus olhos. Foi a vontade do herói quem decidiu o desenlace da trama. Nesse aspecto, eram de se destacar seu poder de inquirição, sua habilidade de dedução e – muito especialmente – sua extraordinária inteligência – notória como "capacidade de distinguir, de reconhecer" (KNOX, 2002, p. 108). Paradoxalmente – continua Knox – é quando se faz capaz de reconhecer a si próprio que Édipo efetua o ato de automutilação que determinará o sofrimento com que viveria desde então. Embora fosse o renomado decifrador de enigmas, "Édipo ignora o que a maioria dos homens conhece, sua ascendência" (MARSHALL, 2000, p. 111). Acerca disso, Trajano Vieira faz o seguinte comentário:

> Ao colocar Édipo entre a razão e o *daimon*, Sófocles reafirma o caráter paradoxal do herói trágico, fascinante e frágil, arrogante e desarmado,

> engenhoso e vulnerável... Três referências temporais apresentam-se, portanto: o tempo da revelação oracular, o do parricídio e do incesto, o das investigações de Édipo sobre o assassino de Laio e sobre si próprio. O herói é agente e paciente da ação, submetido às forças do *daimon* e do acaso. Sobre esse enredo paira o pré-conhecimento divino. (VIEIRA, 2001, p. 33)

A polarização da narrativa vem logo ao princípio: com a altercação entre Édipo e Tirésias, onde o primeiro representa a razão e o segundo a tradição. Tal conflito entre *logos* e *mythos* era pendular. A cidade grega vivenciava o florescer das ciências, das técnicas e das artes, a organização de uma dada inteligibilidade política, que – no conjunto – contribuíram para destronar progressivamente os deuses da cidade. Essa contenda existia desde o século 7 a.C., mas no século 5 terá sua maior demonstração (MARSHALL, 2000, p. 73). Acerca da dimensão dialógica da tragédia também seria possível citar o mesmo trabalho de Francisco Marshall, o qual destaca que Édipo reconhecia a coletividade como uma instância da *polis*:

> afinal é a ela que ele se dirige desde o prólogo (na figura do Velho Sacerdote de Zeus e seus agremiados) e é com quem dialoga em vários momentos (na figura do Corifeu, representante do Coro de cidadãos), mas esta coletividade não tem responsabilidade quanto aos problemas que afligem a cidade. (MARSHALL, 2000, pp. 73-74)

Os problemas que atingiam a cidade, particularmente expressos pela peste, dependiam fundamentalmente da figura de Édipo.

> E é com esta última palavra "sabe" que o pastor anuncia a verdade monstruosa: "se és aquele de quem ele fala, sabe que nasceste desafortunado". No final da peça Édipo resume o conhecimento que com ele permanece. "Uma coisa ao menos sei", diz o cego e arruinado homem "nem a doença, nem outra coisa qualquer, pode me destruir. Se me salvei da morte, foi para mim um mal terrível". Parece muito pouco mas, em contraposição ao conhecimento que alegava ter antes da catástrofe, este é o verdadeiro. O conhecimento obtido pela investigação inteligente adequava-se aos expoentes da nova perspectiva científica, de modo a executar grandes serviços para os semelhantes. Eles estavam preparados para encontrar, descobrir (o vocábulo grego correspondente a esses dois termos significa também "inventar"), revelar, esclarecer, demonstrar, ensinar. Sua tarefa auto-nomeada era levar a luz onde havia trevas, a certeza onde havia a

dúvida, substituir a confusão pela clareza, e treinar outros em seus métodos e pontos de vista. Estas são as atitudes e as atividades de uma revolução intelectual, uma era de iluminismo, e as palavras que as descrevem avultam no vocábulo de Oedipus Tyrannus." (KNOX, 2002, p. 108)

Knox sublinha também a dimensão heurística da investigação empreendida por Édipo:

> Heurein, "encontrar" (....) é uma palavra utilizada por Tucídides para descrever o resultado de seu método histórico – a descoberta do passado. O leitor, diz ele, ao falar de sua própria tentativa de reconstruir a história antiga, deveria "considerar que os fatos foram descobertos com base na mais clara das evidências, tão satisfatoriamente quanto possível, considerando terem acontecido há tanto tempo". Neste sentido, é uma palavra acuradamente apropriada à busca conduzida por Édipo; também ele é um historiador, tentando descobrir os fatos sobre seu passado com base na mais clara das evidências disponíveis. O termo, contudo, aplica-se também à descoberta no campo da astronomia, da técnica, da matemática, de fato a todo o âmbito de descobertas e invenções que tornaram a civilização humana possível." (KNOX, 2002, pp. 112-113)

Na encruzilhada entre o poder, o conhecimento e a identidade, Édipo se perderá. O destino que o persegue teve a ajuda do acaso. Nessa medida, parecem embaçados os domínios do especificamente racional quando confrontado com a força da verdade inscrita na tradição mítica: a autenticidade ancestral. Em alguma medida, o drama de Édipo adverte contra os riscos do saber desmesurado.

Por outro lado, Édipo não sabia... O reconhecimento da verdade e a subsequente identificação de si só foram possíveis – por assim dizer – mediante a estrutura de diálogo proclamada na trama narrativa. Nas palavras de Tirésias, temos claramente posta essa dimensão:

> Se tu possuis o régio poder, ó Édipo, eu posso falar-te de igual para igual! Tenho esse direito! Não sou teu subordinado, mas sim de Apolo; tampouco jamais seria um cliente de Creonte. Digo-te, pois, que já ofendeste a minha cegueira – que tu tens os olhos abertos à luz, mas não enxergas teus males, ignorando quem és, o lugar onde estás, e quem é aquela com quem vives. Sabes tu, por acaso, de quem és filho? Sabes que és o maior inimigo dos teus, não só dos que se encontram no Hades, como dos que ainda vivem na terra? Um dia virá, em que será expulso desta cidade

> pelas maldições maternas e paternas. Vês agora tudo claramente; mas em breve cairá sobre ti a noite eterna. Que asilo encontrarás, que não ouça teus gemidos? Que recanto da terra não vibrará com tuas lamentações quando souberes em que funesto consórcio veio terminar tua antiga carreira? (SÓFOCLES, s/d, pp. 115-116)

Nietzsche, no texto de sua juventude sobre *O nascimento da tragédia*, destaca que "tudo o que na parte apolínea da tragédia grega chega à superfície, no diálogo, parece simples, transparente, belo" (NIETZSCHE, 1992, p. 63). Para o referido filósofo, tal diálogo revelaria a própria imagem refletida dos helenos, em uma encruzilhada entre o *logos* e o mito, entre Apolo e Dionísio, como se

> as luminosas aparições dos heróis de Sófocles, em suma, o apolíneo da máscara, [fossem] produtos necessários de um olhar no que há de mais íntimo e horroroso na natureza, como que manchas luminosas para curar a vista ferida pela noite medonha. (NIETZSCHE, 1992, p. 63)

A tragédia grega traria inscrita em sua trama uma secreta aliança – que não deixava de ser também tensa e conflituosa – entre o regramento apolíneo e a referência dionisíaca. Destacava, por ser assim, a ambiguidade da própria *polis* do século 5 a.C. É nesse registro que, na arte trágica, a autoridade da alegoria sempre parece assombrar o atrevimento da razão, como se o mito – num eterno retorno – estivesse sempre de volta para murmurar sua sabedoria...

A defesa de Sócrates: pensar e examinar o pensamento

Dialogar é chamar o outro. É também convocar um tema. É ser, portanto, anfitrião e hóspede de um problema compartilhado. Nesse sentido, a atitude metodológica do diálogo convoca também a faculdade, prezada pela espécie humana, de comunicar-se com os semelhantes. A confiança na identidade do sujeito, em larga medida, vem pela habilidade e disponibilidade para pôr a público suas ideias, expressá-las. Observar a construção do diálogo – na inscrição do pensamento grego – significa reportar-se tanto à forma de um estilo quanto a uma atmosfera de comunicação historicamente dada. Para Sócrates – como se sabe – o aprendizado ocorreria entre mestre e discípulo, mediante conversa, pela qual o mestre elege o tema a ser compartilhado em debate. Segundo Jaeger, o diálogo era, para Sócrates, "a forma primitiva do pensamento filosófico e o único caminho para chegarmos a nos entender com os outros" (JAEGER, 1995, p. 501). É através do diálogo que – apesar de nada ter deixado escrito – Sócrates é reconhecido como fundador da filosofia conceitual.

Sócrates integrou – pode-se dizer – uma dada tendência humanística que estava em curso na Atenas clássica do século 5 a.C. A essência da ética socrática contraria a *paideia* de seu tempo. Para Sócrates, o essencial era o discernimento perante valores intelectuais e valores morais, posto que o conhecimento da justiça remete à vida justa e o conhecimento da verdade pode nos aproximar dela. Tratava-se de buscar incansavelmente um autodomínio por meio de exercício sistemático de autoexame da alma. Dessa meditação, resultariam valores espirituais – os quais nos conduziriam a desejar exatamente as coisas que são boas para nós. Esse era, para Sócrates, o significado mais pleno da vida do espírito.

Possuir o conhecimento, para Sócrates, compreendia necessariamente viver bem:

> A essência da ética socrática pode ser resumida nas seguintes palavras: o conhecimento no sentido de discernimento em relação aos valores espirituais é uma possessão rara. Vontade verdadeira é desejar conscientemente o que é bom em última instância e absolutamente, ou seja, bondade da "alma", do "espírito", ou da "personalidade"; Agir erradamente ou ser injusto é fechar os olhos à verdade, provocando consequências prejudiciais a si mesmo, e ninguém em sua opinião pode querer esse resultado. O círculo da argumentação é fechado para a reflexão prática de que o melhor e mais seguro meio para melhorar a nossa conduta é adquirir a espécie de auto-conhecimento ou "discernimento" que resultará inevitavelmente em viver bem. Esse conhecimento unificará e integrará a personalidade, de tal maneira que a unidade da virtude decorre dos princípios socráticos tanto quanto sua equação com o conhecimento. E já que o conhecimento verdadeiro é discernimento, há uma necessidade predominante e um dever de "cuidar de nossa alma". (LUCE, 1994, p. 94)

Sócrates explicita, de maneira recorrente nos diálogos de Platão, que ninguém erra deliberadamente, bem como ninguém, tendo visto o bem, teria qualquer interesse pela escolha do mal. Aproximar-se do bem – para Sócrates – implicaria desejá-lo; até porque, do contrário, parecia a ele impossível conviver consigo mesmo – ou ouvir o eco da própria voz que, intermitente, nos chama.

> Este é o significado dos paradoxos socráticos: "a virtude é o conhecimento". "Ninguém erra deliberadamente". As pessoas normalmente dizem: "Eu sabia que era errado, mas não pude evitá-lo". Sócrates responde: "Isso nunca é realmente a verdade. Tu podes ter sabido que outras pessoas acham que o que fizeste era ruim; mas se tivesse sabido por ti mesmo que era ruim, não o terias feito. Teu erro foi a falta de esclarecimento. Não viste o bem; foste enganado por algum prazer que parecia bom naquele momento. Se tivesses visto o bem, também o terias desejado e agido para obtê-lo. Ninguém age mal por sua verdadeira vontade. Pelo menos quando essa vontade foi direcionada para seu objeto, o bem, por uma visão genuína e esclarecida". O nome especial dado ao verdadeiro ser nos escritos posteriores de Platão e em Aristóteles é *nous*, uma palavra comumente traduzida como "razão". Para os ouvidos modernos, "espírito" é um termo menos impreciso, pois "razão" sugere uma faculdade que pensa mas que não deseja. Platão e Aristóteles viam esse espírito como algo distinto da *psique*, que está inseparavelmente associada ao corpo, perecendo com a morte deste. Para a perfeição do espírito, os gregos usavam a palavra comum para "bondade", *areté*, que não deve ser traduzida como "virtude". "Virtude", em todas as situações, significa conformidade com os ideais de conduta em vigor. O homem virtuoso é aquele que faz o que é aprovado pelo resto da sociedade. A filosofia socrática rejeita esta conformidade, chamando-a de "virtude popular". (CORNFORD, 2001, p. 47)

Sócrates (469 a.C. 399 a.C.) identifica, pelo relato de Platão, uma voz interior que o interpelara desde sua infância. Nessa outra voz, que necessariamente nos acompanha, residiria o primeiro lugar da ponderação sobre a ética. Ao explicar os motivos pelos quais se ocupava de fornecer conselhos públicos para aqueles que o procuravam, Sócrates dirá que a razão disso é

> [...] uma inspiração que me vem de um deus ou de um gênio, da qual Meleto fez caçoada em sua denúncia. Isso começou na minha infância; é uma voz que se produz e, quando se produz, sempre me desvia do que vou fazer, nunca me incita. Ela é que me barra a atividade política. E barra-me, penso, com toda a razão; ficai certos. (PLATÃO, s/d, p.28)

Dialogar seria, antes de tudo, ouvir nossa voz da consciência; consciência esta que é universal, cujos preceitos são intuídos, e que não está, por tal razão, sujeita ao controle humano. A possibilidade de debater consigo mesmo seria, no limite, a forma original do diálogo. Sob a referência da pluralidade, o diálogo sempre convida à interação, como explicam as palavras de Hannah Arendt:

> [...] qualquer um de nós, "sendo um", pode ao mesmo tempo falar consigo mesmo como se fosse dois. Porque já sou dois em um, ao menos quando tento pensar, posso ter a experiência de que um amigo... é um "outro eu". Somente alguém que teve a experiência de falar consigo mesmo é capaz de ser amigo, de adquirir um outro eu. (ARENDT, 2002, p. 101)

Pode-se, pois, compreender que, em diálogo, vive-se – necessariamente – a diversidade. Daí a estrutura dialógica ser primordial para tornar pensável a ética como tema e como problema histórico, social e humano. Em outra passagem do mesmo texto, Hannah Arendt destacará o seguinte: "A própria palavra *consciência*, em todo caso, significa 'saber comigo e por mim mesmo', um tipo de conhecimento que é realizado em todo processo de pensamento" (ARENDT, 2002, p. 146).

Platão (429 a.C. – 347 a.C.) vive a *polis* de um tempo em absoluta transição. Vive o século de Péricles, na grandeza de sua estrutura política, mas conhece também os infortúnios da derrota ateniense perante a Guerra do Peloponeso. Diz Chauí que

> a Atenas que Platão deixa por ocasião de sua morte está exausta e decadente, prestes a ser esmagada pelas tropas de Filipe da Macedônia na batalha de Queroneia, em 338 a.C. A *polis* democrática terminou, a cultura tornou-se tagarelice, repetição morna do passado, saudosismo. (CHAUÍ, 1994b, p. 164)

Talvez isso explique – como diz Gilda Naécia Maciel de Barros (2000) – alguma sedução de Platão pela tirania e sua veemente crítica à estrutura democrática.

Quando discorre sobre o tema da justiça, Platão evoca sua teoria da reminiscência, aquela em virtude da qual o filósofo é compreendido na história das ideias no Ocidente como alicerce fundador de um dado universalismo. A teoria da reminiscência busca verdades impressas na alma como conhecimento, mas que, em seguida, tiveram suas formas esquecidas pela passagem da alma no rio do esquecimento. Ora, se for isso, poderíamos supor que, no processo de aprendizado, à espera de ser resgatado, recordado, o saber estaria já lá, em algum lugar,

> [...] mas latente e inconsciente. O que chamamos de "aprendizado", ou descoberta da verdade, é um relembrar desse conhecimento latente, trazido para o nível da consciência... Além disso, se o conhecimento está sempre presente na alma, ela deve ser imortal e independente do corpo e seus sentidos. Ela já viu toda a verdade em algum estado anterior da existência, antes de passar para o corpo. A verdade foi esquecida, mas está armazenada na memória, da qual pode ser recuperada. Esta memória não é o que normalmente chamamos de memória, não é um registro da experiência que flui, durante esta vida material, através dos canais dos sentidos. Seus conteúdos são impessoais e os mesmos em todos os seres humanos, nunca tendo sido extraídos ou destilados pela experiência sensorial. (CORNFORD, 2001, pp. 63-64)

Sócrates – como vimos – firma o monólogo interior como lugar inaugural do diálogo. É no debate da consciência consigo mesma que conversamos com o outro eu de nossa alma. Daí a razão da definição de um território intrínseco à reflexão ética no espírito humano. Não posso viver bem, se – ao dialogar com meu outro eu – deparo-me com o reconhecimento de mim mesmo como um sujeito mau. Nesse movimento, o mais consistente espaço da ética reside na possibilidade de se colocar a mão na consciência – para averiguar o que ela nos diz sobre nós. Pelo relato de Platão, duas tendências convivem no espírito humano: desejo e razão. Caberá ao espírito deliberar com prudência para a vitória da racionalidade sobre a inclinação. Caso isso não ocorra, poderá ser desequilibrada a decisão. O mal decorrerá sempre da incapacidade de se controlar as afeições pelo crivo crítico da razão.

> Em cada um de nós, há dois princípios que nos governam e conduzem, e nós os seguimos para onde nos levam: um é o desejo inato do prazer, outro a opinião que pretende obter o que é melhor. Essas duas tendências que existem dentro de nós concordam por vezes, em outras entram em conflito, por vezes vence uma e por vezes a outra. Ora, quando a tendência que se inspira na razão é a que vence, conduzindo-nos ao que é melhor, chama-se a isso temperança; quando, pelo contrário, o desejo nos arrasta sem deliberação para os prazeres, e é ele que predomina em nós, isso se

> chama intemperança... Quando o desejo, que não é dirigido pela razão, esmaga em nossa alma o desejo do bem e se dirige exclusivamente para o prazer que a beleza promete, e quando ele se lança – com toda a força que os desejos intemperantes possuem – o seu poder é irresistível. Esta força todo-poderosa, irresistível, chama-se Eros ou Amor. (SÓCRATES *apud* PLATÃO, 1973, pp. 69-70)

As sociedades costumam observar com olhar desconfiado todos os suspeitos de desestabilizar verdades presumidas da opinião comum. O caso de Sócrates revela-se paradigmático para pensar nas possíveis reações ao pensamento crítico, quando não se cuida de assegurar a democrática liberdade de expressão e de divulgação das próprias ideias. É evidente que, pelo relato de Platão e também de Aristófanes, nas *Nuvens*, Sócrates era inoportuno – aos olhos da cidade e, especialmente, de seus juízes – em virtude, inclusive, de seu incontestável poder de persuasão. Sócrates – como os intelectuais de maneira geral – "não é estranho por viver em outro lugar, mas porque escuta sua razão crítica com um nível anormal de diligência" (GOLDFARB, 1998, p. 24). Pode-se dizer que a grande defesa da racionalidade é expressa pela vida e pela morte da figura pública de Sócrates. Por declarar expressamente que acreditava nada saber e por procurar em vão alguém que lhe trouxesse alguma palavra sobre a verdade, Sócrates teria descoberto que sua ignorância – ao contrário das demais – era cônscia de si.

Por outro lado, como comenta Nietzsche, Sócrates expulsa de sua interpretação a figura mítica como imagem concentrada de mundo:

> E agora o homem sem mito encontra-se eternamente famélico, sob todos os passados e, cavoucando e revolvendo, procura raízes, ainda que precise escavá-las nas mais remotas Antiguidades. Para o que aponta a enorme necessidade histórica da insatisfeita cultura moderna, o colecionar ao nosso redor de um sem-número de outras culturas, o consumidor desejo de conhecer, senão para a perda do mito, para a perda da pátria mítica, do seio materno mítico? (NIETZSCHE, 1992, p. 135)

Órfão de mitos, Sócrates identifica o diálogo da consciência consigo própria como um estilo de pensamento, um primeiro diálogo, talvez a forma mais apropriada para meditar sobre costumes, existência e moralidade. Ele induzia os interlocutores a examinar a própria vida e a refletir sobre seu leque valorativo. Preocupado em encontrar e definir a virtude, Sócrates observa os contemporâneos e procura compartilhar, pelo ensino, sua indagação. O modo a partir do qual se dirigia aos discípulos – por diálogos – supunha basicamente exortação e inquirição. Em ambos os casos, tratava-se de interagir sob a forma de perguntas. Esse exame do homem é também, para Sócrates, um autoexame, já que a vida não examinada não mereceria – segundo ele – ser trilhada.

Com os ensinamentos que se seguiam àquela pregação de sua alegada reconhecida ignorância, Sócrates procede à refutação "de todo saber aparente e de toda a excelência meramente imaginária" (JAEGER, 1995, p. 527). Em todo caso, tratava-se de criar um *ethos* para a formação da alma. Sócrates sugere que o ofício por ele abraçado era – a seu tempo – original e mesmo fundador. À semelhança do domador de cavalos que possui uma expertise própria, Sócrates identifica em seu magistério um trabalho ímpar de formação e declara isso quando, em julgamento, é acusado de corromper a juventude. Ele sabia que o que estava verdadeiramente em jogo era, sobretudo, o futuro do pensamento crítico, compreendido pela cidade como ameaça. A Atenas democrática cometeria ali sua grande injustiça e a morte de Sócrates adquirirá um caráter emblemático para qualquer incursão da posterioridade acerca do tema da ética.

Como é sabido, em seu julgamento, Sócrates não se teria defendido. Pelo contrário, acusa seus acusadores (é o que nos dizem – sobre a sua "defesa" – as narrativas de Platão e Xenofonte). Chama a atenção do leitor as palavras que Sócrates dirige a Meleto, que o acusava de corromper a juventude. A primeira farpa que o acusado lança sobre seu acusador é o distintivo que – a meu ver – faz do educador profissional, qualquer que seja o nível em que ensine, um intelectual. Diz Sócrates para evidenciar a ironia da situação, acusado de corromper a juventude por um indivíduo que jamais se ocupou da juventude: "o que me parece perfeitamente demonstrado, Meleto, é que nunca ocupaste o teu pensamento com os jovens, e as tuas palavras mostram a evidência de que nunca houve em ti a mínima preocupação por estas coisas de que me acusas" (PLATÃO, 1997, p. 23).

Ao dizer isso, Sócrates deixa entrever que, talvez, corrompam os jovens aqueles que não sabem ou não se propõem a educá-los. Sócrates declara, então, que, por analogia ao raciocínio de Meleto – segundo o qual nenhum dos atenienses além de Sócrates teria corrompido a juventude –, qualquer indivíduo que nunca se tenha ocupado da arte de domar cavalos, seria o que melhor os adestraria. A irônica comparação não deixa de evidenciar que – a despeito de não desejar ser reconhecido como professor – Sócrates vê explicitamente uma especificidade posta naqueles que "se ocupam" da juventude. Tal particularidade – ocupar-se das novas gerações – aproxima a figura do educador profissional da condição do intelectual. A educação é atividade intencional: dirige-se à formação de pessoas; busca persuadir mentes e corações; irradia visões e versões de mundo; expressa-se mediante clara liderança e tem alguma escuta. Seu protagonista – o professor – é, por excelência, o intelectual que fala às gerações mais jovens.

É amplamente conhecida – na história da Pedagogia – a passagem do Mênon em que Platão invoca a figura de Sócrates para demonstrar a hipótese segundo a qual, para o aprendizado, não haveria transmissão de conhecimento de uma pessoa a outra. No aprendizado haveria, isso sim, rememoração. Todo o percurso de uma progressiva recordação daquilo que, em tese, fora anteriormente esquecido conflui para a percepção do ensino como uma destreza de indagação. É por meio de perguntas que se induz o jovem à obtenção de uma verdade que, no limite, não reside em seu mestre, mas que é extraída de dentro da alma do próprio aprendiz – interna, portanto, a ele. Aprende-se, assim, quando se abre o espírito para refletir sobre a indagação posta pelo outro. Esse "outro", por sua vez, contribui para desvelar e revelar a interioridade que me habita. Nessa inarredável condição de "ser outro" reside o inevitável lugar do professor. Com Sócrates: "nada estarei fazendo senão perguntando, e não ensinando. Vigia para ver se por acaso me encontras ensinando e explicando para ele, e não interrogando sobre as suas opiniões" (SÓCRATES *apud* PLATÃO, 2001, p. 61).

A tarefa socrática da pergunta não deixa de pressupor o efeito da alegria lúdica que Jean Lauand contrapõe ao fastio e à tristeza. Para esse autor, o deleite – como o brincar – constitui um elemento essencial para a produção do efeito da *dilatação (dilatatio)*: no limite do diálogo entre um mestre e seu discípulo, aquilo que "amplia a capacidade de aprender, tanto em sua dimensão intelectual quanto na da vontade; [produzindo] uma dilatação essencial para a aprendizagem" (LAUAND, 2002, p. 20).

Na perspectiva de Platão, a verdade, quando surge à nossa frente, é porque sempre habitou na nossa alma. Do mesmo modo, a ciência não coincide diretamente com este ou com aquele momento de aprendizado. A ciência difere e é mais larga do que os saberes postos diante de nossos olhos quando nos livramos do esquecimento. Há, nessa chave, entretanto, uma imprescindível tarefa de diálogo e o próprio Sócrates a reconhecerá dizendo o seguinte: "ele terá ciência sem que ninguém lhe tenha ensinado, mas sim interrogado, recuperando ele mesmo, de si mesmo, a ciência" (SÓCRATES *apud* PLATÃO, 2001, p. 65). Nessa recuperação, haveria alguma rememoração, a reminiscência que chega ao interior de cada um mediante o compartilhar da palavra que se divide.

É possível verificar – no universo mental que compunha a figura do intelectual da Grécia clássica – uma tentativa de deslocar o debate e a discussão entre iguais, em praça pública, para uma esfera mais reservada, de formação e de pedagogia. Ali, a estrutura do debate público seria preservada, a despeito da assimetria intrínseca às relações entre mestre e discípulo. Em ambos os casos – em política como em educação – estaríamos interagindo com a perspectiva da amizade e estaríamos sinalizando para o cultivo de um dado modo de estar no mundo, uma forma de nos dizermos ao outro. Nesse intervalo, haveria uma clara especificidade pedagógica, posto que, no campo da educação, como no território da política, pode ser vislumbrada uma profissão ética da amizade. Deve-se recordar que Aristóteles destacava que mesmo os justos precisam de amigos, embora entre amigos não seja necessária a justiça, "pois com os amigos as pessoas são mais capazes de pensar e de agir" (ARISTÓTELES, 2001, p. 153). Entre amigos, compartilharíamos, isso sim, de um pequeno mundo comum. É o que diz Hannah Arendt:

> A igualação na amizade não significa, naturalmente, que os amigos se tornem os mesmos, ou sejam iguais entre si, mas, antes, que se tornem parceiros iguais em um mundo comum – que, juntos, constituam uma comunidade... O elemento político, na amizade, reside no fato de que, no verdadeiro diálogo, cada um dos amigos pode compreender a verdade inerente à opinião do outro. Mais do que o seu amigo como pessoa, um amigo compreende como e em que articulação específica o mundo comum aparece para o outro que, como pessoa, será sempre desigual ou diferente.

Esse tipo de compreensão – em que se vê o mundo (como se diz hoje um tanto trivialmente) do ponto de vista do outro – é o tipo de *insight* político por excelência." (ARENDT, 2002, p. 99)

Desse *insight*, político por excelência, é possível desmembrar uma clara expressão pedagógica. Só serei verdadeiramente professor quando – ao ensinar – me fizer capaz de observar do ponto de vista do outro. A ação ética residirá, portanto, em alguma ponderação sobre esse mundo comum que contempla a solidão do diálogo entre um mestre e seu discípulo, como se isso acontecesse por um ato fortuito de amizade.

Ao focar o tema do diálogo especificamente na relação pedagógica, deve-se lembrar que – no mesmo contexto – há uma relação com o discípulo e uma relação com o conhecimento. Em ambos os casos, dialogamos. Ao dialogar com meu aluno, tendo em vista participarmos do repertório de um mundo comum pelo contato com um dado acervo cultural acumulado, estarei certamente convidando o mesmo aluno a interagir com esse acervo. Veja que, nesse sentido, é como se interpelássemos uma tradição com a qual tomamos contato, com o propósito de integrá-la. Daí o significado mais amplo de cultura clássica: aquela que, por resistir ao tempo, torna-se patrimônio de um mundo comum, que acontece no entrecruzamento das múltiplas gerações. Por ser assim, poderíamos supor que, dessa tradição que emprestamos para torná-la também nossa, há um manifesto efeito de reinvenção cultural. Trata-se, no limite, de dialogar com o território da cultura como se estivéssemos ali, como se pudéssemos ser partícipes, em nosso foro íntimo, de todas as coisas que pertenceram à Humanidade inteira.

Para encerrar com o juramento de Hipócrates – autor grego da fronteira entre o século 5 e o 4 a.C. – que oferece a epígrafe do presente texto[2], deslocamo-nos exatamente para essa tênue encruzilhada entre

[2] "Hipócrates foi o maior médico da Antiguidade e um dos maiores de todos os tempos. Nasceu na Grécia, cerca do ano 460 a.C. e faleceu entre 375 e 351 a.C. A atuação de Hipócrates marca o início da observação dos fatos clínicos. Foi ele o fundador da medicina científica, o médico por antonomásia. Foi o primeiro a ver em cada doença, não mais uma sucessão de fenômenos estranhos, desordenados e sem lei, mas uma concatenação onde cada fato tinha sua razão no fato precedente. Ensinava que se deve considerar o homem em sua totalidade e levar em conta tanto sua morfologia, seu espírito, sua fisiologia, como seu modo de vida e seu meio. O corpo não é só um conjunto de órgãos, mas uma unidade viva, que a natureza de cada um regula e harmoniza. Hipócrates e sua escola, não só

profissão, conhecimento e ética. Embora voltado para o campo da medicina, o juramento de Hipócrates é, antes de tudo, um manifesto de observação da ciência perante olhos de uma dada moral compartilhada. O juramento de Hipócrates, entre o conhecimento e a didática, pode ser compreendido como um verdadeiro manifesto de pedagogia – e isso não tem sido devidamente observado.

Hipócrates, para o caso médico, atentava – como se sabe – para a primazia dos fenômenos particulares: não existiria a doença, mas o doente. O corpo não deveria ser compreendido como um conjunto mecânico de órgãos em bom ou mau funcionamento. Seria – isso sim – uma totalidade orgânica regulada e harmonizada pela natureza e pela qualidade de vida. Será que, para pensarmos a respeito de questões pedagógicas, também não poderíamos considerar essa mesma recomendação? Todos sabemos que, até hoje, a medicina reverencia o juramento de Hipócrates. Talvez pudéssemos – ao observar o conteúdo ético-educativo do texto hipocrático – ampliar seus sentidos culturais. Ele surge praticamente como uma plataforma de uso da ética para o conhecimento em profissão. Com palavras de força sobre nossos deveres, também, perante aqueles que nos ensinaram – até como ferramenta para marcar o espírito de uma ética profissional...

> juro [...] estimar, tanto quanto a meus pais, aquele que me ensinou essa arte; fazer vida comum e, se necessário for, com ele partilhar meus bens; ter seus filhos por meus próprios irmãos; ensinar-lhes essa arte se eles tiverem necessidade de aprendê-la, sem remuneração nem compromisso escrito; fazer meus filhos, os de meu mestre e os discípulos inscritos participarem dos preceitos, das lições e de todo o resto do ensino, segundo os regulamentos da profissão, e apenas esses [...] segundo o meu poder e entendimento, nunca para causar dano ou mal a alguém. A ninguém darei com comprazer, nem remédio mortal, nem um conselho que induza à perda [...] Aquilo que, no exercício ou fora do exercício da profissão e no convívio da sociedade, eu tiver visto ou ouvido, que não seja preciso divulgar, eu conservarei inteiramente secreto. (HIPÓCRATES, 2002, pp. 17-18)

---

conferiram à medicina um estatuto científico, mas contribuíram também para consolidar as coordenadas éticas da profissão médica. Contém deveras o Juramento de Hipócrates a identidade moral do médico". (PEIXOTO *apud* HIPÓCRATES, 1995, pp. 7-10)

3.

ARISTÓTELES: AS VIRTUDES COMO ELEMENTOS FUNDADORES DA ÉTICA

> Mesmo quando viajamos para outras terras podemos observar a existência generalizada de uma afinidade e afeição natural entre as pessoas. A amizade parece também manter as cidades unidas, e parece que os legisladores se preocupam mais com ela do que com a justiça; efetivamente, a concórdia parece assemelhar-se à amizade, e eles procuram assegurá-la mais que tudo, ao mesmo tempo em que repelem tanto quanto possível o facciosismo, que é a inimizade nas cidades. Quando as pessoas são amigas não têm necessidade de justiça, enquanto mesmo quando são justas elas necessitam da amizade.
>
> (ARISTÓTELES, 2001, pp. 153-154)

Introdução: história de vida

Aristóteles (384-321 a.C.) é um filósofo grego que nasceu na cidade de Estagira, filho do médico Nicômaco e de Festis. Seu pai ocupou o posto de médico do rei da Macedônia. Nicômaco morre quando Aristóteles tinha apenas sete anos e o menino, então, será educado por um tio, que se tornará seu tutor. Sendo proveniente de uma família de médicos, considera-se (CHAUÍ, 1994b, p. 235) que Aristóteles teria recebido, ainda quando pequeno, alguma formação no campo da medicina, o que explicaria o interesse que posteriormente manifestou pelo estudo das coisas da natureza e da biologia. Aristóteles entrou, aos dezessete anos, na Academia de Platão, onde permaneceu por vinte anos, embora sua doutrina filosófica se caracterizasse pela independência, distanciando-o de seu mestre.

Quando Platão morre, Aristóteles abandona a Academia por discordar dos rumos que ela passaria a tomar, sob a direção de outro discípulo de Platão. Transfere-se, então, para a Eólida, onde passa a ensinar. Depois, em 342 a.C., ele será convidado por Filipe da Macedônia para dedicar-se à educação de Alexandre, seu filho e herdeiro do trono. Sobre o tema, diz Marilena Chauí:

> Não sabemos que educação Aristóteles ministrou a Alexandre. Pelos escritos políticos aristotélicos, porém, podemos inferir que, pelo menos, duas ideias foram transmitidas a Alexandre: 1) que a Grécia não sobreviveria dividida em cidade rivais, mas precisava ser unificada num governo central; 2) que a Macedônia era mais grega do que oriental, que havia diferenças profundas entre os gregos e os "bárbaros" e que não era possível unificá-los. (CHAUÍ, 1994b, p. 236)

Diz Abbagnano sobre o tributo que o futuro imperador teria para com os ensinamentos que recebera de Aristóteles:

> Na obra de conquista e de unificação de todo o mundo grego para a qual a educação de Aristóteles preparou Alexandre, agiu seguramente a convicção por parte de Aristóteles da superioridade da cultura grega e da sua capacidade de dominar o mundo, se a ela se acrescentasse uma forte unidade política. O afastamento entre o rei e Aristóteles só se produziu quando Alexandre, alargando seus desígnios de conquista, pensou na unificação dos povos orientais e adotou as formas orientais de soberania. (ABBAGNANO; VISALBERGHI, 1981, p. 193)

Quando Alexandre subiu ao trono e começou a conquistar o Oriente, Aristóteles transferiu-se novamente para Atenas e lá fundou seu Liceu, em 335 a.C. Observa Chauí que "mesmo de Atenas, Aristóteles acompanhou de perto as atividades político-militares de Alexandre, pois mantinha uma correspondência constante com o chanceler da Macedônia" (CHAUÍ, 1994b, p. 237).

Entre 335 a.C. e 323 a.C. dirigiu seu Liceu, o qual ficava em um bosque, que fora o lugar preferido de Sócrates. No Liceu, além de tarefas relativas ao ensino, Aristóteles se dedicaria ao estudo e à sistematização de seus cursos, para os quais – segundo Rodolfo Mondolfo – recolhia também materiais de teorias filosóficas anteriores (MONDOLFO, 1973, p. 7). Consta que o Liceu de Aristóteles, além do edifício que o constituía, era célebre por seu jardim, ao qual se acoplava uma alameda para caminhar, que os contemporâneos chamavam de perípatos:

> passeio por onde se anda conversando, motivo pelo qual a escola aristotélica foi chamada peripatética, seja como referência à alameda, seja como referência ao fato de que Aristóteles e os estudantes passeavam por ali discutindo animadamente filosofia. (CHAUÍ, 2002, p. 336)

Assim como a Academia de Platão, o Liceu também contava com uma vida comunitária, embora houvesse lá uma disciplina mais rígida do que a que existia na escola de Platão.

> Todas as manhãs, Aristóteles dava as aulas sobre os assuntos filosóficos mais difíceis aos alunos mais adiantados (eram os cursos chamados de *acreoamáticos* – em grego: *akropmatikós*, ensino oral para os iniciados numa matéria); à tarde e à noite dava lições abertas para um público mais vasto sobre questões de retórica e dialética (eram os cursos *exotéricos*, isto é, abertos aos não-iniciados). Esses dois tipos de cursos eram acompanhados por Teofrasto e Eudemo, que faziam o papel de monitores, explicando as lições aos que tinham dificuldade para acompanhá-las e, fazendo o papel de escribas, anotando o que Aristóteles dizia, para que este, depois, escrevesse uma obra. Muito do que sabemos dos ensinamentos de Aristóteles e muito do que sabemos das obras que se perderam devem-se à conservação das anotações de Eudemo e Teofrasto. A diferença entre os dois tipos de cursos não era de caráter religioso ou místico, isto é, não era provocada pela exigência de segredos transmitidos aos iniciados em mistérios, mas devia-se ao fato de que matérias mais abstratas, como lógica, física, matemática e teologia, exigiam estudos mais profundos que interessavam a um pequeno número, enquanto as questões de retórica e dialética, em Atenas, atraíam um público maior, que não precisava de grande preparo. (CHAUÍ, 1994b, pp. 237-238)

Aristóteles, no período do Liceu, compôs suas obras mais importantes. Procurou redigir uma enciclopédia de todos os conhecimentos existentes em seu tempo sobre o mundo natural, "colecionou numa biblioteca centenas de manuscritos e mapas, e criou um museu para ilustrar as aulas com espécimes de plantas e animais, recolhidos em todo o império de Alexandre" (CHAUÍ, 1994b, p. 238). Também nessa época, Aristóteles classifica as ciências, com a finalidade de situá-las no currículo escolar do Liceu. Quando Alexandre morre, em 323 a.C., surge um vigoroso sentimento anti-macedônico em Atenas. Ora, pelo fato de Aristóteles ter ligações com a Macedônia, em virtude de ter sido o preceptor de Alexandre, os atenienses passam a considerá-lo suspeito de traição. Por isso ele abandona Atenas e vai para Cálcis, na Eubéia. Logo depois, viria a morrer, em 321 a.C., aos 63 anos.

Compreendendo o homem como um ser da cidade, para os gregos, a ideia de política "quer radique na natureza quer nas convenções – prende-se à acepção de liberdade, de ausência de um senhor" (RUSS, 1997, p. 40). Como destaca Victoria Camps, o protótipo do virtuoso em Aristóteles seria um suposto ser ativo, ou seja, "a ação que leva a cabo inclui uma dose de contemplação e de teoria, mas não é contemplação pura, a qual seria privativa dos deuses e não de humanos para quem a ação é inevitável" (CAMPS, 1996, p. 92). Por política compreendia-se, pois, a forma de vida que melhor corresponde à condição humana, embora, paradoxalmente, a atividade superior resida no campo da teoria pura: "o sujeito da virtude é o homem público, posto que a vida privada carece de interesse: é *idion*, idiota. Os homens são, sobretudo, cidadãos; encerrados em si próprios, não viveriam uma vida racional nem humana" (CAMPS, 1996, p. 93).

Apreender a ideia aristotélica de ética requer, de qualquer maneira, algum deslocamento de nosso modo usual de perceber o tema. Para Aristóteles, o objetivo da ética era a felicidade. A felicidade, para ele, era a vida boa e esta corresponderia – como veremos adiante – à vida digna. Nessa direção, haveria uma subordinação da ética à política: "os tratados éticos e os tratados políticos pertencem a um mesmo estudo, classificado como política" (RUSS, 1997, p. 39).

Durante a Idade Média, o *corpus aristotelicus* passaria para a Biblioteca de Alexandria, mantendo-se "do lado bizantino do Império Romano. Como consequência, o corpus acabou sendo conservado, lido e traduzido pelos pensadores árabes" (CHAUÍ, 2002, p. 341). Foi, então, por intermédio da presença dos árabes no Ocidente, que grande parte do pensamento aristotélico chegaria até nós.

> Durante a Idade Média, será por intermédio dos árabes – com a conquista da região do Mediterrâneo e da Península Ibérica – que a obra aristotélica voltará a ser lida na Europa, mas já traduzida para o árabe e para o hebraico. Assim, durante vários séculos, a obra de Aristóteles existiu em árabe, hebraico e latim eclesiástico, de modo que a obra não era lida no original. (CHAUÍ, 2002, p. 341)

Acerca da reflexão ética de Aristóteles, Jaeger considera a necessidade de apreensão de sua *Ética a Nicômaco* e de sua *Ética a Eudemo*, posto que outros textos também concernentes ao tema da ética constituiriam mais provavelmente coleções organizadas e classificadas de excertos ou estratos das duas obras acima referidas. Na prática – destaca Jaeger – teria ocorrido nítida predominância dos estudos centrados sobre a *Ética a Nicômaco*, em virtude do fato de seu texto ser compreendido usualmente como um trabalho superior e posterior à *Ética a Eudemo*, tanto "na construção, na clareza do estilo e na maturidade do pensamento" (JAEGER, 1995, p. 262). Neste trabalho, temos a intenção de investigar, pela apropriação do discurso ético de Aristóteles expresso em sua *Ética a Nicômaco*, algumas categorias que reputamos interessantes e factíveis para se pensar o ato de educar. Nesse sentido, procuraremos mobilizar do pensamento aristotélico alguns conceitos, tomados, nesta oportunidade, como categorias operatórias. Tais conceitos são basicamente os seguintes: virtude; justo meio; discernimento; equidade e amizade.

Uma obra pelas virtudes

Em sua *Política*, Aristóteles, reportando-se à ética, destaca que sua ideia de felicidade alia-se à identificação do melhor governo, compreendendo-se este melhor governo como "aquele em que cada um melhor encontra aquilo de que necessita para ser feliz" (ARISTÓTELES, 1977, p. 45). Um Estado só pode ser feliz – nos termos de Aristóteles – caso se mantenha nele virtude e prudência. Na vida coletiva, assim como na conduta individual, Aristóteles entende o hábito como o grande princípio regulador da ação. Como sublinha sobre o tema Solange Vergnières, Aristóteles situa o *ethos* como o regulador, o princípio e o fim da conduta:

> Adquire-se tal ou tal disposição ética agindo de tal ou tal maneira... O caráter não é mais o que recebe suas determinações da natureza, da educação, da idade, da condição social; é o produto da série de atos dos quais sou o princípio. Posso ser declarado autor de meu caráter, como o sou dos meus atos. (VERGNIÈRES, 1999, p. 105)

No Livro II da *Ética a Nicômaco*, há um trecho que expressa, de maneira exímia, o intuito, o propósito, o objeto e o sujeito do estudo da ética:

> Ora, a excelência moral se relaciona com as emoções e as ações, nas quais o excesso é uma forma de erro, tanto quanto a falta, enquanto o meio termo é louvado como um acerto; ser louvado e estar certo são características da excelência moral. A excelência moral, portanto, é algo como equidistância, pois, como já vimos, seu alvo é o meio termo. Ademais é possível errar de várias maneiras, ao passo que só é possível acertar de uma maneira (também por esta razão é fácil errar e difícil acertar – fácil errar o alvo, e difícil acertar nele); também é por isto que o excesso e a falta são características da deficiência moral, e o meio termo é uma característica da excelência moral, pois a bondade é uma só, mas a maldade é múltipla. (ARISTÓTELES, 2001, p. 42)

Por virtude, Aristóteles compreende uma prática. A virtude não é, portanto, natureza e não haveria um aprendizado suficientemente eficaz para garantir a ação virtuosa. A virtude, contudo, seria a forma mais plena da excelência moral e, por tal razão, não poderia existir em seres incompletos ainda em formação, como as crianças. A excelência moral, revelada pela prática da virtude, seria, antes de tudo, uma disposição de caráter. Para o exercício da virtude seria, pois, necessário conhecer, julgar, ponderar, discernir, calcular e deliberar. Ao contrário da tradição socrática e platônica, não seria o mero conhecimento do bem que poderia dirigir a ação justa. A virtude, como excelência moral, corresponderia à ideia de uma razão reta relativa às questões da conduta. Ora, tal disposição do caráter humano teria por suposto a precedência de uma escolha dos atos a serem praticados e de um hábito firmado pela repetição para conduzir à ação reta. Nesse sentido, pode-se dizer que, na Ética de Aristóteles, virtude é hábito – hábito construído pela contiguidade da relação potência e ato:

> [...] em relação a todas as faculdades que nos vêm por natureza recebemos primeiro a potencialidade, e, somente mais tarde exibimos a atividade (isto é claro no caso dos sentidos, pois não foi por ver repetidamente ou repetidamente ouvir que adquirimos estes sentidos; ao contrário, já os tínhamos antes de começar a usufruí-los, e não passamos a tê-los por usufruí-los); quanto às várias formas de excelência moral, todavia, adquirimo-las por havê-las efetivamente praticado, tal como fazemos com as artes. As coisas que temos de aprender antes de fazer, aprendemo-las fazendo-as – por exemplo, os homens se tornam construtores construindo, e se tornam citaristas tocando cítara; da mesma forma, tornamo-nos justos praticando atos justos, moderados agindo moderadamente, e corajosos agindo corajosamente. (ARISTÓTELES, 2001, pp. 35-36)

O excerto acima confirma a perspectiva aristotélica da virtude como uma faculdade prática, uma razão prática, na medida em que não depende necessariamente de conhecimento teórico, mas que é construída pelo hábito, pela ação propositadamente exercitada e repetida, mediante uma faculdade já posta, em potência, no caráter do homem. O comportamento seria, pois, o grande fator distintivo da ética, o modo de agir perante os outros, perante si próprio, perante os que são próximos, perante a Humanidade. Haveria uma razão reta do ponto de vista ético e potencialmente presente no ser humano; cumpriria à trajetória da vida, por meio de escolhas traduzidas em ações, atualizar tal potência. Tal deliberação exige, contudo, consciência e discernimento, além de uma predisposição para a mediania – para a moderação. Em geral, a escolha seria subordinada a emoções e a faculdades da alma. Nesse caso, a tendência mais prudente – e, por decorrência, mais sábia – seria recorrer ao que Aristóteles qualifica como justo meio, sempre equidistante entre dois extremos.

Em relação ao medo e à temeridade, meio termo é coragem. Em relação à fruição dos prazeres, haveria uma apropriada moderação entre a insensibilidade na falta e a concupiscência no excesso. Ser generoso corresponde à mediania entre prodigalidade e avareza. Entre a pretensão e a pusilanimidade, o meio termo é a magnanimidade. Ser irascível é excesso e ser apático é deficiência; o meio termo, no caso, seria a amabilidade. Aristóteles supõe haver sabedoria nessa situação intermediária, que nos inclina para o justo meio que às vezes se volta para o excesso e outras vezes tende para a falta. Note-se que – como adverte Aristóteles – há exceções para a acepção de justo meio como categoria operatória.

Haveria algumas ações que, em hipótese alguma, poderiam admitir o meio termo, sem o custo da própria virtude, já que seus nomes contêm – por definição – a maldade e a injustiça: despeito, inveja, adultério, roubo, assassinato etc. Como assinala o autor, o mal, para tais casos, não residiria no excesso ou na deficiência, mas no próprio ato. Por suas palavras:

> [...] tampouco a bondade ou maldade a respeito de tais emoções e ações depende, por exemplo, de cometer adultério com a mulher certa, no momento certo e de modo certo, mas simplesmente sentir qualquer destas emoções ou praticar qualquer destas ações é um erro. Seria igualmente absurdo, então, esperar que em ações injustas, covardes e libidinosas houvesse um meio termo, um excesso e uma falta, pois seria preciso admitir a existência de um meio termo de excesso e de falta, de um excesso de excesso e de uma falta de falta. (ARISTÓTELES, 2001, p. 42)

Tratar-se-iam de ações que, qualquer que seja o grau de sua prática, seriam sempre erradas e impróprias para a retidão da conduta. Pensar o justo meio em educação seria prescrever a ação sensata como aquilo que, nos termos de Aristóteles, "não é demais nem muito pouco" (ARISTÓTELES, 2001, p. 41); a mediania equidistante entre dois extremos, de que nos fala Daniel Hameline, para quem, também em educação, "tudo se passa no entre" (HAMELINE, 1991, pp. 52-53). A virtude ética requer escolha, deliberação, discernimento, exatamente por se debruçar sobre coisas passíveis de variação e, portanto, contingentes. Ao contrário de realidades expressas por princípios primeiros invariáveis, há uma parte dos objetos postos diante da razão humana para os quais pode haver cálculo e deliberação (SILVEIRA, 2001, p. 48). Todavia não é simples o cálculo, não é fácil a escolha. Para Aristóteles, mesmo nos casos difíceis, que envolvem o dilema da moralidade em seu limite máximo, o pior mal residiria na ação injusta, já que esta pressupõe a deficiência moral do agente. E, de qualquer modo, não se pode esquecer que, para Aristóteles, a felicidade, seja do Estado, seja do indivíduo, corresponde ao exercício continuado da prática da virtude e da prudência, sendo "o melhor governo aquele em que cada um melhor encontra aquilo de que necessita para ser feliz" (ARISTÓTELES, 2001, p. 45).

Se a ação humana, no plano dos valores, tem origem na escolha e esta tem por fonte um raciocínio dirigido a um fim, seria possível ao homem possuir "a percepção da verdade e a impressão da falsidade" (ARISTÓTELES, 2001, p. 114), sendo inteligência prática apreender a verdade conforme o desejo correto. Ao deliberar sempre sobre um futuro necessariamente em aberto, o homem exercita a habilidade que, de potência, se transmuta em ato: o discernimento. Para refletir sobre essa faculdade, Aristóteles vale-se das características intrínsecas às pessoas dotadas do atributo de saber discernir: são – de modo geral – aquelas capazes de deliberar bem acerca do que é bom e conveniente para si mesmas e para os outros, em um sentido mais amplo. Tal habilidade possibilita o reconhecimento do universal na contingência da situação particular. Por ser assim, discernir é necessariamente deliberar sobre aspectos variáveis, cuja escolha permitirá sempre especular sobre outras opções preteridas e não acionadas. Discernir bem talvez seja, pelas palavras de Aristóteles, possuir e levar às últimas consequências intuições e pressentimentos de vida (ARISTÓTELES, 2001, p. 118):

> O discernimento, por outro lado, relaciona-se com as ações humanas e coisas acerca das quais é possível deliberar; de fato, dizemos que deliberar bem é acima de tudo a função das pessoas de discernimento, mas ninguém delibera a respeito de coisas invariáveis, ou de coisas cuja finalidade não seja um bem que possamos atingir mediante a ação. As pessoas boas de um modo geral são as capazes de visar calculadamente ao que há de melhor para as criaturas humanas nas coisas passíveis de ser atingidas mediante a ação. Tampouco o discernimento se relaciona somente com os universais; ele deve também levar em conta os particulares, pois o discernimento é prático e a prática se relaciona com os particulares. [...] O discernimento se relaciona também com a ação, de tal modo que as pessoas devem possuir ambas as suas formas, ou melhor, mais conhecimento dos fatos particulares do que conhecimento dos universais. (ARISTÓTELES, 2001, p. 119)

Das considerações acima tecidas decorre, no parecer de Aristóteles, a dificuldade dos jovens em relação à prática do discernimento. "Não parece possível que um jovem seja dotado de discernimento" (ARISTÓTELES, 2001, p. 120), justamente pelo fato de esse tipo de sabedoria não se resumir ao conhecimento dos fatos universais, sendo

– pelo contrário – a familiaridade com os fatos particulares, o que exige experiência, tempo de vida e amadurecimento. Pode-se, assim, encontrar exímios jogadores de xadrez ainda adolescentes, existem jovens matemáticos brilhantes..., mas, para o caso da política – uma ciência prática – dificilmente poderiam ser encontrados notáveis jovens estadistas. Não correspondendo ao conhecimento científico dos universais, o discernimento estaria atado ao fato particular – para o qual a argúcia da percepção seria um predicado imprescindível. Capacidade de conjecturar, cálculo, rapidez de raciocínio para o estabelecimento de inferências pertinentes e, sobretudo, correção na decisão. Para Aristóteles, em matéria de ética, há de lembrar-se que existem formas variadas de errar, uma só de acertar.

É importante recordar que – como salienta Ventós – agir bem, em Aristóteles, acarretaria felicidade, compreendendo-se que ser feliz corresponde à realização de si ou à tradução da potência em ato: vida digna, vida do bem, autenticidade e ponderação: "para Aristóteles, como vimos, é boa aquela ação que conduz à plenitude ou à realização do que se é – ao exercício e desenvolvimento das próprias faculdades e de todas as nossas possibilidades" (VENTÓS, 1996, p. 58). Recordando em seu *Tratado da Política* que o bem da vida pública é a justiça, Aristóteles dirá que, tanto na esfera coletiva quanto na ação particular,

> [...] a vida feliz consiste no livre exercício da virtude e a virtude no meio-termo; donde se segue, necessariamente, que a melhor vida deve ser a vida média, encerrada nos limites dum bem-estar que toda a gente pode conseguir. O que dizemos da virtude e do vício do Estado deve dizer-se do governo que é a vida de todo o Estado. (ARISTÓTELES, s/d, p. 142)

Além disso, são boas as ações que dirigem a condição humana ao exercício da sua plenitude ou da realização. Ninguém realiza sua essência enquanto potencialidade. É somente ao transformar a potência em ato que poderemos desenvolver ao limite nossas faculdades humanas, obtendo, por tal atividade, a suprema felicidade – contida na autorrealização, nesse ideal intrinsecamente grego de se "realizar aquilo que já se é" (VENTÓS, 1996, p. 59). A generalidade das leis que os homens para si próprios promulgam acarreta, para a especificidade de cada situação particular, possíveis desigualdades e consequentes injustiças. Haveria, para Aristóteles, uma faculdade capaz de, por si própria, corrigir tais desvios, constituindo-se – sob tal enfoque – como ato fundamental de atualização da justiça: a equidade.

> Chamamos de julgamento (isto é, a faculdade graças à qual dizemos que uma pessoa julga compreensivamente) a percepção acertada do que é equitativo. Uma prova disso é o fato de dizermos que uma pessoa equitativa é, mais do que todas as outras, um juiz compreensivo, e identificarmos a equidade com o julgamento compreensivo acerca de certos fatos. E julgamento compreensivo é o julgamento no qual está presente a percepção do que é equitativo, e de maneira acertada; e julgar acertadamente é julgar segundo a verdade. Então é razoável dizer que todas as disposições recém-examinadas convergem para o mesmo ponto; com efeito, quando falamos de julgamento, de entendimento, de discernimento e de inteligência atribuímos às mesmas pessoas a posse da faculdade de julgar e dizemos que elas chegaram à idade da razão e têm discernimento e entendimento, pois todas estas disposições se relacionam com o fundamental e com o particular; e ser uma pessoa de entendimento e compreensiva consiste em ser capaz de julgar acertadamente os fatos a propósito dos quais se demonstra discernimento, porque os atos equitativos são comuns a todas as pessoas boas em sua conduta nas relações com as outras pessoas. (ARISTÓTELES, 2001, p. 123)

Pela equidade na ação particular se poderia chegar ao gesto da equidade no seu sentido universal. Daí, mais uma vez, a tônica do pensamento aristotélico de demarcar a virtude como um hábito, que só se consolida na ação. Por não se tratar de assunto invariável, não seria tema ensinável enquanto saber teórico. Seria, antes, um rol de costumes a ser repetidamente exercitado para com as gerações mais jovens, com o fito de que estas venham a adquirir a força moral extraída de três estratégias educativas essenciais: "exortação, exemplo e envolvimento" (MARQUES, 2001, p. 50). Sob tal tripé estaria colocada a missão do educador quanto à formação dos valores: trata-se de crenças, de formação de hábitos, de constância, de perseverança, de uso repetido, de exercício refletido, de exemplos a serem seguidos, de ações ponderadas nas trilhas de um percurso sempre e inevitavelmente incerto...

Buscando, nessa digressão, encontrar a atualidade do pensamento de Aristóteles para refletir sobre a prática contemporânea da educação, não poderia deixar de assinalar um último aspecto, que me parece essencial ao pensamento ético de Aristóteles: a ideia de amizade; conceito – a meu ver – apropriado para pensarmos as questões de ética profissional, postas em nosso convívio cotidiano. No Livro IV da sua *Ética a Nicômaco*, Aristóteles vale-se de uma categoria introdutória, para posteriormente desenvolver o tema da amizade. Diz que, em sociedade, mais especificamente nas reuniões e nos encontros que proporcionam o convívio, existiriam algumas pessoas consideradas amáveis. A acepção de amabilidade – originada, talvez, da intenção afável – corresponderia a um comportamento padrão que revela uma pré-disposição para aceitar o outro, uma disponibilidade para conhecê-lo, para agradá-lo, de maneira também a ser bem-vindo e bem aceito. Essa disposição, diz Aristóteles, "ainda não recebeu um nome, embora ela se assemelhe muito à amizade" (ARISTÓTELES, 2001, p. 84). O autor prossegue, assegurando que, "com o complemento da afeição, da emoção e da convivência" (ARISTÓTELES, 2001, p. 84), ser amável poderia ser um prenúncio do ser amigo. Porém na carência desses outros atributos, a amabilidade reduzir-se-ia a um "como se" da amizade, "como se fosse" amizade (ALBERONI; VECA, 1992, p. 53). Diz Aristóteles que

> as pessoas amáveis convivem com as demais da maneira certa, mas é com vistas ao que é honroso e conveniente que elas visam a não causar desgostos ou a contribuir para o prazer. Elas parecem efetivamente preocupadas com os prazeres e desgostos no convívio social, e sempre que não lhes for honroso ou for prejudicial contribuir para o prazer, elas se recusarão a fazê-lo. (ARISTÓTELES, 2001, p. 85)

É no Livro VIII da *Ética a Nicômaco* que Aristóteles ocupa-se de examinar a natureza da amizade. Nessa direção, esclarece, de imediato, que amizade supõe convívio, semelhança, tempo e intimidade. Contudo se o amor é emoção, a amizade seria disposição de caráter, o que justifica a racionalidade na escolha do elenco dos nossos amigos. Amizade supõe, portanto, um pacto de reciprocidade, de afeição e de generosidade no sentimento, como se, acompanhadas por amigos, as pessoas se revelassem mais capazes para melhor agir.

A Ética a Nicômaco: aportes bibliográficos

Conforme observam Adela Cortina e Emilio Martinez, Aristóteles foi o primeiro filósofo que elaborou sistematicamente um tratado sobre a ética. A *Ética a Nicômaco* é, ainda hoje, uma das obras fundamentais da filosofia moral (CORTINA; MARTINEZ, 2005, p. 57). Aristóteles parte da constatação de que todas as coisas tendem para um fim. Nesse sentido, qual seria o fim último da existência humana? Ele chega à conclusão de que a finalidade última para a qual tenderia a vida humana seria a *eudaimonia*, ou seja, a vida boa. Vida boa, para Aristóteles, é, a um só tempo, vida do bem e vida feliz. Argumentam Cortina e Martinez:

> Em síntese, a ética aristotélica afirma que existe moral porque os seres humanos buscam inevitavelmente a felicidade, a ventura, e, para alcançar plenamente esse objetivo, necessitam das orientações morais. Mas, além disso, ela nos proporciona critérios racionais para averiguar que tipo de comportamentos, quais virtudes, em suma, que tipo de caráter moral é o adequado para essa finalidade. Desse modo, Aristóteles entende a vida moral como um modo de autorrealização e, por isso, dizemos que a ética aristotélica pertence ao grupo de éticas *eudemonistas*, porque assim se aprecia melhor a diferença em relação a outras éticas que também postulam a felicidade como o objetivo da vida humana, mas a entendem como prazer (*hedoné*) e por isso são denominadas *hedonistas*. O prazer costuma ser entendido como uma satisfação de caráter sensível, enquanto a autorrealização pode comportar ações que nem sempre são prazerosas. (CORTINA; MARTINEZ, 2005, p. 60)

Lledó (2002, p. 166) destaca a modernidade da ética de Aristóteles, sua atualidade. Para o autor, é possível estabelecer relações entre tal referência ética e muitas das orientações contemporâneas sobre o tema. Isso porque a ética de Aristóteles inscreve-se no debate moral do Ocidente como um paradigma, que extrapola, portanto, os limites de sua época. Aristóteles considera que a virtude ética não se produz por natureza, mas sim pelo costume, pelo hábito. Daí o fato de Aristóteles insistir que há um processo educativo na formação para a ética, um processo que prepara o sujeito "para ser habitante também do domínio da cultura, da sociedade, das palavras. Essa habitação constitui precisamente o *ethos*" (LLEDÓ, 2002, p. 157).

Chauí observa que Aristóteles critica Platão por este "formular uma ideia universal do bem como uma entidade inteligível separada do sensível, isto é, critica a ideia do bem ou a forma da bondade, como se o bem fosse a mesma coisa para todos os seres e como se pudesse ser alcançado apenas pela via teorética" (CHAUÍ, 1994b, p. 310). As pessoas, de acordo com Aristóteles, concebem o bem de maneira diferente e só pela ação é que esse bem pode ser alcançado. Por isso é que a virtude é um hábito adquirido pela formação e "a tarefa da ética é orientar-nos para a aquisição desse hábito" (CHAUÍ, 1994b, p. 313). Marilena Chauí também destaca aspectos importantes do pensamento de Aristóteles, os quais serão, ainda que indiretamente, determinantes em sua *Ética*:

> Vindo de uma família e de uma corporação de médicos, Aristóteles classifica os homens segundo uma tipologia de caracteres estabelecida pela medicina grega. Somos formados por dois componentes: os quatro elementos (quente, frio, seco, úmido) e os quatro humores (sangue, fleuma, bílis amarela e bílis negra). Nosso caráter é nosso temperamento, isto é, o modo como se temperam os quatro elementos e os quatro humores, fazendo com que um deles predomine sobre os outros. Com isso, existem quatro caracteres fundamentais: sanguíneo, fleumático, colérico e melancólico (cada um desses caracteres possui subdivisões ou subtipos, conforme outras circunstâncias tenham atuado no momento de nosso nascimento ou conforme as circunstâncias de nossa vida – por exemplo, uma doença – tenham afetado nosso caráter fundamental). Cada caráter tem apetites-desejos diferentes, pois para cada um deles os objetos de prazer e dor são diferentes. No entanto, em todos eles, um ponto é comum: o vício é o excesso ou a falta entre dois pontos extremos. Temeridade é excesso de coragem; covardia é falta de coragem. A *hybris*, a falta de medida, é a origem do vício. (CHAUÍ, 1994b, p. 312)

Como vimos, Aristóteles fundamenta toda sua *Ética* no conceito de virtude. Conforme sublinha Sidgwick (2010, p. 78), a principal dentre as virtudes aristotélicas é a justiça. Alasdair MacIntyre (1997, p. 61) evidencia como, na teoria aristotélica, a acepção de bem e o atributo bom, que lhe é correlato, não teriam a necessidade de corresponder a qualquer objeto transcendental – como julgava Platão. Em Aristóteles, todavia, as coisas tendem para o bem, possuem um *telos*. Compreender a *Ética a Nicômaco* significa meditar sobre as relações entre esse *telos* e a ideia aristotélica de virtude.

A virtude como pressuposto da ética

Aristóteles compreende que bem é aquilo para onde todas as coisas tendem. A maior parte das coisas tende a uma finalidade que não estaria nelas mesmas. Assim, "o fim da arte médica é a saúde, o da construção naval é um navio, o da estratégia é a vitória e o da economia é a riqueza" (ARISTÓTELES, 1987, p. 9). Mas há outras coisas que são buscadas por si mesmas, sendo o fim a própria coisa. A felicidade é um exemplo disso, que merece ser buscado por si mesmo. Diz Aristóteles que "a felicidade, ninguém a escolhe tendo em vista [...] qualquer coisa que não seja ela própria" (ARISTÓTELES, 1987, p. 15). Para Aristóteles, pensar a felicidade é também pensar a vida reta: a vida boa e a boa ação, no seguinte sentido:

> As características que se costuma buscar na felicidade também parecem pertencer todas à definição que demos dela. Com efeito, alguns identificam a felicidade com a virtude, outros com a sabedoria prática, outros com uma espécie de sabedoria filosófica, outros com estas, ou uma destas, acompanhadas ou não de prazer; e outros ainda também incluem a prosperidade exterior. (ARISTÓTELES, 1987, p. 17)

É curioso que, para Aristóteles, ninguém poderá ser considerado feliz enquanto viver. A felicidade requereria um balanço da vida toda, sendo assim, só se poderia saber se o sujeito foi feliz após a sua morte. A felicidade, a propósito, exigiria também que se aceitassem com resignação os infortúnios: "o homem verdadeiramente bom e sábio suporta com dignidade todas as contingências da vida, e sempre tira o maior proveito das circunstâncias" (ARISTÓTELES, 1987, p. 21). Portanto a felicidade seria uma das coisas perfeitas da vida, um primeiro princípio: "pois é tendo-a em vista que fazemos tudo o que fazemos, e o primeiro princípio e causa dos bens é, afirmamos nós, algo de estimado e divino" (ARISTÓTELES, 1987, p. 22).

Acerca da temática das virtudes, eixo central da reflexão aristotélica, poder-se-ia dizer, com o filósofo, que haveria duas espécies de virtudes: a intelectual e a moral, sendo que a primeira gera e cresce em razão do ensino, e, portanto, requereria experiência e tempo. Já a segunda – a virtude moral – não surgiria da natureza nem do ensino, mas seria resultado do hábito. Nesse sentido, contrariamente às virtudes intelectuais, nas quais haveria a transformação da potência em ato,

> Com as virtudes morais dá-se exatamente o oposto: adquirimo-las pelo exercício, como também sucede com as artes. Com efeito, as coisas que temos de aprender antes de poder fazê-las, aprendemo-las fazendo; por exemplo, os homens tornam-se arquitetos construindo e tocadores de lira tangendo esse instrumento. Da mesma forma, tornamo-nos justos praticando atos justos, e assim a temperança, a bravura, etc. (ARISTÓTELES, 1987, p. 27)

Um aspecto fundamental da ética de Aristóteles é o conceito de justo meio:

> Tanto a deficiência como o excesso de exercício destroem a força; e, da mesma forma; o alimento ou a bebida que ultrapassem determinados limites, tanto para mais como para menos, destroem a saúde, ao passo que, sendo tomados nas devidas proporções, a produzem, aumentam e preservam. O mesmo acontece com a temperança, a coragem e as outras virtudes, pois o homem que a tudo teme e de tudo foge, não fazendo frente a nada, torna-se um covarde, e o homem que não teme absolutamente nada, mas vai ao encontro de todos os perigos, torna-se temerário. (ARISTÓTELES, 1987, p. 28).

As virtudes – fortaleza, prudência, temperança, coragem – seriam, pois, destruídas tanto pelo excesso quanto pela falta. Daí o papel da educação das virtudes; até porque as ações são chamadas de justas e temperantes quando são equivalentes àquelas que praticaria o homem justo e temperante: "mas não é temperante o homem que as pratica, e sim o que as pratica tal como o fazem os justos e os temperantes" (ARISTÓTELES, 1987, p. 31).

Aristóteles argumenta sobre a questão da mediania, abordando também uma dimensão que poderíamos qualificar como ocasião apropriada.

> Por exemplo, tanto o medo como a confiança, o apetite, a ira, a compaixão, e, em geral, o prazer e a dor, podem ser sentidos em excesso ou em grau insuficiente; e, num caso como no outro, isso é um mal. Mas senti-los na ocasião apropriada, com referência aos objetos apropriados, para com as pessoas apropriadas, pelo motivo e da maneira conveniente, nisso consistem o meio-termo e a excelência característicos da virtude. (ARISTÓTELES, 1987, pp. 32-33)

A virtude seria uma espécie de mediania e a ocasião apropriada, nesse sentido, seria também uma forma de meio-termo. É importante observar que, se o meio-termo é equidistante dos dois extremos, nem por isso o meio-termo é igual para todos, em uma proporção aritmética. Assim, para uma pessoa, o meio-termo do que se come pode ser duzentas gramas e para outra pode ser seiscentas gramas. O meio-termo não estaria, portanto, no objeto, mas seria calculado em relação ao sujeito da ação. Aristóteles adverte que há casos em que não haverá meio-termo. Ninguém pode, por exemplo, atirar no outro ou cometer adultério "com a mulher apropriada, na ocasião e de maneira convenientes" (ARISTÓTELES, 1987, p. 33). Como já vimos anteriormente, há algumas ações para as quais "não há meio-termo, nem excesso, nem falta, porque, de qualquer forma que sejam praticadas, são más." (ARISTÓTELES, 1987, p. 33).

Aristóteles dá exemplos de mediania. Como em relação à honra e à desonra, o meio termo seria o justo orgulho, sendo os extremos viciosos: a vaidade oca ou a humildade excessiva. No que diz respeito à aprazibilidade, o meio-termo é a amabilidade, enquanto a lisonja e o mau-humor seriam os vícios do excesso e da falta. Quanto à questão de proporcionar o divertimento do outro, a mediania estaria no ser espirituoso, ao passo que ser rústico ou ser bufão são os vícios de falta e de excesso.

> A justa indignação é um meio-termo entre a inveja e o despeito, e essas disposições se referem à dor e ao prazer que nos inspiram a boa ou má fortuna de nossos semelhantes. O homem que se caracteriza pela justa indignação constrange-se com a má fortuna imerecida; o invejoso, que o ultrapassa, aflige-se com toda boa fortuna alheia; e o despeitado, longe de se afligir, chega ao ponto de rejubilar-se. (ARISTÓTELES, 1987, p. 35)

O meio-termo, às vezes, é mais distante do vício do excesso do que do vício da deficiência. No caso da coragem, por exemplo, a covardia está mais distante da coragem do que a temeridade. As coisas que mais se afastam do meio-termo são aquelas mais contrárias à mediania. Às vezes, o extremo mais distante é situado no excesso e, às vezes, na deficiência. Aristóteles prossegue sua reflexão sobre a ética, trazendo vários outros exemplos de virtudes e seus respectivos vícios de excesso e de deficiência.

A calma – como já foi dito – é o meio-termo em relação à cólera. O excesso desse sentimento poderia ser chamado de irascibilidade e a falta seria uma espécie de pacatez. Nesse sentido, "os que não se encolerizam com as coisas que deveriam excitar sua ira são considerados tolos, e da mesma forma os que não o fazem de maneira apropriada, na ocasião apropriada e com as pessoas que deveriam encolerizá-los" (ARISTÓTELES, 1987, p. 71). No convívio humano, haveria uma virtude não nomeável, pela qual o sujeito "se conforma e se rebela ante as coisas que deve e da maneira devida" (ARISTÓTELES, 1987, p. 73). Essa virtude não teria um nome, embora se assemelhe à amizade. Continua Aristóteles sobre o tema:

> Com efeito, o homem que corresponde a essa disposição intermediária aproxima-se muito daquele que, com o acréscimo da afeição, chamamos um bom amigo. Mas a disposição em apreço difere da amizade pelo fato de não implicar paixão nem afeição para com as pessoas com quem tratamos, visto que não é por amor nem por ódio que um homem acolhe todas as coisas como deve, e sim por ser um indivíduo de determinada espécie. Com efeito, ele se conduzirá do mesmo modo com conhecidos e desconhecidos, com íntimos e com os que não o são, muito embora se conduza em cada um desses casos como convém. (ARISTÓTELES, 1987, p. 73)

Aristóteles difere as ações voluntárias daquelas que são não-voluntárias. Para ele, agimos voluntariamente nas coisas cujo princípio motor está em nós. Quando a causa da ação se encontra, entretanto, em circunstâncias exteriores para as quais o agente não contribuiu, age-se por ignorância. No entanto, há outro tipo de ação para a qual é absurdo responsabilizar as circunstâncias externas. Essas ações são involuntárias e, frequentemente, produzem dor e arrependimento.

> Agir por ignorância parece diferir também de agir na ignorância, pois do homem embriagado ou enfurecido diz-se que age não em resultado da ignorância, mas de uma das causas mencionadas, e, contudo, sem conhecimento do que faz, mas na ignorância. Ora, todo homem perverso ignora o que deve fazer e de que deve abster-se, e é em razão de um erro dessa espécie que os homens se tornam injustos e, em geral, maus. Mas o termo involuntário não é geralmente usado quando o homem ignora o que lhe traz vantagem – pois não é o propósito equivocado que causa a ação involuntária (esse conduziria antes à maldade), nem a ignorância do

> universal (pela qual os homens são passíveis de censura), mas a ignorância dos particulares, isto é, das circunstâncias do ato e dos objetos com que ele se relaciona. São justamente esses que merecem piedade e perdão, porquanto a pessoa que ignora qualquer dessas coisas age involuntariamente. (ARISTÓTELES, 1987, pp. 42-43)

O voluntário é, então, aquilo cujo princípio motor se encontra no próprio agente, que, por sua vez, conheça as circunstâncias particulares do ato. A maldade é, portanto, voluntária e esse é um tema importante para pensarmos a dimensão da ética. Esse assunto relaciona-se diretamente com a questão da deliberação. Deliberamos sobre as coisas que estão a nosso alcance.

> Não deliberamos acerca de fins, mas a respeito de meios. Um médico, por exemplo, não delibera se há de curar ou não, nem um orador se há de persuadir, nem um estadista se há de implantar a ordem pública, nem qualquer outro delibera a respeito de sua finalidade. Dão a finalidade por estabelecida e consideram a maneira e os meios de alcançá-la; e, se parece poder ser alcançada por vários meios, procuram o que é mais fácil e o mais eficaz; e se por um só, examinam como será alcançada por ele, e por que outro meio alcançar esse primeiro, até chegar ao primeiro princípio, que na ordem do descobrimento é o último. (ARISTÓTELES, 1987, p. 46)

O lugar privilegiado da justiça no inventário das virtudes

Aristóteles reconhece que a virtude da justiça é frequentemente reconhecida como a maior dentre todas as virtudes. Ela seria, em todos os sentidos, a virtude completa: "é completa porque aquele que a possui pode exercer sua virtude não só sobre si mesmo, mas também sobre o seu próximo, já que muitos homens são capazes de exercer virtude em seus assuntos privados, porém não em suas relações com os outros" (ARISTÓTELES, 1987, p. 82). A justiça visa, portanto, ao bem de outro, relaciona-se com o próximo e não conosco mesmos. Aristóteles reconhece duas espécies de justiça: uma distributiva e uma corretiva. A primeira distribui as coisas de maneira proporcional e equilibrada. A segunda propõe-se a restabelecer uma igualdade a ser conquistada, após um desequilíbrio que gerou a desigualdade a ser corrigida: "é como se houvesse uma linha divisória em partes desiguais e o juiz retirasse a diferença pela qual o segmento maior excede a metade para acrescentá-la ao menor" (ARISTÓTELES, 1987, p. 86). No final, quando o todo for igualmente dividido, cada um recebe aquilo que é igual ao do outro, ou seja, o que lhe pertence...

Mais uma vez, para falar em justiça, o filósofo toca no tema da voluntariedade da ação, tal como indicado abaixo:

> Sendo os atos justos e injustos tais como os descrevemos, um homem age de maneira justa ou injusta sempre que pratica tais atos voluntariamente. Quando os pratica involuntariamente, seus atos não são justos nem injustos, salvo por acidente, isto é, porque ele fez coisas que redundam em justiças ou injustiças. É o caráter voluntário ou involuntário do ato que determina se ele é justo ou injusto, pois, quando é voluntário, é censurado, e pela mesma razão se torna um ato de injustiça; de forma que existem coisas que são injustas, sem que, no entanto, sejam atos de injustiça, se não estiver presente a voluntariedade. (ARISTÓTELES, 1987, p. 92)

Voluntário seria, para Aristóteles, aquilo sobre o que deliberamos e "deliberamos sobre as coisas que estão ao nosso alcance e podem ser realizadas; e essas são, efetivamente, as que restam" (ARISTÓTELES, 1987, p. 45). Para a ação ser, portanto, voluntária, é imprescindível que tenha havido para sua ocorrência um ato de deliberação; e "cada classe de homem delibera sobre as coisas que podem ser realizadas pelos seus esforços" (ARISTÓTELES, 1987, p. 45). A questão sobre agir de maneira justa ou injusta teria a ver com a voluntariedade do ato. Diz Aristóteles sobre o tema: "por voluntário entendo tudo aquilo que um homem tem o poder de fazer e que faz com conhecimento de causa, isto é, sem ignorar a pessoa atingida pelo ato, nem o instrumento usado, nem o fim que há de alcançar" (ARISTÓTELES, 1987, p. 92). Aristóteles já comentara que, quando se diz que ninguém é voluntariamente mau nem involuntariamente feliz, esse juízo seria parcialmente verdadeiro, posto que "ninguém é involuntariamente feliz, mas a maldade é voluntária" (ARISTÓTELES, 1987, p. 47). Nesse sentido, dos atos voluntários, alguns praticamos por escolha e outros não; tudo depende de ter havido ou não deliberação prévia. Por exemplo, os atos cometidos pela cólera não teriam sido premeditados. É diferente de agir de modo premeditado para prejudicar o outro.

> Mas se um homem prejudica o outro por escolha, age injustamente; são esses os atos de injustiça que caracterizam os seus perpetradores como homens injustos, contanto que o ato viole a proporção ou a igualdade. Do mesmo modo, um homem é justo quando age justamente por escolha; mas age justamente se sua ação é apenas voluntária. Dos atos voluntários, alguns são desculpáveis e outros não. Com efeito, os erros que os homens cometem não apenas na ignorância mas também por ignorância são desculpáveis, enquanto os que não se devem à ignorância (embora sejam cometidos na ignorância), mas a uma paixão que nem é natural, nem se conta entre aquelas que o gênero humano está sujeito – esses são indesculpáveis. (ARISTÓTELES, 1987, p. 93)

Aristóteles considera que o homem incontinente tende não apenas a prejudicar os outros, mas costuma também prejudicar a si próprio, "pois ninguém deseja o que julga não ser bom, mas o homem incontinente, de fato, faz coisas que pensa não dever fazer" (ARISTÓTELES, 1987, p. 94). Aristóteles vale-se da acepção de equidade para apontar o que seria efetivamente o bom e o justo na vida em sociedade. A equidade tem relações com a justiça, posto que tem a ver com a distribuição dos bens e das coisas que têm valor. A equidade estaria acima da própria justiça, na medida em que contribuiria para efetivá-la: "o equitativo, embora superior a uma espécie de justiça, é justo, e não é como coisa de classe diferente que é melhor que o justo. A mesma coisa, pois, é justa e equitativa, e, embora ambos sejam bons, o equitativo é superior" (ARISTÓTELES, 1987, p. 96). Aristóteles explica o porquê de considerar o equitativo superior inclusive ao justo:

> Portanto, quando a lei se expressa universalmente e surge um caso que não é abrangido pela declaração universal, é justo, uma vez que o legislador falhou e errou por excesso de simplicidade, corrigir a omissão – em outras palavras, dizer o que o próprio legislador teria dito se estivesse presente, e que teria incluído na lei se tivesse conhecimento do caso. Por isso o equitativo é justo, superior a uma espécie de justiça – não à justiça absoluta, mas ao erro proveniente do caráter absoluto da disposição legal. E essa é a natureza do equitativo: uma correção da lei quando ela é deficiente em razão da sua universalidade. (ARISTÓTELES, 1987, pp. 96-97)

Aristóteles indaga sobre se o indivíduo pode ou não tratar injustamente a si mesmo. Para o filósofo, a pessoa que, por exemplo, se suicida ou se apunhala age injustamente não apenas em relação a si próprio, mas também relativamente à própria coletividade. Aquele que pratica um dano a si próprio impetra e sofre o mesmo mal ao mesmo tempo. Por ser assim, o bem em Aristóteles significa o bem em relação ao outro e em relação a si mesmo. Daí a expressão mais apropriada ser exatamente aquela que prevê a "vida boa".

A amizade como a mais bonita das virtudes

A amizade é uma virtude necessária à vida. Todos necessitam de amigos – pensa Aristóteles. Mesmo os ricos e os poderosos precisam de amigos. A companhia da amizade estimula as pessoas a pensarem e a agirem, como se fossem "dois que andam juntos" (ARISTÓTELES, 1987, p. 139). A amizade vem como um auxílio também, para que as pessoas possam se auxiliar mutuamente: "a amizade ajuda os jovens a afastar-se do erro, e aos mais velhos, atendendo-lhes as atividades que declinam por efeito dos anos" (ARISTÓTELES, 1987, p. 139). A amizade também mantém unidos os Estados, e os próprios legisladores "têm mais amor à amizade do que à justiça, pois aquilo a que visam acima de tudo é a unanimidade, que tem pontos de semelhança com a amizade" (ARISTÓTELES, 1987, p. 139). É muito bonito quando Aristóteles diz que "quando os homens são amigos não necessitam de justiça, ao passo que os justos necessitam também de amizade; e considera-se que a mais genuína forma de justiça é uma espécie de amizade" (ARISTÓTELES, 1987, p. 139). Mesmo os justos precisam de amizade, embora entre amigos a justiça não seja um critério imprescindível, posto que é natural querer e fazer o bem para os amigos... Como bem aponta Julio Groppa Aquino:

> Os amigos despontam, então, como peças de um jogo existencial desarmônico e imprevisível; peças que não se coadunam, que não se complementam, nem sequer se reconhecem, mas que se descobrem capazes apenas de afetar e de se deixar afetar. Forças que se incitam reciprocamente, coabitando por um intervalo variável de tempo, às vezes instantâneo, às vezes não. Ao fazê-lo, possibilitam que o jogo da vida se descobre em suas infinitas e, quiçá, inéditas partidas." (AQUINO, 2014, p. 177)

Considera Aristóteles que a amizade seria uma espécie de afinidade, que leva a que pessoas semelhantes tendam a ser amigas. O filósofo diz que costumamos valorizar as pessoas que têm muitos amigos, porque isso diz muito a respeito delas, ou seja as mesmas pessoas costumam ser boas e amigas. A *Ética a Nicômaco* passa a indagar, então, se existe um só tipo de amizade e em que condições as pessoas podem efetivamente tornar-se amigas. O primeiro requisito da amizade é o de que, com a finalidade de serem amigos, os homens conheçam-se bem um ao outro, desejando-se reciprocamente o bem um do outro. A partir desse pressuposto, haveria três espécies de amizade.

A primeira forma de amizade é aquela que se dá em virtude da utilidade, quando os amigos "não se amam por si mesmos, mas por causa de algum bem que recebem um do outro" (ARISTÓTELES, 1987, p. 141). Outra forma de amizade é aquela que se dá por conta do prazer que os amigos proporcionam uns aos outros: "não é devido ao caráter que os homens amam as pessoas espirituosas, mas porque as acham agradáveis" (ARISTÓTELES, 1987, p. 141). Esses dois tipos primeiros de amizade seriam apenas acidentais porque o vínculo que se estabelece se dá em razão de se adquirir algum bem ou de se desfrutar de algum prazer: "eis porque tais amizades se dissolvem facilmente, se as partes não permanecem iguais a si mesmas: com efeito, se uma das partes cessa de ser agradável ou útil, a outra deixa de amá-la" (ARISTÓTELES, 1987, p. 141). Um tipo de amizade que se dá por utilidade é aquela posta entre hospedeiro e hóspede. As pessoas velhas também têm a tendência de buscar não o agradável, mas o útil. Ao contrário, entre os jovens, a mais frequente espécie de amizade é aquela que visa ao prazer.

> A amizade dos jovens parece visar ao prazer, pois eles são guiados pela emoção e buscam acima de tudo o que lhes é agradável e o que têm imediatamente diante dos olhos; mas com o correr dos anos, os seus prazeres tornam-se diferentes. É por isso que fazem e desfazem amizades rapidamente; sua amizade muda com o objeto que lhes parece agradável, e tal prazer se altera bem depressa. Os jovens são também amorosos, pois, em sua maior parte, a amizade que existe no amor depende da emoção e visa ao prazer; é por isso que tão depressa se apaixonam como esquecem a sua paixão, muitas vezes mudando no espaço de um dia. Mas é certo que tais pessoas desejam passar juntas os seus dias e a sua vida inteira, pois só assim alcançam o propósito de sua amizade. (ARISTÓTELES, 1987, p. 141)

A terceira forma de amizade é a que ocorre pelas pessoas que se encontram em suas semelhanças, em suas afinidades. A amizade entre os semelhantes é aquela que possui maior vigor e permanência. Também é a mais rara entre as espécies de amizade, dado que exige tempo e familiaridade. Aristóteles diz que as pessoas não se conhecem mutuamente enquanto não houverem provado sal juntas. Assim, o desejo de uma amizade pode surgir depressa, mas a própria amizade, quando ela acontece entre semelhantes, surge lentamente, e só se solidifica com o tempo. Juntos, pouco a pouco, os amigos encontram um no outro os atributos que, enquanto amigos, devem efetivamente possuir. Essa forma de amizade é a mais plena, a mais madura, a mais valorosa... quando se prova o sal juntos.

> A amizade perfeita é a dos homens que são bons e afins na virtude, pois esses desejam igualmente bem um ao outro enquanto bons, e são bons em si mesmos. Ora, os que desejam bem aos seus amigos por eles mesmos são os mais verdadeiramente amigos, porque o fazem em razão da sua própria natureza e não acidentalmente. Por isso sua amizade dura enquanto são bons – e a bondade é uma coisa muito durável. E cada um é bom em si mesmo e para o seu amigo, pois os bons são bons em absoluto e úteis um ao outro. E da mesma forma são agradáveis, porquanto os bons o são tanto em si mesmos como um para o outro, visto que a cada um agradam as suas próprias atividades e outras que lhes sejam semelhantes, e as ações dos bons são as mesmas ou semelhantes. Uma tal amizade é, como seria de esperar, permanente, já que eles encontram um no outro todas as qualidades que os amigos devem possuir. (ARISTÓTELES, 1987, pp. 141-142)

Os que são amigos por causa da utilidade separam-se logo, assim que passa o proveito. Os que são amigos por causa do prazer também se separam assim que cessa a graça que desfrutaram juntos. Essas duas primeiras espécies de amizade são encontradas inclusive nas pessoas más. Mas a amizade por si mesma, aquela que requer semelhança, tempo e familiaridade, essa só se encontra entre as pessoas boas.

> A amizade entre os bons, e só ela, também é invulnerável à calúnia, pois não damos ouvidos facilmente às palavras de qualquer um a respeito de um homem que durante muito tempo submetemos à prova; e é entre os bons que são encontradas a confiança, o sentimento expresso

pelas palavras "ele nunca me faria uma deslealdade", e todas as outras coisas que se requerem numa verdadeira amizade. Nas outras espécies de amizade, porém, nada impede que tais males venham a manifestar-se. (ARISTÓTELES, 1987, p. 143)

A melhor das amizades não se perde com a distância, embora o que caracterize a amizade seja o convívio:

porquanto nada é mais característico dos amigos do que o convívio; e, embora sejam os que sofrem necessidade que desejam benefícios, mesmo os que são sumamente felizes desejam passar os dias juntos; e é justamente a esses que menos agrada a solidão. (ARISTÓTELES, 1987, p. 144)

Diferente do amor, que é um sentimento, a amizade – conforme Aristóteles – seria uma disposição de caráter porque envolve uma escolha, e essa escolha é racional. Mesmo os amigos são amados...

E, finalmente, os que amam um amigo amam o que é bom para eles mesmos; porque o homem bom, ao tornar-se amigo, passa a ser um bem para o seu amigo. Cada qual, portanto, ao mesmo tempo em que ama o que é bom para ele, retribui com benevolência e aprazibilidade em igualdade de termos; porque se diz que a amizade é igualdade, e ambas são encontradas mais comumente na amizade dos bons. (ARISTÓTELES, 1987, p. 144)

Além disso, duas coisas contribuiriam para o fortalecimento da amizade: a educação em comum e a semelhança de idade: "pessoas da mesma idade se dão bem; e os que se criaram juntos tendem a viver em camaradagem; e é por isso que a amizade dos irmãos se assemelha à dos camaradas. E entre primos e outros parentes existe um laço derivado do fraterno" (ARISTÓTELES, 1987, p. 152).

Aristóteles comenta, ainda, sobre a proximidade entre a amizade e a justiça. É como se a justiça dissesse respeito às coisas que são feitas de tal modo, como se fosse por amizade. Daí a fertilidade analítica da ética de Aristóteles, especialmente para se pensar o tema da educação. Como devemos agir para que nossa ação possa parecer ter sido feita por amizade? Uma amizade para com nossos alunos, uma amizade para com nossos colegas, uma amizade perante o conhecimento, uma amizade em direção à própria Humanidade.

Implicações pedagógicas do pensamento de Aristóteles

A atualidade pedagógica do pensamento de Aristóteles está dada, em nosso entendimento, exatamente pela categoria da amizade[1]. Esse conceito é apropriado para pensarmos uma ética da profissionalidade. Lembra Aristóteles que, em reuniões e encontros que proporcionam o convívio, algumas pessoas são consideradas amáveis. A acepção de amabilidade – originada primeiramente pela intenção afável – corresponderia a uma predisposição para aceitar o outro, uma disponibilidade simbólica para conhecê-lo, para agradá-lo, de maneira a que ele venha a ser bem-vindo e bem aceito. Ser amável seria, portanto, o primeiro movimento em direção à amizade. Nesse sentido, a amabilidade seria um "como se" da amizade: como se fosse amizade (ALBERONI; VECA, 1992, p. 53).

Conforme sublinha Victória Camps, o conceito aristotélico de amizade seria aristocrático, dado que a forma perfeita de amizade é desinteressada, devendo, portanto, ocorrer entre iguais. A amizade, assim compreendida, acarretaria o reconhecimento de si nos atributos do outro. Sublinha Camps (1996, p. 35) que "essa amizade grega vem para cobrir uma necessidade que a justiça não chega a satisfazer por não poder fazê-lo". A justiça defende o indivíduo contra a arbitrariedade do outro. Mas o faz com a necessária imparcialidade que a norma ou a lei acarretam. A relação entre amigos não supõe nem a defesa de si perante o outro e nem a rigidez das regulações externas, que se pretendem universais. Ser predisposto à amizade conduz, entretanto, a uma atitude que se predispõe solidária para com todos os semelhantes. Tal disposição solidária requer o dever de tolerar, de suportar o outro, de não lhe ser indiferente. Nos termos de Victoria Camps

> a solidariedade é uma prática que está ao mesmo tempo aquém e além da justiça: a fidelidade ao amigo, a compreensão ao maltratado, o apoio ao perseguido, a aposta em causas impopulares ou perdidas, tudo isso não se pode constituir propriamente como dever de justiça, mas sim como dever de solidariedade. (CAMPS, 1996, p. 34)

---

[1] Esta parte do presente capítulo tem por base o seguinte texto: BOTO, Carlota. A Ética de Aristóteles e a Educação. Videtur – 16. Porto: Faculdade de Direito da Universidade do Porto/Faculdade de Educação da USP, 2002, pp. 49-62. Disponível em: <http://www.hottopos.com/videtur16/carlota.htm>. Acesso em 26 out. 2020.

A disposição amistosa para fomentar o consenso e a concórdia parece ser um elemento primordial nas relações profissionais da prática educativa, caso tenhamos o propósito de construir coletivamente uma ética da amizade, ou, nos termos de António Nóvoa (NÓVOA, 1991, p. 25; BOTO, 2018), de "colegialidade docente" – ou, ainda, como nos diria algum bom-senso, o coleguismo das ações em profissão. Ao distinguir as várias espécies de amizade, Aristóteles comenta a existência de um dado modo de se relacionar com os outros, que assenta, por suposto, em um interesse comum. A amizade seria, nesse caso, especificamente direcionada para um rumo já dado e teria como corolário a perspectiva de ser reciprocamente útil a todas as partes. Como já observamos, Aristóteles qualifica a amizade fundada na utilidade como um modelo menor de amizade. Contudo tal referência constituiria a base da concórdia, imprescindível à ação coletiva e colegiada das pessoas na vida profissional.

Aristóteles reconhece – como já se observou anteriormente – que não se trata aqui do tipo mais perfeito de amizade. Mesmo assim, trata-se de pensar a possibilidade do convívio perante práticas de amabilidade – aquela disposição amistosa para com o outro, mesmo que o outro não seja necessariamente alguém que, por seus atributos naturais, nós tenhamos assinalado como nosso amigo. Assumir a amizade como uma forma de concórdia para a associação das pessoas supõe acreditar em uma dada proporcionalidade do sentimento, tendo em vista a obtenção de um bem comum, que, no caso, traria vantagem para todos os envolvidos. Pensar a vida profissional a partir de um *como se* da amizade (ALBERONI; VECA, 1992, p. 53) significa abordar a questão do dever, mas, pressupõe também que, ao tratar os outros *como se* fossem meus amigos – ainda que por dever de consciência profissional – obtenhamos uma dose a mais de vida boa, filigranas de felicidade. Mas, para agir com os outros como se fossem seus amigos, é necessário que a pessoa seja, sobretudo, amiga de si mesma. Diz Aristóteles sobre o tema:

> Com efeito, dizem os homens que deveríamos amar acima de tudo o nosso melhor amigo, e o melhor amigo de um homem é aquele que lhe deseja bem por ele mesmo, ainda que ninguém venha a ter conhecimento disso; e esses atributos são encontrados principalmente na atitude do homem para consigo mesmo, como todos os atributos pelos quais é

> definido um amigo; porque, como dissemos, foi a partir dessa relação que todas as características da amizade se estenderam aos nossos semelhantes. E isso não é confirmado pelos provérbios, como "uma só alma", "os amigos possuem todas as coisas em comum", "amizade é igualdade" e a "caridade começa em casa", pois todas essas características são encontradas principalmente na relação de um homem para consigo mesmo. Ele próprio é o seu melhor amigo, e por isso deveria amar a si mesmo acima de tudo. (ARISTÓTELES, 1987, p. 168)

A proposição da ética, dirigida – enquanto disposição de caráter – para fomentar relações amistosas, exige, sobretudo, "boa vontade", expressão que o autor define como sendo o início da amizade, da mesma forma que o prazer de olhar seria o início do amor. O tema da ética – como indagação universal que percorre a história do Ocidente – traduz na contemporaneidade anseios, expectativas, crenças e desejos dos sujeitos sociais em seus mais diversos territórios. A procura de valores morais desperta, por vezes, sensibilidades religiosas, semeia plataformas políticas, traduz estados de espírito – mais ou menos racionais. Para o bem, do ponto de vista moral, comumente o sujeito afirma-se sempre disposto. Pequenas traições desse bem apregoado – mazelas, misérias cotidianas, pequenezas – tendem a ser amainadas ou convenientemente esquecidas da memória que cada sujeito constrói de seus próprios atos. Porém, da convicção, necessariamente se deverá projetar pelos usos e costumes – mas também pela crença – hábitos de vida ética. Para recorrer às palavras de Vásquez: "do ponto de vista moral, o indivíduo deve sempre estar em forma, preparado e disposto; e isto é o que se queria dizer, tradicionalmente, quando se falava numa pessoa virtuosa, como disposta sempre a preferir o bem e a realizá-lo" (VÁZQUEZ, 2002, p. 215); ainda que o ser humano, enquanto tal, esteja sempre sujeito a falhas de percurso...

> Na ética se debatem conflitos de atitudes, não de crenças [...] Por um lado, a educação ética é uma formação do gosto e da sensibilidade, em direção a determinadas atitudes: a criação e a aquisição de um *ethos*, no sentido originário de "caráter" e conjunto de "hábitos", sem permitir que se caia na inércia do "habitual". Com tal finalidade, a educação deve tender também a formar a razão autônoma, que assume a responsabilidade de deliberar, argumentar e justificar seus pontos de vista. Sem dúvida alguma, a melhor via não dogmática para se conseguir esses dois

> objetivos – educação de atitudes e educação na autonomia – é o exemplo; também na retórica clássica a personalidade moral do orador constituía um elemento importante para atrair a atenção e a adesão do público. O exemplo persuade do valor intrínseco a certas atitudes e a certos modos de julgar. As ideias se impõem quando se sabe defendê-las, e a defesa que revela suas próprias perplexidades e ambiguidades – e se mostra capaz de ponderar sobre elas – pode ser mais convincente do que uma firme e segura declaração de princípios. (CAMPS, 1995, p. 52)

Seria possível pensar em um consenso no plano da moralidade? Noções de bem, de bem comum, de felicidade – e até de amizade – teriam um mínimo comum passível de ser posto como universal? Sabe-se que, em tal encruzilhada, situam-se inúmeros dos debates e impasses do mundo contemporâneo, particularmente do Ocidente. Trazendo o tema para o cenário educativo, como pensar a educação para o bem agir? Com efeito, não nos pareceria nem suficiente, nem apropriado e nem mesmo ético aderir ao discurso que assume com franqueza o relativismo moral e cultural em sua radicalidade, mediante a argumentação de que diferentes culturas ou comunidades projetam para si distintas acepções de bem, que deveriam, então, ser validadas enquanto tal, posto que fruto da tradição e do hábito. Tal relativização da temática da ética – bastante comum nos tempos que correm – reverbera a noção de que compete a cada grupo social estatuir seu próprio código de valores e – por decorrência, ainda que tacitamente – não se pensa mais sobre o assunto. A pluralidade cultural, bem como o discurso identitário, levados ao seu limite tornariam inócua a discussão, dado que partem da compreensão de que os integrantes de cada comunidade tornam-se a única medida de todas as coisas a serem ditas sobre ela e sobre o mundo.

> Deve ficar claro que o relativismo ético não consiste em pôr em relação uma norma com uma comunidade respectiva, mas em sustentar que dois juízos normativos distintos e opostos, a respeito do mesmo ato, têm a mesma validade. Mas o fato de que duas normas (uma racista e outra antirracista, por exemplo) refiram-se a diferentes e opostas necessidades sociais não significa que sejam igualmente válidas. Suas relações respectivas com os interesses e as necessidades de um setor social justificam somente uma validade relativa [...] mas a validade de uma dessas normas (a racista) não pode estender-se além dos limites estreitos da comunidade

> cujos interesses e necessidades expressa. Na medida em que transcende esses limites – e não pode deixar de transcendê-los, porque as suas consequências afetam os membros de outra comunidade –, o válido ou justo se revela como inválido ou injusto, precisamente pela impossibilidade de transcender a sua particularidade. (VÁZQUEZ, 2002, p. 260)

Caberia, talvez, defender a existência de valores sociais que se expressem como virtudes específicas passíveis de serem reputadas como características desejáveis em distintas sociedades. Discernimento, coragem, fidelidade, prudência, amizade, não poderiam, como em Aristóteles, ser pensados em alguma dimensão de universalidade? Como sublinha Yves de La Taille, o que difere nas variadas sociedades seria, antes, o tratamento conferido a tais temas. Aquilo que é considerado coragem em uma determinada cultura não o seria necessariamente em outra. Porém, prossegue o pesquisador:

> [...] o fato de haver sérias discordâncias a respeito do que é a verdadeira expressão da coragem, da prudência ou da humildade, longe de depor contra a importância humana do tema, pelo contrário, a reforça. Parece que cada cultura em geral e cada indivíduo em particular sentem a necessidade de pensar e julgar tais características humanas que respondem pelo nome de virtudes. Portanto, não é a presença ou a ausência do pensar sobre virtudes que diferencia pessoas ou culturas, mas sim a qualidade desse pensar. Assim como a racionalidade e a moral, o tema das virtudes é universal. Tanto é verdade que, nas conversas do cotidiano, elas estão presentes, e isso ocorre não somente entre os adultos, mas também entre as crianças. (LA TAILLE, 2000, p. 111)

Como se dá, no tabuleiro social, o reconhecimento e a identificação de virtudes postuladas como válidas para todos? Como um comportamento que favorece o outro e não eu mesmo, mas, às minhas custas, poderá ser por mim considerado correto? Se isso não for possível, o que resta do discurso sobre a virtude, além da relatividade intrínseca a qualquer norma que o pudesse regular? Superar o impasse traiçoeiro do relativismo ético requererá transcender limites circunscritos a mundividências de comunidade ou às particularidades dessa ou daquela cultura local. Existiriam, em alguma medida, parâmetros passíveis de serem tomados como referências de validade universal – ainda que seja por pacto ou por convenção que venhamos a estabelecer à guisa de demarcação. A indagação que se coloca é a seguinte: haveria, pois, um mínimo denominador comum para refletir sobre as questões do bem comum? Conforme destaca Changeux, poder-se-ia reconhecer na motivação moral uma atitude própria da espécie humana, embora o "critério da ação moral, dos códigos éticos seja uma construção cultural, historicamente demarcada em cada sociedade e em cada época" (CHANGEUX, 1999, p. 26). A despeito de se concordar com tal convicção, parece válido explicitar também o alerta exposto por MacIntyre, que, ao se referir à virtude da justiça, manifesta alguma hesitação para conferir validade comum à percepção social que o tema ganhou em nossa época. Onde localizar os alicerces para se referir ao tema? Nos termos do autor:

> A teoria aristotélica das virtudes pressupõe uma distinção fundamental entre o que qualquer indivíduo em determinado momento acredita ser bom para ele e o que é realmente bom para ele como homem. É para alcançar o segundo bem que praticamos a virtude e o fazemos por meio da escolha de meios para alcançar tal fim, meios em ambos os sentidos acima caracterizados. Tais escolhas exigem discernimento, e o exercício das virtudes requer, portanto, a capacidade de julgar e fazer o certo, no lugar certo, na hora certa e da maneira certa. O exercício de tal juízo não é uma aplicação de normas passível de se transformar em rotina. (MACINTYRE, 2001, p.255-6)

Seja como for, a ideia de ética – comprometida com o espaço público, no qual o indivíduo se dará a ver – situa-se como reflexão sobre o sujeito à procura de normas passíveis de ancorar seu padrão de conduta. Isso supõe escolha e adesão a determinados valores, mas supõe também o compromisso e a responsabilidade para manter e sustentar a opção efetuada na particularidade das situações vividas no dia-a-dia. O profissionalismo poderia ser pensado como adequação de tal finalidade na vida rotineira das instituições.

Com o fito de, ao menos, tangenciar a dimensão pedagógica que o tema acarreta, poderíamos concluir meditando sobre a pertinência da reflexão ética de Aristóteles para abordarmos nossas atuais relações de trabalho, com nossos alunos, com nossos colegas, com nossos chefes e diretores, com nossos pares, enfim. Se a ética requer a vida ativa – que é o que caracteriza a condição humana – o indivíduo atua como ser ético perante os outros. Não se pode ser ético quando não se convive;

é, portanto, a esfera pública e coletiva que possibilita a expressão da virtude. Se, por sua vez, a vida boa acarreta felicidade, se a vida boa é a vida digna, parece lícito conferir significados comuns e partilhados às ações individuais tomadas em relação aos outros. Além disso, as virtudes do comportamento traduzem-se na constelação do hábito e não no postulado de intenções. Será, portanto, necessário percorrer com ética a própria vida, posto que é mais trabalhoso agir pelo bem do que dizê-lo. Tal cuidado justifica-se também quando nos apresentamos às gerações novas. Quais são os exemplos que ensinam – pela ética do hábito – as virtudes que, de fato, merecem ser valorizadas?

Para Aristóteles, ética e política são práticas que se definem pela ação. Agindo eticamente é que poderá adquirir a prática da virtude. Educando com correção é que se torna efetivamente um educador compromissado com a realidade social. Além disso, educar supõe *mimesis*: imitação de ações exemplares. Dirá o autor da *Poética* que, "segundo o caráter, as pessoas são tais ou tais, mas é seguindo as ações que são felizes ou ao contrário. Portanto, as personagens não agem para imitar os caracteres, mas adquirem os caracteres graças às ações" (ARISTÓTELES, 1981, p. 25).

Sobre o tema, Kenneth McLeish argumenta que as ideias de imitação e de *mimesis* são o centro da análise estética de Aristóteles, supondo – pelo conceito – uma associação entre o que é apresentado ou representado e a existência prévia da pessoa: espectador ou aprendiz. A prática de imitar tem a ver com a perspectiva de preservação: imita-se o que se louva; louva-se o que é honrado e, portanto, o que deve ser preservado. Na educação, como na dramaturgia, "o criador convida o espectador a se envolver com um desempenho, uma *mimesis* da realidade e, portanto, por delegação, com a própria realidade" (MCLEISH, 2000, p. 18). Haveria, por ser assim, algum envolvimento subjetivo no drama, tanto para o mestre quanto para o aprendiz. Daí a potência da ação educativa quando se assume a confluência proposta por Aristóteles dessa imitação/representação do bom, do belo e do bem – tríade imprescindível para se projetar a formação da virtude ao educar. Trata-se de hábitos; no justo meio; pela prudência do discernimento; alicerçados pela equidade das práticas e de criação de rotinas e de rituais coletivos, públicos e dirigidos ao bem comum, e, portanto, à felicidade – como se fosse por amizade...

4.

KANT E DURKHEIM: ENTRE O IMPERATIVO DA JUSTIÇA E UMA ÉTICA DA SOCIEDADE

> Quando entramos na vida, encontramos já, à nossa volta, um conjunto de ideias, de crenças, de usos, que outros admitiam e praticavam antes de nós e que são o legado dos nossos antepassados, legado esse que se não modificará no decurso da nossa existência individual. Mercê do mesmo, encontramo-nos ligados, não só aos nossos contemporâneos, mas também aos nossos antepassados.
>
> (DURKHEIM, 1984, p. 359)

Introdução

Como pensar a composição do sistema normativo da sociedade? Derivariam as regras morais de nossa vivência e convivência ou seriam os deveres um conjunto normativo que transcende a própria sociedade? Kant e Durkheim dão respostas diferentes para essa questão. Para o primeiro, a moral é um acervo de deveres, que tem caráter prescritivo, como um código de leis, universalmente válido. Para Durkheim, a moral é expressão do universo simbólico e do repertório de valores impressos na fisionomia de cada sociedade em particular. São modos distintos de observar o tema. São perspectivas diversas para enfrentar o problema.

A fundamentação da metafísica dos costumes

Immanuel Kant (1724-1804) nasceu em Könisberg, na Prússia em uma modesta família de artesãos. Seu pai era seleiro e sua mãe, dona de casa. Era uma família numerosa, que criou Kant como devoto do pietismo. Desde cedo, foi matriculado em um colégio tradicional da região, muito rígido nos métodos e forte nos conteúdos, onde Kant aprendeu bem o latim e mal o grego (REALE; ANTISERI, 1990, p. 857). Em 1740, Kant entra na Universidade de Könisberg, em que frequentou cursos de ciências e de filosofia, estudos que seriam concluídos em 1747.

De 1747 a 1754, Kant precisou trabalhar como preceptor para viver. Provavelmente, nesse período, experimentou alguma dificuldade financeira. Em 1755, obteve seu doutorado e ingressou na Universidade de Könisberg na condição, agora, de professor universitário. Consta que Kant jamais saiu de sua cidade natal. Como destacam Reale e Antiseri, o período decisivo na construção da obra kantiana foi aquele compreendido entre 1770 e 1781. Ali surgiria sua "primeira Crítica (*Crítica da razão pura*, 1781), à qual se seguiram as outras grandes obras que contêm o pensamento maduro do filósofo, particularmente as duas outras Críticas: a *Crítica da razão prática*, em 1788, e a *Crítica do juízo*, em 1790" (REALE; ANTISERI, 1990, p. 858). Kant morre em 1804. Consta que o filósofo era extremamente metódico, escrupuloso e de hábitos profundamente regulares. Conta a lenda que as pessoas acertavam seus relógios quando o viam caminhar pela cidade todos os dias no mesmo horário, às cinco da tarde.

Para Kant, haveria uma razão prática, que cuida dos assuntos da moralidade. Essa razão prática é o que nos impulsiona em direção à moral. A *Fundamentação da metafísica dos costumes* é uma das obras de sua filosofia moral, publicada em 1785. Kant define o seu trabalho na *Fundamentação da metafísica dos costumes* como uma busca sistemática de fixação do princípio supremo da moralidade, "o que constitui só por si no seu propósito uma tarefa completa e bem distinta de qualquer outra investigação moral" (KANT, 1988, p. 19). Ao abordar o que compreende como "transição do conhecimento moral da razão vulgar para o conhecimento filosófico" (KANT, 1988, p. 21), Kant qualifica a boa vontade como a única coisa que pode ser considerada boa sem qualquer limitação. Em seu parecer, nem o discernimento, nem a argúcia de espírito ou a capacidade de julgar, nenhum dos talentos, "ou ainda coragem, decisão, constância de propósito, como qualidades de temperamento" (KANT, 1988, p. 22) – embora todos esses predicados representem coisas boas e desejáveis – nenhum deles pode ser tido como um bem incondicional, posto que é possível fazer mau uso desses dons naturais. A moderação nas emoções e nas paixões, o autodomínio, é atributo que pode estar presente também quando a pessoa se volta para o mal, portanto, não constitui um bem sem reserva. Com a boa vontade, entretanto, não se passa o mesmo. Em qualquer circunstância, ela é boa. Trata-se de uma disposição amistosa.

> A boa vontade não é boa por aquilo que promove ou realiza, pela aptidão para alcançar qualquer finalidade proposta, mas tão-somente pelo querer, isto é, em si mesma, e, considerada em si mesma, deve ser avaliada em grau muito mais alto do que tudo o que, por seu intermédio, possa ser alcançado em proveito de qualquer inclinação ou mesmo, se se quiser, da soma de todas as inclinações. (KANT, 1988, p. 23)

Para Kant, a razão deve exercer influência sobre a vontade e todo seu argumento prossegue em direção à possibilidade de a vontade ser interpretada pela razão. Como um corolário da noção de boa vontade, Kant situa a acepção de dever e diz que as coisas verdadeiramente morais são aquelas realizadas por dever – e não apenas conforme o dever. Ele dá o exemplo de um merceeiro que, eventualmente, não tenha subido seus preços como uma estratégia para adquirir maior clientela e vender mais. Esse comerciante, tendo agido de maneira correta, procedeu honradamente, embora isso não seja o bastante "para acreditar que o comerciante tenha assim procedido por dever e princípios de honradez; o seu interesse assim o exigia" (KANT, 1988, p. 27). Nesse sentido, agir conforme o dever, pura e simplesmente, não tem validade moral. A ação moral é aquela verdadeiramente construída por dever; "ação sem qualquer inclinação, simplesmente por dever, só então é que ela teria o seu autêntico valor moral" (KANT, 1988, p. 28).

Kant destaca o dever para com os outros e também o dever para consigo próprio. O sujeito teria, então, a obrigação de preservar sua vida, sua saúde e, inclusive, sua felicidade. Na grande maioria das vezes, fazemos isso por inclinação. Mas nem sempre. Nesse sentido:

> Mesmo que a inclinação universal para a felicidade não determinasse a sua vontade, mesmo que a saúde, pelo menos para ele, não entrasse tão necessariamente no cálculo, ainda aqui, como em todos os outros casos, continua a existir uma lei que lhe prescreve a promoção da sua felicidade não por inclinação, mas por dever – e é somente então que o seu comportamento tem propriamente valor moral. (KANT, 1988, pp. 29-30)

Ora, isso quer dizer que o valor moral da ação se dá "não no propósito que com ela se quer atingir, mas na máxima que a determina" (KANT, 1988, p. 30). O dever é então definido por Kant como a "necessidade de uma ação por respeito à lei" (KANT, 1988, p. 31). Isso tem a ver com a capacidade do sujeito de representar a lei em si mesma. É porque somos capazes de conceber e de representar a lei moral que somos responsáveis por ela, na condição de seres racionais; de modo que "devo proceder sempre de maneira que eu possa querer também que a minha máxima se torne uma lei universal" (KANT, 1988, p. 33). É preciso, pois, que se tenha a compreensão de que a ação que escolhemos realizar mereça ser efetuada por qualquer pessoa nas mesmas condições. Essa universalidade é uma máxima da razão prática kantiana.

Pedro Paulo Pimenta (2004, p. 63) constata que Kant identifica a universalidade da lei moral como derivada da universalidade característica das leis naturais. Mario Ariel González Porta (2007, pp. 119-121) sublinha, por sua vez, que a razão prática dita sua própria lei, embora esta não derive de nenhuma instância transcendente, mas exclusivamente dela própria. Daí a fundamentação racional *a priori* da ética. Nos termos de Kant, a questão coloca-se da seguinte maneira:

> Podes tu querer também que a tua máxima se converta em lei universal? Se não podes, então, deves rejeitá-la, e não por causa de qualquer prejuízo que dela pudesse resultar para ti ou para os outros, mas porque ela não pode caber como princípio numa possível legislação universal. Ora, a razão exige-me respeito por uma tal legislação, da qual em verdade presentemente não vejo em que se funde (problema que o filósofo pode investigar), mas de que, pelo menos, compreendo que é uma apreciação do valor que, de longe, ultrapassa o de tudo aquilo que a inclinação louva, e que a necessidade das minhas ações por puro respeito a lei prática é o que constitui o dever, perante o qual tem de ceder qualquer outro motivo, porque ele é a condição de uma vontade boa em si, cujo valor é superior a tudo. (KANT, 1988, p. 35)

Ao se reportar à moral, Kant adverte que esta não trata das ações inscritas no valor da ética, mas dos princípios íntimos ou das intenções que são os seus móbeis. Porém, de onde emanariam os próprios princípios que norteiam as ações da moralidade? Kant destaca que não há razão transcendente. Não se trata de um dever que emana da relação do homem com Deus. Segundo o filósofo, mesmo que Deus não existisse, a moral continuaria sendo necessária. A razão é quem traça um desenho *a priori* da perfeição moral. Esses princípios são categorias racionais, ancorados, portanto, apenas no intelecto humano, sem qualquer recorrência a princípios religiosos ou empíricos. Todos os conceitos morais seriam originados na razão e apenas nela. É o que Kant dirá com as seguintes palavras:

> Pois a pura representação do dever e em geral de uma lei moral, que não anda misturada com nenhum acrescento de estímulos empíricos, tem sobre o coração humano, por intermédio exclusivo da razão (que só então se dá conta de que por si mesma também pode ser prática), uma influência muito mais poderosa do que todos os outros móbiles que se possam ir buscar ao campo empírico. (KANT, 1988, p. 45)

Kant destaca, não obstante, o fato de que o ser humano tem nele próprio um forte contrapeso aos mandamentos do dever, e esse contrapeso se situa exatamente em suas necessidades e inclinações, "cuja total satisfação ele resume sob o nome de felicidade" (KANT, 1988, p. 37). Assim, ao contrário da perspectiva ética de Aristóteles, não apenas a moral não traz felicidade, como, muitas vezes, ela contraria a felicidade. A vida moral, para Kant, no máximo tornaria o sujeito digno de felicidade, mas não necessariamente feliz. Pode-se, pois, considerar com Kant que o princípio que possibilita a ação por dever, portanto a ação moral, é a capacidade que todo homem tem de agir segundo leis que ele próprio dá a si mesmo e que são, ao mesmo tempo, leis de toda a Humanidade. Nesse sentido, como assinala Denis Thouard (2004, p. 131), haveria uma intersubjetividade moral que inscreve a relação das pessoas entre si e destas para com a lei moral. O mesmo autor adverte que, para Kant, a consciência da lei não ocorre como um fato empírico, mas como uma manifestação de sua autonomia e que constitui o indivíduo como sujeito da liberdade (THOUARD, 2004, p. 133).

A ideia de liberdade em Kant é fundamental, porque, conforme recorda Jean-Marie Vaysse (2012, p. 47), "a liberdade prática é, então, a liberdade efetiva própria do homem enquanto ser racional dotado de um caráter inteligível e capaz de fornecer a si próprio a lei de seu agir". É por causa, pois, da liberdade que somos capazes de nos dar as leis da moralidade que devemos também seguir. Nos termos de Kant:

> Tudo na natureza age segundo leis. Só um ser racional tem a capacidade de agir segundo a representação das leis, isto é, segundo princípios: só ele tem uma vontade. Como para derivar as ações das leis é necessária a razão, a vontade não é outra coisa senão a razão prática. Se a razão determina infalivelmente a vontade, as ações de um tal ser, que são conhecidas como objetivamente necessárias, são também subjetivamente necessárias, isto é, a vontade é a faculdade de escolher só aquilo que a razão, independente da inclinação, reconhece como praticamente necessário, quer dizer como bom. (KANT, 1988, p. 47)

Os conceitos morais, originados na razão, compõem-se à luz da representação de um princípio objetivo: um mandamento, que Kant chamará de "imperativo categórico", ou seja: "se a ação é representada como boa em si, por conseguinte, como necessária numa vontade conforme à razão como princípio dessa vontade, então o imperativo é categórico" (KANT, 1988, p. 50). Por não se basear em nenhuma outra coisa que não seja a própria razão, o imperativo categórico "não se relaciona com a matéria da ação e com o que dela deve resultar, mas com a forma e o princípio de que ela mesma deriva" (KANT, 1988, p. 52). Daí esse ser o único formato do imperativo da moralidade.

Determinante da vontade, o imperativo categórico "é o único válido para todo ser racional, único universalizável, é lei. Ordena incondicionalmente à vontade purificada de todo móvel sensível, de todo fim singular. Tem como lugar a ética" (CRAMPE-CASNABET, 1994, p. 73). Diferente, portanto, das regras de destreza e dos conselhos da prudência, sendo que estes, como cálculo, não são infalíveis (PASCAL, 2005, p. 123), os mandamentos da moralidade são como se fossem leis, que devem ser necessariamente obedecidas (MENEZES, 2020). O imperativo categórico não é limitado por nenhuma variável empírica, não sendo, portanto, atingido por nada que não seja a própria razão: "não se pode demonstrar por nenhum exemplo, isto é, empiricamente, se há por toda a parte um tal imperativo; mas há a recear que todos os que parecem categóricos possam afinal ser disfarçadamente hipotéticos" (KANT, 1988, p. 56). O conceito de dever em Kant não pode, pois, ser retirado da experiência (PASCAL, 2005, p. 125).

Assim, se o sujeito, por exemplo, não faz uma promessa que não iria cumprir apenas pelo receio de ter sua verdade descoberta, essa ação não é moral. Só seria moral se ele não fizesse a falsa promessa exclusivamente porque fazer isso é um mal por si mesmo, o que leva a que o imperativo da proibição seja, então, categórico. Não seria possível, de acordo com a visão kantiana, nenhum exemplo no qual possamos ter a completa certeza de que a vontade foi determinada apenas pela lei moral. Não há, nesse sentido, evidência empírica que demonstre a ação da lei moral. Sendo assim,

> Teremos, pois, que buscar totalmente *a priori* a possibilidade de um imperativo categórico, uma vez que aqui nos não assiste a vantagem de a sua realidade nos ser dada na experiência, de modo que não seria precisa a possibilidade para o estabelecermos, mas somente para o explicarmos. Notemos, no entanto, provisoriamente, que só o imperativo categórico tem o caráter de uma lei prática, ao passo que todos os outros se podem chamar em verdade princípios da vontade, mas não leis; porque o que é somente necessário para alcançar qualquer fim pode ser considerado em si como contingente, e podemos a todo o tempo libertar-nos da prescrição, renunciando à intenção, ao passo que o mandamento incondicional não deixa à vontade a liberdade de escolha relativamente ao contrário do que ordena, só ele tendo, portanto, em si aquela necessidade que exigimos na lei. (KANT, 1988, p.57)

O imperativo categórico de Kant expressa-se na forma de uma lei, quase um mandamento: "age como se a máxima da tua ação se devesse tornar, pela tua vontade, em lei universal da natureza" (KANT, 1988, p. 59). Trata-se, na perspectiva kantiana, de uma lei universal que prescreve um dever também universal. Isso significa que, para cada ação que está em julgamento do ponto de vista da moral, ou seja, para cada dilema ético, caberá perguntar se seria possível que a ação escolhida fosse universalizada para qualquer pessoa na mesma situação.

Kant considera – como já foi anteriormente observado – que a moral não opera apenas em relação aos outros, mas também na relação do sujeito consigo próprio (HÖFFE, 2005, p. 208). Por exemplo, se admito o princípio de que não vale mais a pena viver e de que desejo encurtar minha vida e interrompê-la, essa é uma ação que eu não poderia universalizar: "uma natureza, cuja lei fosse destruir a vida em virtude do mesmo sentimento cujo objetivo é suscitar a sua conservação, se contradiria a si mesma e, portanto, não existiria como natureza" (KANT, 1988, p. 59). Logo, aquela máxima não poderia se colocar como lei universal, posto que seria contrária ao mandamento do dever. Esse é apenas um exemplo que Kant dá, mas a mesma orientação seria válida para todas as circunstâncias que envolvam dilemas morais.

O grande princípio que regra a ideia do dever inscreve-se na máxima de poder querer. É como se fosse um "deves, logo podes"; um cânone pelo qual temos o dever de agir moralmente. Como expressa Vancourt, a lei moral não vem de cima para baixo. Ela deriva da própria vontade do agente: "o homem é um fim em si, porque é ele próprio quem promulga a legislação universal. A vontade de todo ser racional deve, pois, ser concebida como vontade legisladora universal" (VANCOURT, 2002, p. 36). A lei moral em Kant – continua o autor – revela, assim, que "eu sou capaz de dominar os meus instintos, de exercer uma causalidade que me situa no plano do suprassensível" (VANCOURT, 2002, p.41). Por isso é que sou obrigado moralmente a trabalhar e a agir em direção ao bem. Ao transgredir um dever, imediatamente percebe-se que a ação escolhida não pode ser universalizada. Isso significa que o imperativo categórico não admitiria exceções. Trata o mesmo imperativo de uma lei prática que ordena "absolutamente por si e independentemente de todo o móbil, e que a obediência a esta lei é o dever" (KANT, 1988, p. 64).

Kant sublinha, com ênfase, a perspectiva segundo a qual os elementos empíricos não apenas não colaboram com a moralidade como, na grande maioria das vezes, são contrários a ela, prejudiciais à pureza dos costumes. Sendo assim, o princípio da ação deve ser "livre de todas as influências de motivos contingentes que só a experiência pode fornecer" (KANT, 1988, p. 65). Aquilo que se coloca como mandamento do dever é válido universalmente, mesmo que não seja praticado em lugar algum: "numa filosofia prática, não temos de determinar os princípios do que acontece, mas sim as leis do que deve acontecer, mesmo que nunca aconteça" (KANT, 1988, p. 66).

O imperativo categórico de Kant teria também outra formulação: "age de tal maneira que uses a Humanidade, tanto na tua pessoa como na pessoa de qualquer outro, sempre e simultaneamente como fim e nunca simplesmente como meio" (KANT, 1988, p. 69). Esse fim é dado pela lei e também pela própria vontade que formula a lei. Kant enfatiza o papel da vontade, como uma variável moral da mais elevada importância. Esse princípio da vontade, Kant o recebe da leitura que fez de Rousseau, mais especificamente da leitura do livro IV do *Emílio*: a "Profissão de Fé do Vigário Saboiano". Otfried Höffe destaca, por seu turno, que a ideia de auto legislação, que remete a Rousseau, seria extraída do *Contrato Social*, onde Rousseau postularia que "a obediência a uma lei dada por si mesmo é a liberdade" (HÖFFE, 2005, p. 216).

A vontade, em Kant, é tida como "a faculdade de se determinar a si mesmo a agir em conformidade com a representação de certas leis" (KANT, 1988, p. 67). Kant, assim como Rousseau, diferencia vontade de desejo. No caso de Rousseau, a vontade implica a possibilidade de dizer não às inclinações. Então supõe a liberdade do agente. Kant segue também pelo mesmo caminho. A vontade, por ser assim, não apenas se submete à lei. Mas curva-se de tal modo à lei que passará a ser tida, ela própria, como legisladora de si mesma. Dessa maneira, a vontade torna-se autora da mesma lei universal a que se deverá submeter. É o que Kant chama de "vontade legisladora universal" (KANT, 1988, p. 73). O que possibilita a ação da vontade legisladora seria exatamente sua condição de autonomia. A autonomia requer a liberdade. Como observa Luc Ferry (2009, p. 97), é por ser livre que o homem se constitui como ser moral. A autonomia, por sua vez, é isso:

> A necessidade prática de agir segundo esse princípio, isto é, o dever, não assenta em sentimentos, impulsos e inclinações, mas sim somente na relação dos seres racionais entre si, relação essa em que a vontade de um ser racional tem de ser considerada sempre e simultaneamente como legisladora, porque, de outra forma, não podia pensar-se como fim em si mesmo. A razão relaciona, pois, cada máxima da vontade concebida como legisladora universal com todas as outras vontades e com todas as ações para conosco mesmos, e isto não em virtude de qualquer outro móbil prático ou de qualquer vantagem futura, mas em virtude da ideia da dignidade de um ser racional que não obedece a outra lei senão àquela que ele mesmo simultaneamente se dá. (KANT, 1988, p. 77)

A autonomia é exatamente o fundamento da dignidade, ou seja, escolher de modo que o princípio da escolha seja condizente, pelo próprio ato da vontade, com uma lei universal da natureza. Só isso é que poderá tornar o sujeito moral verdadeiramente digno da felicidade. Cassirer define a autonomia kantiana como sendo "aquela vinculação da razão teórica e da razão moral em que esta tem a consciência de vincular-se a si mesma. A vontade não se submete a nenhuma regra para além daquela que ela mesma estabelece e acata como norma geral" (CASSIRER, 2003, p. 287). Assim, a lei que a vontade livre obedece foi dada por ela própria. Para utilizar as próprias palavras de Kant, temos o que segue:

> Autonomia da vontade é aquela sua propriedade graças à qual ela é para si mesma a sua lei (independentemente da natureza dos objetos do querer). O princípio da autonomia é, portanto, não escolher senão de modo a que as máximas da escolha estejam incluídas simultaneamente no querer mesmo, como lei universal. (KANT, 1988, p. 85)

Diz Ricardo Terra que, "para poder apresentar a divisão das ciências práticas – doutrina do direito e doutrina das virtudes –, ela teria de levar em conta a natureza humana e determinar o dever moral como humano" (TERRA, 2003, p. 69). É preciso lembrar que Kant estabelece a distinção entre moral e direito. A moralidade seria relativa a uma liberdade interna e o direito remeter-se-ia à liberdade externa. Isso é o que – segundo Norberto Bobbio – diferencia liberdade moral de liberdade jurídica. Nos termos de Bobbio:

> Por liberdade moral deve ser entendida, segundo Kant, a faculdade de adequação às leis que a nossa razão dá a nós mesmos; por liberdade jurídica, a faculdade de agirmos no mundo externo, não sendo impedidos pela liberdade igual dos demais seres humanos, livres como nós, interna e externamente. Se por liberdade se entende, numa das acepções mais comuns, a faculdade de fazer algo sem ser coagido ou liberdade como não-coação, ou como liberdade de... (aquela que chamamos de liberdade negativa), liberdade moral é a liberdade dos impedimentos que provêm de nós mesmos (as inclinações, as paixões, os interesses), é liberação interior, esforço de adequação à lei eliminando os obstáculos que derivam da nossa faculdade de desejar; liberdade jurídica, porém, é a liberação dos impedimentos que provêm dos outros, é liberação exterior, ou seja, eficaz no domínio do mundo externo em concorrência com os outros, esforço por alcançar uma esfera da liberdade na qual seja possível para mim agir segundo o meu talante sem ser perturbado pela ação dos outros. (BOBBIO, 2000, pp. 95-96)

A ética kantiana é um alicerce importante, à guisa de referência, para se pensar o problema da moralidade ainda nos dias de hoje. Como ideal regulador, ela sobrevive e vem inscrita em inúmeros quadrantes teóricos, alguns dos quais procuraremos abordar na sequência deste trabalho. Seja como for, todos nós fomos, de alguma maneira, marcados por essa lógica de um campo da moral ordenado exclusivamente pelo patamar do dever. Ele nos é profundamente familiar e será importante compreendermos a circunscrição teórica de tal visão de mundo. Foi esse o objetivo que nos trouxe até aqui.

A educação e a moral sob as lentes da Sociologia

Émile Durkheim (1858-1917) é um autor francês, e um dos pilares da sociologia francesa. Suas principais obras são *A divisão do trabalho social*, de 1893; *As regras do método sociológico*, de 1895; *O suicídio*, de 1897 e *As formas elementares da vida religiosa*, de 1912. Conforme explicita François Isambert, Durkheim dirigiu, entre 1896 e 1912, um importante periódico no campo das ciências sociais: *L'Année Sociologique*. Desde que frequentou a Escola Normal Superior preocupou-se com questões morais, as quais, de alguma maneira, perpassaram toda a sua obra. Para Durkheim haveria uma crise moral derivada do recuo do catolicismo, que – segundo Isambert (2003, p. 492) – "deixava um lugar vazio que era preciso preencher".

Professor da Sorbonne, ele sucedeu a Ferdinand Buisson na cátedra de Ciência da Educação. Nesse âmbito, desenvolveu sua reflexão sobre a história do ensino francês e sobre as questões relativas à conexão entre sociologia, educação e moralidade. Em 1920, foi responsável pela criação de uma matéria no currículo das Escolas Normais francesas sob o título "Noções de Sociologia Aplicada à Moral e à Educação", a qual "buscava fazer passar o ensino da moral do plano dos princípios ao dos fatos" (ISAMBERT, 2003, p. 492). Durkheim faleceu em 1917. No período entre guerras, o nome de Durkheim foi claramente identificado como representante de uma ideia leiga de moral. Durkheim pretendia desenvolver uma ciência dos costumes, "que devia resultar numa arte moral racional" (ISAMBERT, 2003, p. 492), organizando os fatos em uma arquitetura de significados.

Durkheim aproveita a ideia de Kant de uma moral deduzida da razão e, portanto, independente das coisas da religião. Ao contrário da perspectiva kantiana, entretanto, a moral seria, de acordo com sua interpretação, uma ciência dos costumes no sentido normativo. Isambert considera a temática da seguinte maneira:

> Esse apelo à ciência tomou uma forma mais explicitamente filosófica em *A educação moral*, em que Durkheim, que fizera iniciar suas lições pelo espírito de disciplina, as fazia terminar na "autonomia da vontade". Mas esta se conquista. Longe de ser uma propriedade moral, ela é um objetivo cujo conteúdo lembra mais Spinoza do que Kant. Com efeito, como as regras morais nos são dadas pela sociedade, Durkheim busca conciliar a submissão a essas regras com o caráter voluntário que caracteriza a ação de uma pessoa. A sociologia da moral não apenas nos faz constatar as regras, ela nos faz compreender sua necessidade. Essa compreensão nos permite aderir às regras não passivamente, e sim livremente através de atos plenamente motivados. (ISAMBERT, 2003, p. 495)

É de Durkheim a definição de que "a educação consiste numa socialização metódica da nova geração" (DURKHEIM, 1984, p. 17). Durkheim compreende que a função da educação seria a de suscitar na criança estados físicos e mentais desejados pela sociedade e pelo grupo social particular ao qual a mesma criança pertence. Diz ele que "é a sociedade, no seu conjunto, e cada meio social particular, que determinam esse ideal que a educação realiza" (DURKHEIM, 1984, p. 16). A sociedade requereria, para tanto, um tipo de educação que reforçasse a suficiente homogeneidade, necessária à vida social. Nesse sentido, haveria em nós um certo conjunto de ideias, de sentimentos e de hábitos que expressariam não exatamente nossa personalidade, mas sim a do grupo ou a dos grupos dos quais fazemos parte. A finalidade da educação, no limite, é constituir esse ser social. Daí decorre o esforço de síntese que deu a Durkheim a autoria de uma das mais precisas definições, não do que a educação deveria ser no seu sentido ideal, mas daquilo que ela é efetivamente nas diferentes sociedades:

> A educação é a ação exercida pelas gerações adultas sobre as que ainda se não encontram amadurecidas para a vida social. Ela tem por objetivo

> suscitar e desenvolver na criança um certo número de condições físicas, intelectuais e morais que dela reclamam, seja a sociedade política, no seu conjunto, seja o meio especial a que ela se destina particularmente. (DURKHEIM, 1984, p. 17)

A despeito de Durkheim acreditar que há algumas disposições que nos são dadas pela hereditariedade, sendo, portanto, herdadas, para ele, mesmo esses caracteres inatos seriam muito maleáveis em virtude do meio e da ação educativa. A todo momento, Durkheim sublinha o potencial amplo da educação no ato de transformar o sujeito. O autor destaca a ascendência do mestre sobre o aluno – ascendência essa pautada na sua experiência e na sua cultura – como um fator determinante do ato de educar. Dessa ascendência deriva sua autoridade e é pela autoridade que o educador demonstra a face necessária do dever. Nos termos de Durkheim: "aquilo que ele possui de totalmente *sui generis* é o tom imperativo de que se serve para falar às consciências, o respeito que inspira nas vontades e que as obriga a inclinar-se, a partir do momento em que se pronunciou" (DURKHEIM, 1984, p. 33). A autoridade do mestre inspira por si mesma confiança por parte da criança. Daí a necessidade de o mestre demonstrar firmeza, posto que "a criança não pode confiar em alguém que ela vê hesitar, tergiversar, voltar atrás sobre as decisões tomadas" (DURKHEIM, 1984, p. 33). A autoridade – continua o autor – deve ser sentida pelo aluno e pelo mestre. A relação da juventude com a geração mais velha é o que qualifica o ato de educar. Trata-se, portanto, de uma "ação exercida por uma geração sobre a geração seguinte, com vista a adaptar esta última ao meio social ao qual ela é chamada a viver" (DURKHEIM, 1984, p. 41). A pedagogia, por ser a vertente teórica que se ocupa da reflexão sobre educação, constitui o que Durkheim chamará de teoria prática – à semelhança das teorias médicas e políticas. Entre a ciência e a arte, a pedagogia "não estuda cientificamente os sistemas de educação, mas medita neles com vista a fornecer à atividade do educador ideias que o orientem" (DURKHEIM, 1984, p. 47). É importante compreender a acepção de pedagogia em Durkheim para depois refletir sobre a questão da moralidade do ato educativo. Nas palavras do sociólogo:

> A pedagogia não é a educação e não poderia fazer-lhe as vezes. A sua função não consiste em substituir-se à prática, mas sim em orientá-la,

> em esclarecê-la, em auxiliá-la, se necessário, a suprir as lacunas que nela se venham a produzir, em remediar as insuficiências que nela se verifiquem. O pedagogo não tem pois de construir, com todos os retalhos, um sistema de ensino, como se nenhum existisse anteriormente. Pelo contrário, ele tem que se empenhar, antes do mais, em compreender o sistema do seu tempo; só assim ele estará em condições de se servir dele com discernimento, e de julgar o que de imperfeito nele pode encontrar-se. (DURKHEIM, 1984, p. 52)

Durkheim acredita que o ideal pedagógico de cada época exprime o próprio estado da sociedade naquele período. Cada turma de alunos era como se fosse uma pequena sociedade a ser orientada de maneira muito própria. Não se poderia considerar a turma de alunos como um "simples aglomerado de sujeitos, independentes uns dos outros" (DURKHEIM, 1984, p. 57). Quando estão na sua turma, as crianças tendem a comportar-se de maneira diferente de como elas se comportariam quando estivessem sozinhas:

> as crianças de uma turma pensam, sentem e agem de uma forma diferente de que quando se encontram isoladas. Numa sala de aulas, produzem-se fenômenos de contágio, de desmoralização coletiva, de sobre-excitação mútua, de efervescência salutar. (DURKHEIM, 1984, p. 57)

Por isso, haveria a necessidade de um educador que auxilie as crianças a discernir, a prevenir determinadas atitudes e a incentivar outras. Durkheim vê a educação como um assunto eminentemente social, cujo objetivo seria o de "realizar em cada indivíduo os atributos constitutivos da espécie humana em geral, mas elevando-os ao seu mais alto ponto de perfeição" (DURKHEIM, 1984, p. 61). Durkheim, entretanto, é elitista. Ele diz que não existiu nenhuma sociedade em que não houvesse sistemas pedagógicos funcionando paralelamente. Procura demonstrar que o modelo de educação varia de classe para classe – e apresenta os fatos como se fossem uma necessidade histórica. A despeito, entretanto, dessa educação variável conforme a pertença social e econômica do sujeito, haveria um determinado nível em que a educação seria a mesma para todos. Tratar-se-ia aqui de um tipo de educação que fixa regularidades. Durkheim fala mesmo em homogeneidades, que fixam "na alma da criança as similitudes essenciais que a vida coletiva pressupõe" (DURKHEIM, 1984, p. 69). Esse universo comum de valores e de saberes deveria pertencer, assim, a todos. Nos termos de Durkheim:

> Na realidade, não há povo em que não exista um número definido de ideias, de sentimentos e de práticas que a educação deve inculcar em todas as crianças, indistintamente, qualquer que seja a categoria social a que pertençam. É exatamente essa educação comum que geralmente se considera a verdadeira educação. Só ela parece merecer amplamente que assim a denominem. É-lhe concedida, sobre todas as outras, uma espécie de preeminência. Portanto, é, sobretudo, a seu respeito que importa sabermos se, como se pretende, ela se encontra inteiramente incluída na noção de homem, e se desta mesma noção pode ser deduzida. (DURKHEIM, 1984, p. 65)

Durkheim deixa muito claro que o homem constituído pela educação não é o indivíduo dado pela natureza, mas é o sujeito da cultura – aquele que se faz tal como a sociedade quer que ele seja. Pela educação, o que se exprime não é a personalidade individual, mas sim a do coletivo. O ser social é, portanto, o que se constrói pela educação. Durkheim chega a dizer que a educação cria no homem um homem novo. A escola, para ele, seria um microcosmo social, pautada pelo que o sociólogo compreende como sendo uma moral laica, com ideias e práticas públicas sob a jurisdição exclusiva da razão – sem qualquer apoio em pautas religiosas. A ideia é de inculcar ideias, saberes e valores, mas não se contentar com todo equipamento mental que se considerar adquirido. A civilização deve ser a pauta da educação, de maneira a que a criança, recebendo a herança das gerações anteriores, sinta-se apta a contribuir para a ampliação desse legado. O argumento de Durkheim é o que segue:

> Logo, é necessário que o professor prepare as crianças que lhe são confiadas para essas conquistas necessárias, e que, portanto, lhes não transmita o evangelho moral dos seus antepassados, como uma espécie de livro desde há muito fechado; que, pelo contrário, lhes desperte o desejo de acrescentar algumas linhas ao referido livro, e que anseie prepará-las para a satisfação dessa legítima ambição. (DURKHEIM, 1984, p. 112)

Durkheim compreende a segunda infância como sendo o período ideal para compor a formação efetiva do caráter moral. Por causa disso, diz ele: "é, sobretudo, nessa idade que convém termos os olhos postos" (DURKHEIM, 1984, p. 116). Durkheim absorve de Kant a máxima de uma moral do dever: "comportarmo-nos moralmente é agirmos de conformidade com uma norma determinante do comportamento a ter em determinado caso, antes mesmo de termos sido solicitados a tomarmos uma resolução" (DURKHEIM, 1984, p. 121). Por causa disso, o domínio da moral é o do dever e o dever implica um roteiro de ações prescritas. Nesse sentido, o essencial da conduta a ser tomada é predeterminado pela regra do dever. Por isso, afirma Durkheim, que "a moral é um sistema de regras de ação que predeterminam a conduta" (DURKHEIM, 1984, p. 122).

Embora adote essa perspectiva aparentemente tomada da moral kantiana, Durkheim declara seu afastamento da abstração do sistema moral adotado por Kant. Para ele, longe de ser firmada sobre um imperativo categórico que transcenda as práticas, a conduta humana é e deve ser determinada pelos costumes. Existe uma afinidade entre o hábito e as práticas morais: "a moralidade pressupõe, portanto, uma certa aptidão para repetirmos os mesmos atos em idênticas circunstâncias e, por consequência, ela implica um certo poder de contrairmos hábitos, uma certa precisão de regularidade" (DURKHEIM, 1984, p. 126). Nesse sentido, os hábitos coletivos teriam uma dimensão moral. Mesmo assim, não se trata de qualquer hábito...

> É que uma regra não é uma simples forma de agir, habitual; é uma forma de agir em relação à qual não experimentamos a liberdade de a modificar segundo a nossa vontade. Ela encontra-se, de certo modo e na exata medida em que é uma regra, subtraída à nossa vontade. Há nela algo que nos oferece resistência, que nos ultrapassa, que se nos impõe, que nos constrange. Não depende de nós que ela seja ou não seja, que ela seja outra coisa do que aquilo que é. Ela é o que é, independentemente daquilo que somos. Ela domina-nos, muito embora esteja longe de nos exprimir. Ora, se a regra fosse inteiramente um estado interior, tal como um sentimento ou um hábito, não haveria motivo para que ela não acompanhasse todas as variações, todas as flutuações das nossas condições interiores. Acontece, sem dúvida, que nos impomos a nós mesmos uma linha de conduta, e dizemos então que fizemos para nós uma regra de agir desta ou daquela maneira. (DURKHEIM, 1984, p. 127)

As regras morais, para Durkheim, são uma categoria de regras nas quais a ideia de autoridade desempenha um papel preponderante. Por autoridade, Durkheim compreende a ascendência exercida por aquele que, sobre nós, possui um "poder moral que nos seja reconhecidamente superior" (DURKHEIM, 1984, p. 128). A autoridade, portanto, dita normas e prescreve ações. A obediência daí decorrente é, deste modo, consentida. Mas Durkheim concorda com Kant quando diz que não basta ser conforme a regra para que um ato possa ser qualificado como moral. É preciso que ele seja motivado pela regra e não pelas possíveis consequências que o resultado dessa ação possa vir a trazer: "há que obedecermos ao preceito moral pelo respeito que ele nos merece, e só por isso" (DURKHEIM, 1984, p. 129).

Mais do que um conjunto de hábitos, a moral se configura como um sistema de mandamentos, que exigirá disciplina e regularidade na conduta. Esse espírito de disciplina – que é, para o autor a disposição fundamental do temperamento moral – contempla também a predisposição para uma vida regular: "o dever é regular, reaparecendo sempre igual, uniforme, monótono até. Os deveres não consistem em ações notáveis, praticadas de longe a longe, em momentos de crises intermitentes. Os verdadeiros deveres são cotidianos" (DURKHEIM, 1984, pp. 133-134). Os atos da moralidade – adverte Durkheim – contrariam impulsos e inclinações. A moral nos fala em um tom imperativo, exatamente por não se coadunar com o pendor de nossa natureza. No caso da educação, a situação não é diferente:

> A disciplina é, por si mesma, um fator *sui generis* da educação; existem, no caráter moral, elementos essenciais que só a ela podem dever. É pela disciplina, e só por ela, que podemos ensinar a criança a moderar seus desejos, a limitar as suas apetências de toda espécie, a limitar e, por isso mesmo, a definir os objetivos da sua atividade; e esta limitação é condição da felicidade e da sanidade moral. (DURKHEIM, 1984, p. 144)

Dominar a si mesmo é um poder e esse poder é desenvolvido pela educação.

> Conclui-se, com efeito, daquilo que acabamos de verificar, que a disciplina moral desempenha um considerável papel na formação do caráter e da personalidade, em geral. E aquilo que, efetivamente, de mais essencial

> existe no caráter é a aptidão para nos dominarmos, é essa faculdade de detenção ou, como soe dizer-se, de inibição, que nos permite contermos as nossas paixões, as nossas apetências, os nossos hábitos, e nos consente que lhe façamos a lei. Isto porque um ente pessoal é um ser capaz de colocar, em tudo o que faz, um cunho próprio, constante, mercê do qual ele se reconhece, se distingue de qualquer outro. (DURKHEIM, 1984, p. 147)

Em Durkheim, a moral requereria, fundamentalmente, espírito de disciplina. A partir disso, será possível construir uma regularidade na conduta dos indivíduos, transmitir hábitos e até resistir a nós mesmos – moderar desejos, conter tendências e impor freios. Nos termos do autor: "a regra, porque nos ensina a moderarmo-nos, a dominarmo-nos, constitui um instrumento de isenção e de liberdade" (DURKHEIM, 1984, p. 150). É necessário, pela educação, que a criança perceba que há limites. Limites que lhe são postos pelo educador, limites que lhe são colocados pela vida social, de maneira mais ampla. Isso é imprescindível para constituir, não a resignação, mas a moderação das ambições, tendo por horizonte o bem público. Agir moralmente supõe atuar em direção a um interesse coletivo. A ação moral, nesse sentido, vale-se de fins impessoais.

Por meio da disciplina, o sujeito travará uma luta contra si mesmo, contra seus ímpetos e impulsos. Esse esforço contra si mesmo é intrinsecamente civilizatório. Com a mesma compreensão de Kant acerca do papel da disciplina na conformação do sujeito moral, Durkheim destaca que "liberdade é o fruto da regulamentação. É sob a ação das regras morais, é pela prática das mesmas, que adquirimos o poder de nos dominarmos e nos regularmos, que se encerra toda a realidade da liberdade" (DURKHEIM, 1984, p. 156). O que é interessante é que Durkheim compreende que, ao agir moralmente, as sociedades vão criando, por assim dizer, uma personalidade moral, posto que "a personalidade coletiva sobrevive à personalidade dos membros que a constituem. As primeiras gerações, essas, são substituídas por gerações novas. Todavia a sociedade mantém a sua fisionomia própria e o seu caráter pessoal" (DURKHEIM, 1984, pp. 164-165).

Se o primeiro elemento da moralidade é o espírito de disciplina, para Durkheim, o segundo seria exatamente a adesão aos grupos sociais. Nesse aspecto, há que se considerar a concepção de Durkheim acerca da sociedade. Para o sociólogo, o grupo social não é constituído pela somatória de seus integrantes. A sociedade é um ente moral, que transcende os interesses dos indivíduos particulares. Trata-se, pois, de uma personalidade coletiva, que tem uma fisionomia própria, a qual subsiste à renovação das gerações. Por ser assim, a sociedade paira sobre nós: "por consequência, existe em nós algo que não nós e, pelo simples fato de nos atermos a nós mesmos, atemo-nos a outra coisa que não a nós" (DURKHEIM, 1984, p. 174). A sociedade é esse ser coletivo que exprime nós mesmos, mas que está para além de nós mesmos.

É preciso, nesta oportunidade, esclarecer o conceito durkheimiano de pessoa.

> A noção de pessoa pressupõe, antes do mais e como primeiro elemento, um domínio de nós próprios que somente na escola da disciplina moral podemos aprender. Mas esta primeira e necessária condição não é a única. Uma pessoa não é tão somente um ser que se domina; é também um sistema de ideias, de sentimentos, de hábitos e de tendências, é uma consciência que possui um conteúdo; é-se tanto mais uma pessoa quanto mais rico de elementos for esse conteúdo. Será que, por tal motivo, o ser civilizado não é uma pessoa, em mais alto grau do que o ser primitivo ou o adulto mais do que a criança? (DURKHEIM, 1984, p. 176)

Durkheim evidencia aqui um claro evolucionismo em sua concepção de civilização. Haveria, segundo ele, povos mais adiantados que outros no registro civilizatório – assim como, por suposto, o adulto é mais civilizado do que a criança. Daí o papel fundante de uma educação pública a ser ministrada na escola. Será essa educação que mostrará para a criança que a coletividade ultrapassa o indivíduo e que família, pátria e Humanidade seriam etapas distintas de uma evolução social e moral na qual estaríamos todos incluídos. É a escola que prepara a criança para deslocar-se da família para integrar pouco a pouco a esfera pública. Essa escola é pública. A escola coloca-se também na vida social como a instância que levará a criança a metodicamente aprender a conhecer e a amar a pátria. Daí o papel imprescindível da escola na formação moral do país. A adesão ao grupo teria, pois, um caráter eminentemente moral. Ou, pelas palavras do autor,

> A adesão ao grupo implica, portanto, de uma forma direta, mas quase necessária, a adesão aos indivíduos e, sempre que o ideal do grupo é uma simples forma particular do ideal humano, sempre que o tipo do

> cidadão se confunde, em grande parte, com o tipo genérico do homem, é ao homem como tal que nós nos encontramos vinculados, ao mesmo tempo em que nos sentimos mais estreitamente solidários com os que realizam mais especialmente a concepção particular que a sociedade tem da humanidade. Eis aquilo que explica o caráter moral atribuído aos sentimentos de simpatia interindividual e aos atos que tais sentimentos inspiram. (DURKHEIM, 1984, p. 185)

Para Durkheim, ensinar o sujeito a aderir ao grupo social do qual faz parte é uma das principais tarefas da educação. É preciso gostar da pátria e da Humanidade, é preciso constranger-se com o sofrimento dos semelhantes, mostrar-se sensível ao sentimento de compaixão. Tudo isso indicia nossa disposição moral. Os preceitos da moral não viriam, pois, desenhados em nós antecipadamente – diz o autor – "de modo a que lhe baste precisá-los e desenvolvê-los; mas estes só podem ser deduzidos das relações que se estabelecem entre os indivíduos associados; desde que traduzam a vida do grupo ou dos grupos a que dizem respeito" (DURKHEIM, 1984, p. 189).

A moral em Durkheim é fundamentalmente uma obra da sociedade, sendo, por decorrência, variável de uma sociedade para outra. Cada povo teria um código de moralidade conforme a sua própria estrutura – e a de seu tempo e circunscrição espacial. A sociedade, nesse sentido, transcende a particularidade do indivíduo, tanto do ponto de vista material quanto, sobretudo, do que diz respeito à sua potencialidade moral. A potência moral da sociedade inscreve na vida coletiva a acepção de autoridade. A sociedade institui as regras da moral e ela também lhe transmite a autoridade. Em última instância:

> A autoridade não reside num fato exterior, objetivo, que a implicasse logicamente e a produzisse necessariamente. A autoridade reside integralmente no juízo que os homens têm desse fato; ela é um assunto de opinião, e a opinião é coisa coletiva. É o sentir de um grupo. Fácil se torna, aliás, compreendermos o motivo pelo qual toda a autoridade moral deve ser de origem social. A autoridade é o caráter de um homem que se superiorizou aos homens; é um super-homem. Ora o homem mais inteligente, ou o mais forte, ou o mais reto, continua a ser um homem; entre ele e os seus semelhantes existem apenas diferenças de hierarquia. Só a sociedade se encontra acima dos indivíduos. É, pois, dessa mesma sociedade que emana toda a autoridade. É a sociedade que transmite, a

> estas ou àquelas qualidades humanas, esse caráter sui generis, esse prestígio que eleva acima de si próprios os indivíduos que o possuem. Estes transformam-se em super-homens porque, mercê dessas qualidades, eles compartilham dessa superioridade, dessa espécie de transcendência da sociedade relativamente aos seus membros. (DURKHEIM, 1984, p. 194)

A disciplina que a sociedade emana é ela própria um tipo de autoridade que nos comanda: "o que é realmente a disciplina senão a sociedade concebida como se nos comandasse, se nos ditasse as suas ordens, se nos desse as suas leis?" (DURKHEIM, 1984, p. 196). A sociedade, que está acima de nós, comanda-nos. Essa é a ideia: "sendo-nos superior, ela nos penetra e, porque faz parte de nós mesmos, ela atrai-nos com esse encanto especial que os objetivos morais nos inspiram" (DURKHEIM, 1984, p. 202). A sociedade constitui, portanto, uma autoridade imperativa que nos transcende. É ela quem nos ordena deveres e nos proíbe infrações; "é a moral severa e rude, usando de prescrições coercivas; é a ordem que é necessário obedecer. O bem é a moralidade quando esta se nos apresenta como algo de bom, como um ideal amado, a que aspiramos mercê de um movimento espontâneo da vontade" (DURKHEIM, 1984, p. 197). Sem a circunscrição social, as acepções do bem e do dever seriam apenas duas abstrações. É a sociedade quem dá concretude a esses dois ideais. Durkheim possui uma concepção orgânica da sociedade: "não como uma soma aritmética de indivíduos, mas como uma personalidade nova, distinta das personalidades individuais" (DURKHEIM, 1984, p. 208).

Durkheim compreende que a moral perpassaria a vida escolar na mesma proporção que a moral integraria toda a vida coletiva. Não se trataria, então, de dar lições intermitentes de moral. A lição de moral seria, para Durkheim, apenas um dos elementos de uma educação moral. No caso das crianças, projetar uma existência moral seria reforçar o campo da disciplina e a busca de regularidade nas ações. A criança é caracterizada por sua instabilidade, pela fugacidade, pela curiosidade desordenada... Toda ordem moral é fundamentada, na contramão disso, pela regularidade. O sujeito adulto é como se fosse um "funcionário da ordem social" (DURKHEIM, 1984, p. 234), e isso é o que caracteriza sua própria inserção no território da civilização.

> Ora, aquilo que, pelo contrário, caracteriza a atividade infantil é a absoluta irregularidade das suas manifestações. A criança passa de uma impressão para a outra, de uma ocupação para a outra, de um sentimento para o outro, com a mais extraordinária rapidez. O seu humor nada tem de fixo; a ira irrompe nela e nela se extingue com a mesma instantaneidade; as lágrimas sucedem-se aos risos, a simpatia ao ódio, ou vice-versa, sem um motivo objetivo ou, quando muito, sob a influência da mais leve circunstância. O folguedo que a distrai não a retém por muito tempo; depressa se cansa dele para se concentrar num outro. Vamos reencontrar essa mesma mobilidade na infatigável curiosidade com que a criança acompanha seus pais e seus mestres. (DURKHEIM, 1984, p. 232)

A criança, nesse sentido, entende que as coisas e as pessoas deveriam sempre ceder à sua vontade. Não tem espírito de disciplina, ou moderação de desejos ou domínio de si própria. É preciso conferir a essa criança o gosto pela vida regular e pela atividade moderada. O que acontece é que "essa enorme distância, que a Humanidade levou séculos a percorrer, deve a educação fazer com que a criança a transponha nalguns anos" (DURKHEIM, 1984, p. 236). É preciso, nessa direção, que a criança se aperceba de que, fora dela, existem "forças morais que limitam as suas, com as quais ela deve contar, perante as quais a sua vontade se deve inclinar" (DURKHEIM, 1984, p. 241).

O papel da escola na educação moral é imprescindível, assevera Durkheim. A criança educada exclusivamente no seio da família não consegue desenvolver sua fisionomia pessoal, posto que ela reproduzirá "todas as particularidades, todos os traços e até os tiques da fisionomia familiar" (DURKHEIM, 1984, p. 247). Essa dependência estreita da família, será a escola que a libertará dela. Confiada a professores diferentes, a criança não ficará a mercê de um exemplo único e, principalmente, sua vontade se sujeitará a uma regra impessoal e abstrata, que regula a instituição. São normas públicas que regulam a instituição escolar. Tais regras são, portanto, exteriores à consciência da criança e não são suscetíveis de serem flexibilizadas por sua vontade. Aos poucos, ela irá aderindo à regra: primeiramente por imposição externa; depois por adesão voluntária e finalmente por acreditar nela para o cumprimento de um dever.

Existe todo um sistema prescritivo na escola, que passa pelo modo como a criança se apresenta, pelo controle dos horários e dos espaços, pela apresentação das lições, pela atitude do aluno durante a aula etc. Haveria – como diz Durkheim – uma sociedade escolar que irmana mestres e alunos "não por sentimentos pessoais, por afinidades eletivas, mas sim por razões completamente gerais e abstratas" (DURKHEIM, 1984, p. 252). Ainda nos termos de Durkheim:

> O dever escolar possui algo de mais frio e mais impessoal; dirige-se mais diretamente à razão e fala menos à sensibilidade; requer mais esforços, uma maior contenção. E, se bem que devamos, como teremos ocasião de referir, isentarmo-nos de sobrecarregar esse caráter, ele é indispensável, para que a disciplina escolar seja aquilo que deve ser e cumpra integralmente a sua função. Isso porque só assim ela poderá servir de intermediária entre a moral afetiva da família e a moral mais austera da vida civil. É respeitando a regra escolar que a criança aprenderá a respeitar as regras, que se habituará a conter-se e a constranger-se, porque é seu dever constranger-se e conter-se. É a vida a sério que começa. (DURKHEIM, 1984, p. 252)

Durkheim caracteriza uma classe sem disciplina como uma multidão desordenada. O mestre é quem transformará essa classe em um todo coordenado e harmonioso. A organização simbólica da classe vem, entretanto, da autoridade moral do professor. Esta, por sua vez, deriva do respeito deste último por sua profissão: "ora, no interior da sala de aulas, o mestre encontra-se sozinho, perante crianças que se não encontram em condições de lhe resistirem. Necessário se torna, pois, que ele resista a si próprio" (DURKHEIM, 1984, p. 257). Daí sua autoridade ser marcada pela firmeza, por um lado e pela benevolência, por outro. Sabe-se que, a princípio, a criança acredita na regra porque crê em seu professor: "a criança respeita-a porque o seu mestre a diz respeitável e a respeita ele mesmo" (DURKHEIM, 1984, p. 269). A autoridade do professor deriva, portanto, não do medo que a criança tem de suas determinações e regras, mas da ascendência que ele, o mestre, exerce sobre a criança. As normas não são violadas, então, pelo concurso da vontade:

> essa autoridade é do mestre que as crianças a recebem; é ele que lhes transmite, e transmite-a porque a sente, isto é, porque avalia a importância da sua missão, porque vê nessas múltiplas regras da disciplina escolar os meios necessários para atingir o ideal que persegue. (DURKHEIM, 1984, p. 279)

A escola, em Durkheim, é – como já se assinalou – um veículo de civilização. A educação age nessa perspectiva de abrandamento dos impulsos e de formação de costumes voltados para a sociabilidade. Nas palavras de Durkheim:

> Os antigos sentem-se superiores aos novos, pelo fato de serem antigos, por serem os depositários dos costumes e tradições que os novos ignoram, porque formam já um grupo coerente, com espírito de corporação, com unidade coletiva, ao passo que os recém-chegados nada têm em comum, nem sequer tiveram tempo de se constituírem e de se organizarem. [...] Pergunto a mim mesmo se as relações entre mestres e alunos não são, em muitos aspectos, comparáveis às precedentes. Entre ambos, com efeito, existe a mesma diferença do que entre duas populações de cultura desigual. É mesmo difícil que, entre dois grupos de consciência, possa existir uma distância mais considerável, já que uns são estranhos à civilização, enquanto os outros se encontram dela impregnados. No entanto, pela sua própria natureza, a escola reaproxima-os estreitamente. (DURKHEIM, 1984, p. 300)

Na perspectiva de Durkheim, os mais novos são tratados do mesmo modo como são tratados os povos menos adiantados do ponto de vista civilizatório. É preciso compreender que o autor situa-se em um tempo no qual era comum avaliar o avanço dos povos quanto a um dado padrão ocidental de civilização. No caso da escola, o processo pedagógico seria, em si próprio, um processo civilizador: "um olhar, um gesto, um silêncio, quando dele nos sabemos servir, são processos muito significativos, e a criança sabe compreendê-los" (DURKHEIM, 1984, p. 306). A criança, ao ser assim solicitada, atende à orientação do educador e vai adquirindo costumes e atitudes adequadas ao que se espera dela. A escola, nesse sentido, vai se assemelhando a uma sociedade política, pautada por regras impessoais e públicas, a despeito da relação intrinsecamente pessoal entre professores e alunos.

> A escola é, efetivamente, um grupo real, existente, do qual a criança faz necessária e naturalmente parte; é, além disso, um grupo diferente da família. Ele não se formou antes de tudo, como esta última, para a expansão dos corações e para as efusões sentimentais. Mas todas as formas da atividade intelectual nele se manifestam sob uma forma embrionária. Por consequência, é pela escola que temos a possibilidade de levar a criança para uma vida coletiva diferente da vida doméstica. Podemos dotá-la

> de hábitos que, uma vez contraídos, sobreviverão ao período escolar e reclamarão a satisfação que lhes é devida. Há, portanto, aqui um instante decisivo, único, insubstituível, em que podemos captar a criança. (DURKHEIM, 1984, pp. 346-347).

A criança, na escola, experimenta uma vida nova, "mais intensa do que aquela que ela conhecia até então" (DURKHEIM, 1984, p. 353). Ela participa agora da vida coletiva. Tem uma existência social. Isso a retira, em certa medida, do meio familiar, para lançá-la no mundo público. Instituição intermediária entre a família e a coletividade, a escola tem um papel civilizador na educação da criança. A vida coletiva da classe é, assim, perpassada por uma responsabilidade comum que congrega "um grupo de jovens da mesma idade, de indivíduos de uma mesma geração" (DURKHEIM, 1984, p. 359). É claro que se trata de um agrupamento diferente do que será o conjunto da sociedade. Esta é composta por uma pluralidade de gerações, que convivem.

A sociedade, de acordo com Durkheim, tem uma "certa fisionomia intelectual e moral, distintiva do grupo inteiro" (DURKHEIM, 1984, p. 392). Trata-se de uma consciência coletiva que deverá ser transferida para a alma da criança. E a escola é a preparação para essa consciência e para a convivência mais ampla. A escola, nesse sentido, organiza metodicamente a inserção progressiva do aluno no grupo social. O papel da educação e particularmente da escola será, portanto, absolutamente estratégico. Trata-se, sobretudo, da habilitação para o convívio com um legado de bens culturais que a sociedade disponibilizou para seus integrantes no decorrer de um tempo longo.

> E temos assim a sensação de existir, acima de nós, uma força impessoal que se constitui antes de termos nascido, força essa que nos há de sobreviver e a cuja ação estamos sujeitos: é a sociedade. E, sem a sensação do vínculo que assim une as gerações entre si, que nelas ocasiona as fases sucessivas de desenvolvimento de uma mesma entidade, a saber, a entidade coletiva. Sem isso, a solidariedade social seria singularmente precária, porquanto estaria certa de durar tão somente a idade de um ser humano, e de se ver forçada a reformar-se novamente no início de cada geração. (DURKHEIM, 1984, p. 359)

Durkheim criou um modo de interpretação da moral absolutamente colado à sua teoria sociológica. Tentou adaptar a moral kantiana à sua ideia segundo a qual as regras de ação e o sistema normativo de cada grupo social são tributários, sobretudo, do universo simbólico de sua respectiva sociedade. Não haveria, nesse sentido, um código de deveres abstraído da realidade coletiva. É a sociedade quem cria e acompanha o conjunto de orientações morais a ser inculcado por práticas pedagógicas e por hábitos de convivência. Nesse sentido, o dever torna-se social; torna-se histórico. Durkheim, inclusive por isso, marcou seu nome na trajetória das ideias pedagógicas.

5.
ÉTICA E EDUCAÇÃO CLÁSSICA: VIRTUDE E FELICIDADE NO JUSTO MEIO

> **Ter uma identidade é conferir unidade à própria vida, recolher o passado e projetá-lo adiante, fixar alguns valores, marcar continuidades ou transições. Em suma, tornar a própria existência uma narrativa dotada de sentido.**
>
> (CAMPS, 1996, p. 146)

Introdução

A ação ética na matéria educacional tem sido objeto de frequentes reflexões. Fervilha hoje um debate que, de tão intenso, torna-se esgarçado, desgastado, próximo do nível opiniático, quase um *slogan* de senso comum nestes anos de fronteiras: fronteiras de utopias; fronteiras de paradigmas e de referências; fronteiras, enfim, de valores. Sobre ética e educação, nosso tempo, contudo, parece não ter nada de novo a dizer. Quase tudo já foi dito. Será mesmo? O estudo da ética é sempre inseparável da discussão sobre a vida justa. E a vida justa como categoria só pode ser apreendida quando pensamos a realidade social: a vida com os outros, a interação coletiva, enfim, a esfera pública. De algum modo, o pensamento a propósito da ética implica em reflexões dela decorrentes, sobre temas como os da solidariedade, da tolerância, da responsabilidade, das identidades e dos direitos.

Como bem define Marilena Chauí, o termo ética advém do sentido grego de *ethos*: "caráter, índole natural, temperamento" (CHAUÍ, 1994a, p. 340). A ação ética ancora-se, pois, na intencionalidade da ação, na relação da consciência para consigo mesma, na integridade do ser humano frente a seus semelhantes. O sujeito moral é, por definição, aquele capaz de distinguir entre o bem e o mal e, portanto, capaz de se desviar do caminho prescrito, capaz de decidir, de escolher, de deliberar – pelo reconhecimento da fronteira entre o justo e o injusto. A confluência entre o tema da ética e a matéria educativa coloca-se justamente nessa intersecção entre a autonomia da vontade e a possível formação pedagógica que a habilita.

Viver sob parâmetros éticos requer a eleição de princípios do agir, em consonância com os quais se possa pautar a trajetória da vida. Mas as escolhas não estão dadas à partida. É necessário – e recomendável – um exercício continuado para aprender a escolher, no plano dos valores. Em última análise, tal atitude de escolha e de aprendizado das escolhas perdura no decorrer de toda nossa vida. Mas como poderemos nos valer das opções previamente efetuadas como referência e roteiros de ação em nossa vida cotidiana? Este capítulo[1] procurará discorrer sobre algumas aproximações possíveis entre moralidade e educação do juízo moral, à luz de balizas clássicas a propósito tanto da matéria da ética quanto da perspectiva educacional. Para nos aproximarmos deste campo interdisciplinar e multifacetado, optamos por recorrer a um entrecruzamento da perspectiva de alguns autores contemporâneos acerca do tema, com a matriz analítica advinda de pensadores clássicos, selecionados do campo da filosofia, da educação e da teoria política, pela contribuição que deram ao debate ético. Dessa maneira, compreende-se a possibilidade de um reencontro de algumas das questões que, evocadas do passado na história do pensamento ocidental, interpelam nosso tempo e nossas atitudes no dia-a-dia, como atores da educação – professores e alunos. Retomando e recompondo modos de compreender o que se poderia qualificar de educação ética, procurar-se-á refletir acerca de indagações intelectuais e morais postas pelo Ocidente. Diferentes épocas; variadas matrizes de pensamento;

---

[1] Este capítulo foi já publicado anteriormente na forma de artigo: BOTO, Carlota. Ética e educação clássica: virtude e felicidade no justo meio. Educação e Sociedade: Revista Quadrimestral de Ciência da Educação. Campinas: Centro de Estudos Educação e Sociedade (CEDES), ano XXII, nº 76, Número Especial (out. 2001), pp. 121-146. Disponível em: < https://www.scielo.br/scielo.php? pid=S0101-73302001000300008&script=sci_abstract&tlng=pt>. Acesso em: 26 out. 2020.

distintas expressões intelectuais. Buscar-se-á tomar por alicerce fundante dos autores aqui recordados, a preocupação – comum a todos – quanto à possibilidade de compor o campo da ética, não como um dado natural e essencial, mas, sobretudo, como uma experiência apreendida, acumulada e pedagogicamente construída.

O objetivo deste estudo é o de se debruçar sobre a intersecção do problema educativo para com a problemática ética, compreendendo a pedagogia como uma arte/ciência historicamente voltada para a busca do bem educar/instruir/formar. Com tal propósito, procurar-se-á mobilizar conceitos expressos na ética de Aristóteles, particularmente sua acepção de vida boa e de justo meio. Ainda na atmosfera mental da Grécia clássica, recorre-se ao termo específico grego e transdisciplinar na origem: *paideia* – cujos sentidos múltiplos imbricam instrução, educação, formação, cultivo intelectual, cultura geral, civilização... A seguir, dever-se-á pontuar alguns aspectos da concepção iluminista a propósito do tema, mediante o recurso à expressão kantiana de imperativo categórico, cujos significados gerais teriam sido precedidos pela concepção rousseauniana segundo a qual a vontade – e não a razão – é a marca distintiva do gênero humano.

A ideia piagetiana de uma ética da reciprocidade também é aqui mobilizada, à luz de uma breve exposição de sua crença na analogia entre as relações adultas e os jogos travados na infância. Nesses jogos infantis, para Piaget, as regras inventadas são necessariamente respeitadas pelo grupo social em jogo. Uma das mais respeitadas normas espontâneas da criança seria, do ponto de vista de Piaget, a dimensão interativa da justiça distributiva, como princípio fundante da caracterização humana formada nos primeiros anos de vida. Abordando diacronicamente a temática, serão analisadas ideias de outros autores, referenciados por variadas matrizes teórico-metodológicas, para efetuar tal diálogo entre educação e ética. A perspectiva que se pretende tomar abarcará o tema do ponto de vista educacional, procurando entretecer o relato com o que se compreende ser sugestivo e profundo para a meditação sobre o tema.

À luz de tal propósito, merece destaque o sentido conferido por Hannah Arendt para a acepção de autoridade como critério distintivo da relação assimétrica entre professor (e as gerações adultas, de maneira geral) e estudantes (ou as novas gerações). Arendt defende, como conceito e pressuposto operatório, a dimensão necessariamente conservadora do ato educativo: compete ao educador preservar do mundo as novas gerações e preservar o mundo das novas gerações – para que estas não destruam o suporte de memória e o acervo cultural acumulados pela Humanidade no transcurso de milênios (ARENDT, 1979, pp. 242-243). Pela reflexão de Hannah Arendt, a dimensão conservadora do ato educativo faz parte da própria ação educativa. Assim compreendendo, a autora desafia o que qualifica como *pathos* do novo nas teorias pedagógicas, afirmando que o conservadorismo integra a própria essência da atividade do educador; dado que preparar as jovens gerações para o "novo" seria encaminhá-las rumo ao desconhecido: aquilo que elas – quando crescidas – poderão vivificar; e não as gerações que as precederam. Como isso é basicamente impossível, compete à educação familiarizar as jovens gerações com o mundo que lhes preexiste:

> [...] o que quer que o mundo adulto possa propor de novo é necessariamente mais velho do que eles mesmos. Pertence à própria natureza da condição humana o fato de que cada geração se transforma em um mundo antigo, de tal modo que preparar uma nova geração para um mundo novo só pode significar o desejo de arrancar das mãos dos recém-chegados sua própria oportunidade face ao novo. (ARENDT, 1979, p. 226)

À luz da reflexão de Hannah Arendt, o máximo que o educador pode e deve fazer é colocar a criança em contato com o acervo/patrimônio cultural historicamente acumulado e preservado. Nesse sentido, existiria a dupla tarefa de preservação cultural e humana. Daí a ênfase quanto aos conteúdos clássicos a serem trabalhados com as novas gerações, posto que o professor, "face à criança, é como se ele fosse um representante de todos os habitantes adultos, apontando os detalhes e dizendo à criança: – Isso é o nosso mundo" (ARENDT, 1979, p. 239). Nessa direção, cabe destacar o alerta de Hannah Arendt quanto à dimensão ética e existencial do trabalho em educação:

> A educação é o ponto em que decidimos se amamos o mundo o bastante para assumirmos a responsabilidade por ele e, com tal gesto, salvá-lo da ruína que seria inevitável não fosse a renovação e a vinda dos novos e dos jovens. A educação é, também, onde decidimos se amamos nossas crianças

> o bastante para não expulsá-las de nosso mundo e abandoná-las a seus próprios recursos, e tampouco arrancar de suas mãos a oportunidade de empreender alguma coisa nova e imprevista para nós, preparando-as, em vez disso, com antecedência, para a tarefa de renovar um mundo comum. (ARENDT, 1979, p. 247)

Finalmente, o presente capítulo visa a trabalhar alguns aspectos da meditação e da polêmica contemporânea sobre o tema da ética na educação perante um mundo globalizado: como conciliar a globalidade dos sentidos éticos com a mundialização da cultura de massas e com a tão frequente defesa da pluralidade cultural, como preceito metodológico do pós-moderno modo de agir? Quais as relações entre a formação escolar do século 21 e a validade do ensino de atitudes, hábitos e valores tidos por universais? Note-se que o texto aqui desenvolvido abarca a temática por uma perspectiva diacrônica, tendo em vista recordar tópicos do pensamento clássico sobre a interface ética/educação e, do ponto de vista da pedagogia, identificar o estado atual do debate em nossa contemporânea aldeia global.

Ética como *aretai*: a vida justa e boa

Na Grécia clássica, a acepção da ética vinha, a dada altura, atrelada a alguns elementos constitutivos que supunham, no conjunto, a acepção de excelência intrínseca à expressão da *aretai*: bravura, ponderação, justiça, piedade, saúde, força e beleza. Daí decorriam, para os gregos, as características distintivas da particularidade humana na correspondência entre corpo e alma. Como bem sublinha Jaeger:

> É a partir daqui que o conceito socrático de bom, o mais intraduzível e o mais exposto a equívocos de todos os seus conceitos, se diferencia do conceito análogo na ética moderna. Será mais inteligível para nós o seu sentido grego se em vez de dizermos o bom dissermos o bem, acepção que engloba simultaneamente a sua relação com quem o possui e com aquele para quem se é bom. Para Sócrates, sem dúvida, o bom é também aquilo que se faz ou se quer fazer por causa de si próprio, mas ao mesmo tempo Sócrates reconhece nele o verdadeiramente útil, o salutar, e também, portanto, o que dá prazer e felicidade, uma vez que é ele que leva a natureza do homem à realização do seu ser. Na base desta convicção

> aparece-nos a promessa evidente de que a ética é a expressão da natureza humana bem entendida. Esta distingue-se radicalmente da existência animal pelos dotes racionais do Homem, que são os que tornam o *ethos* possível. (JAEGER, 1995, p. 535)

A ética era, assim, derivada de tomadas de decisão; decisões postas em prática; prática mobilizada por ação dirigida ao bem, motivada pela busca de uma vida equilibrada e pautada em parâmetros tidos por valorosos. A harmonia, por si, decorreria da própria noção grega de excelência (*aretai*): o agir ético, então, corresponderia a um dado exercício da alma, exercício continuado e cotidiano, motivado pela própria suposição da universalidade do bom enquanto bem comum e compartilhado. Ora, se, em Platão, a virtude é posta como uma vocação a ser atualizada (PLATÃO, 1973a), para Aristóteles, a virtude seria uma disposição de espírito, que desabrocha pela força do hábito (ARISTÓTELES, 1987). Remeter-se ao hábito requer, contudo, valorizar a formação: daí podemos depreender a dimensão pedagógica da ética.

De acordo com Aristóteles, existem duas espécies de virtude: a intelectual e a moral, sendo que nem uma nem outra estariam dadas à partida: em matéria intelectual, o lugar da formação seria o ensino; em matéria moral, a aptidão para a virtude decorreria da força do hábito, da prática, e, portanto, da ação social. Aristóteles não descarta, porém, o lugar da natureza na obtenção dos dons humanos. Pelo lugar natural, em tudo o que se revela expressão dos sentidos, o homem adquire a potência, a qual será, a seu tempo, exteriorizada em ato. Assim, a visão e a audição são potenciais no recém-nascido, mesmo que este ainda não se valha plenamente dos sentidos. São potenciais que, a seu tempo e progressivamente, serão atualizados na ação. No tocante à virtude, sucederia outro movimento: é pelo exercício que se adquire a prática do bem – ao praticar a justiça, tornamo-nos justos (ARISTÓTELES, 1987, p. 27).

> pelos atos que praticamos com os outros homens nos tornamos justos ou injustos; pelo que fazemos em presença do perigo e pelo hábito do medo ou da ousadia, nos tornamos valentes ou covardes. O mesmo se pode dizer dos apetites da emoção e da ira: uns se tornam temperantes e calmos, outros intemperantes e irascíveis, portando-se de um modo ou

de outro em igualdade de circunstâncias. Numa palavra: as diferenças de caráter nascem de atividades semelhantes. É preciso, pois, atentar para a qualidade dos atos que praticamos. (ARISTÓTELES, 1987, pp. 27-28)

Em Aristóteles, a noção de potência remete-se ao futuro reservado pela natureza. O adulto seria, então, a anterior criança que atualizou em ato sua potencialidade original. Tal desenvolvimento intrínseco às novas gerações, de maneira geral, corresponde à atualização de um *telos*, de um devir, de uma finalidade. É assim que a condição humana pode ser caracterizada como sensível e intelectual em potência. Contudo, para Aristóteles, a potência limitar-se-ia à possibilidade de "produzir o ser em ato" (ABBAGNANO; VISALBERGHI, 1981, p. 115). A ética seria, portanto, a vida boa enquanto vida justa na esfera coletiva. É na ação social e na relação com os outros que se constitui o fato ético como a desenvolução de um exercício capaz de tornar o homem propenso a conjugar razão e sensibilidade. Nesse sentido, para tornar-se bom, deve-se praticar atos bons. A ética seria, assim, matéria da ação. Aristóteles frisa que o território ético firma-se, por definição, na prática, no hábito e no exercício. Não se forma o ser ético exclusivamente pelo conhecimento ou pela disposição do intelecto. A ética fala de perto ao espírito e à alma e só pode ser reconhecida quando praticada:

> Por conseguinte, as ações são chamadas justas e temperantes quando são tais como as que praticaria o homem justo ou temperante; mas não é temperante o homem que as pratica, e sim o que as pratica tal como o fazem os justos e os temperantes. É acertado, pois, dizer que pela prática de atos justos se gera o homem justo, e pela prática de atos temperantes, o homem temperante; sem essa prática, ninguém teria sequer a possibilidade de tornar-se bom. Mas a maioria das pessoas não procede assim. Refugiam-se na teoria e pensam que estão sendo filósofos e se tornarão bons dessa maneira. Nisto se portam, de certo modo, como enfermos que escutassem atentamente os seus médicos, mas não fizessem nada do que estes lhes prescrevessem. Assim como a saúde destes últimos não pode restabelecer-se com tal tratamento, a alma dos segundos não se tornará melhor com semelhante curso de filosofia. (ARISTÓTELES, 1987, p. 31)

Aristóteles reporta-se àquilo que compreende como justo meio ou mediania para referir-se, de modo geral, à noção de ética. A Grécia convivia com a acepção de *hybris*, exatamente referida à ausência de medida e de limites; o oposto residiria, portanto, na harmonia e na excelência da *aretai* (JAEGER, 1995). Aristóteles, ao abordar o ideal do justo meio, enfatiza a moderação como virtude capaz de entrelaçar prudência e o discernimento na ação: a medida exata entre dois extremos. O ser virtuoso adquire, ao agir, a propensão do caráter educado para a moderação.

Se a escolha da ação é um requisito da prática humana, a sensatez apresenta-se geralmente no lugar intermediário. Ser adepto do justo meio significa não se exceder e, por outro lado, não faltar às disposições do espírito. Entre atos e palavras, os extremos são exatamente elementos impróprios e contrários entre si, um como deficiência e o outro – seu oposto – como excesso. A ponderação, o equilíbrio e a moderação seriam, pois, fonte da sabedoria, entendendo-se por sabedoria *sabor* e *saber*, juntos e apurados (DUCH, 1997, p. 56). A sabedoria supõe certamente paixão pelo conhecimento. Essa paixão, o desejo cultural incurável, acarreta, para o sujeito cognoscente, uma serena inquietação de espírito, uma cumplicidade para com as grandes questões intelectuais de seu tempo, uma harmonia eivada de espírito crítico e, finalmente, um elevado grau de humildade, típica daqueles que sabem mais e melhor...

A liberdade da vontade do ser humano dirige a ação ética, a qual, por sua vez, reporta-se à plena identidade entre meios e fins da ação. Todo agir coletivo revela-se propício cenário para a prática da ética cotidiana. Daí a relevância dada por Aristóteles para a amizade enquanto entrega desinteressada e presente na mútua benevolência, cuja interação não poderia deixar de contribuir para o bem comum. Amizade como escolha do outro; como reconhecimento do outro no outro e como encontro de si mesmo nesse reconhecimento do outro. Amizade como partilha e como projeto: exemplo da possibilidade, talvez, de uma sociedade mais fraterna. A amizade, confluência da ética para a comunhão, supõe a reciprocidade do bem e das fontes do prazer da convivência. A alma inteira se entrega nessa disposição do afeto para a amizade: "fazer desinteressadamente o bem ao amigo, desejar-lhe longa vida, desejar viver em sua companhia, compartilhar as mesmas ideias, opiniões e gostos, compartilhar alegrias e tristezas – desejar ao outro o que deseja para si mesmo. A amizade só existe entre os prudentes e os justos, sendo por isso condição e consequência da vida justa que é a vida na comunidade política." (CHAUÍ, 1994b, pp. 322-323)

Em Aristóteles – como bem destaca Marilena Chauí – o exercício da amizade estrutura o próprio ideal da autonomia. Já que aos homens não foi concedida a plenitude divina, pela união mais desinteressada dos mesmos homens entre si desenvolver-se-ia o movimento em direção a essa liberdade/autonomia, à independência do sujeito para encontrar em si e por si os motivos e as estratégias de ação. Tal autonomia é, contudo, um aprendizado, expresso fundamentalmente na vida voltada para o convívio ético: vida mais feliz e mais harmoniosa. Indispensável para o viver coletivo, a acepção de amizade ganha – como se observou no capítulo 3 – em Aristóteles um estatuto bastante elevado para a produção de decisões acertadas sobre o possível e sobre o desejável. A conduta e o *ethos* da virtude representariam, fundamentalmente, o afastamento humano da irracionalidade das paixões, do domínio dos desejos e das pulsões. A conduta virtuosa e o *ethos* da "vida boa" pautar-se-iam pela perseverança quanto à retidão do agir e pela cautela perante os infortúnios do acaso.

A educação ética – podemos dizer – supõe um certo disciplinar das vontades, um controle continuado dos instintos e da expressão das determinações externas. A ética é firmada no discernimento necessário entre o possível e o sonhado, na busca escrupulosa de construção de uma vida equilibrada, valorosa e justa, que resiste e recusa o voluntarismo das paixões. Nessa trilha, a identificação precisa do sentido da justiça e o discernimento das fronteiras que possibilitam a justa indignação se apresentariam como requisitos fundamentais:

> Está, pois, suficientemente esclarecido que a virtude moral é um meio-termo, e em que sentido devemos entender esta expressão; e que é um meio-termo entre dois vícios, um dos quais envolve excesso e o outro deficiência, e isso porque a sua natureza é visar à mediania nas paixões e nos atos. Do que acabamos de dizer segue-se que não é fácil ser bom, pois em todas as coisas é difícil encontrar o meio-termo. Por exemplo, encontrar o meio de um círculo não é para qualquer um, mas só para aquele que sabe fazê-lo; e, do mesmo modo, qualquer um pode encolerizar-se, dar ou gastar dinheiro –isso é fácil; mas fazê-lo à pessoa que convém, na medida, na ocasião, pelo motivo e da maneira que convém, eis o que não é para qualquer um e tampouco fácil. Por isso a bondade tanto é rara como nobre e louvável. (ARISTÓTELES, 1987, p. 37)

De algum modo, a essência da ética aristotélica reside justamente na coincidência entre a desejada "vida boa" e a realização das virtudes. Ambas significam a máxima realização em ato da potência humana, ou, nos termos de Xavier Rubert de Ventós a propósito do tema, a plenitude do ser consistiria – para Aristóteles – a realização mais plena daquilo que já se é. Ventós, contudo, pondera acerca da especificidade da noção de bom para o mundo grego, absolutamente distinta da acepção hoje corrente de "bom" como aquilo de que gostamos e que nos apetece e do "mal" como aquilo que nos causa repugnância (VENTÓS, 1996, p. 60). Os significados que foram atribuídos pela modernidade à ideia do bom e do belo seriam, no parecer do autor, não apenas divergentes dos conceitos gregos e, particularmente, aristotélicos. Mais do que isso, o entendimento moderno do sentido de bom – agora separado da dimensão ética do bem – é relativista e narcisista: "pois reduz toda a questão concreta sobre a bondade objetiva de uma instituição, um governo, uma guerra, a uma questão de gosto. Uns gostam da segregação e outros preferem a integração; a alguns repugnam as guerras imperialistas e outros se comprazem com elas" (VENTÓS, 1996, p. 60). Relativismos... Nada mais distante das virtudes aristotélicas.

Ora, efetuada esta ligeira aproximação dos sentidos inscritos na ideia de bem e de virtude em Aristóteles e no mundo antigo, caberia retomar o termo especificamente grego, intrinsecamente ético e carregado de sentido educativo: *paideia*. Contidos nos múltiplos significados do termo *paideia* poder-se-ia encontrar, simultaneamente, cultura, cultivo intelectual, instrução, educação, capacidade de aprender, desenvolvimento da memória e, especialmente, da "ânsia de saber" (JAEGER, 1995, p. 558), sem os quais qualquer esforço pedagógico estará fadado ao fracasso. Note-se, assim, que a filosofia grega da Antiguidade já pontua a curiosidade intelectual e o desejo de aprender como requisitos para a acepção do verdadeiro ensino; aquele que deixa sua marca, e que parte do também desejo desse comungar o saber aprendido e compartilhar a cultura, com as gerações que a levarão adiante.

A modernidade como pedagogia de uma ética do dever

O tempo da modernidade tem, talvez, na filosofia de Descartes, no século 17, sua expressão mais difundida. A busca de um método sistemático como roteiro para investigação racional, a dúvida metódica como anteparo do conhecimento racional, a atitude da crítica frente às dimensões incertas contidas no mundo dos sentidos e das percepções sensoriais, remetem à consagração da ideia de razão como motivo e instrumento do conhecimento. O século 18, por sua vez, com o movimento iluminista, levaria à radicalidade a exaltação da razão como fonte e estratégia para a regeneração coletiva das sociedades. Rousseau, nesse aspecto, torna-se voz dissonante da matriz cartesiana, tão cara aos seus contemporâneos, teóricos enciclopedistas. Rousseau, para além de quaisquer aspectos relativos ao conhecimento e à razão, na contracorrente de seu tempo, acentua explicitamente a dimensão da vontade humana como verdadeiro sinal da distinção do homem de seu meio natural. Por suas palavras, temos que:

> [...] não é pois tanto o entendimento que faz entre os animais a distinção específica do homem, mas a sua qualidade de agente livre. A natureza manda em todos os animais e o animal obedece. O homem experimenta a mesma expressão, mas reconhece-se livre de concordar ou de resistir; e é sobretudo na consciência desta liberdade que se mostra a espiritualidade da sua alma; porque a física explica dalguma maneira o mecanismo dos sentidos e a formação das ideias; mas no poder de querer ou, antes, de escolher, e no sentimento deste poder só se encontram atos puramente espirituais, que não se conseguem explicar absolutamente nada pelas leis da mecânica". (ROUSSEAU, 1976, p. 33)

Depreende-se do trecho acima transcrito que a tônica do pensamento rousseauniano reside na qualificação do dilema ético como um problema expresso antes na vontade humana do que na razão. Mais do que isso, o homem, como ser capaz de tomar decisões, como ser capaz de se afastar da regra prescrita, teria nessa força da vontade seu principal distintivo de humanidade. Tendo na piedade sua virtude originária, o homem civil distingue o bem do mal: nessa opção estaria dada a escolha ética. As crianças, assim como o homem no estado de natureza, não conhecem tal distinção: daí a ausência de virtude na bondade natural, portadora apenas da piedade originária. O aprendizado da ética virá pelo exemplo, pela revelação, pela imitação. Parte-se do amor de si para desenvolver o amor pelo outro. O pudor, portanto, nasce do conhecimento do mal. Nos termos de Rousseau, sendo que a amizade costuma ser o primeiro sentimento do jovem educado, será a partir da sensibilidade por sua prática originada que o indivíduo adquirirá "sementes de humanidade" (ROUSSEAU, 1979, p. 242). Sendo a ética, em Rousseau como em Aristóteles, antes uma prática do que um aprendizado conceitual, recomendará o educador do *Emílio*:

> [...] em uma palavra, ensinai a vosso aluno a amar todos os homens, inclusive os que o desdenham; fazei com que ele não se coloque em nenhuma classe, mas que se encontre em todas; falai diante dele, e com ternura, do gênero humano, com piedade até, mas nunca com desprezo. Homem, não desonres o homem. (ROUSSEAU, 1979, p. 242)

A liberdade residiria, em Rousseau, no coração do homem. Tal sensibilidade seria – note-se – passível de educação. Ora, como o homem conteria em si aquele princípio inato de justiça expresso na ideia de piedade, existe possibilidade e necessidade de desenvolver tal disposição – de maneira a, para utilizar a expressão aristotélica, transformar a potência em ato. Diz o educador a *Emílio*, sobre o árduo e, por vezes, sinuoso aprendizado da moral:

> Meu filho, não há felicidade sem coragem, nem virtude sem luta. A palavra virtude vem de *força*; a força é a base da virtude; a virtude só pertence a um ser fraco por natureza e forte por sua vontade; é só nisto que consiste o mérito do homem justo; e embora digamos que Deus é bom, não dizemos que é virtuoso, porque não necessita de esforço para agir bem. Para te explicar esta palavra tão profanada esperei que estivesses em condições de me entender. Enquanto a virtude nada custa para ser praticada, pouca necessidade se tem de conhecê-la. Essa necessidade vem quando as paixões despertam; chegou agora para ti [...] Que é então um homem virtuoso? É aquele que sabe dominar suas afeições, pois então segue sua razão, sua consciência, faz seu dever, mantém-se dentro da ordem e nada o pode afastar dela. Até aqui não era livre senão aparentemente; não tinhas senão a liberdade precária de um escravo a quem se tivesse determinado. Sê agora livre efetivamente; aprende a te tornares teu próprio senhor; manda em teu coração, Emílio, e serás virtuoso. Eis portanto outro aprendizado a ser feito e este é mais penoso do que o primeiro, porque a natureza nos liberta dos males que nos impõe, ou nos ensina a suportar, mas nada nos diz quanto aos que vêm de nós; ela nos abandona a nós mesmos; ela nos deixa, vítimas de nossas paixões, sucumbirmos a nossas dores vãs e ainda por cima nos vangloriamos das

> lágrimas de que nos deveríamos nos envergonhar. Eis a primeira paixão. [...] É um erro distinguir as paixões em permitidas e proibidas, a fim de nos entregarmos às primeiras e nos recusarmos às outras. Todas são boas quando as dominamos; todas são ruins quando nos sujeitamos a elas. O que nos é proibido pela natureza é levarmos nossas afeições além de nossas forças; o que nos é proibido pela razão é querermos o que não podemos obter; o que nos é proibido pela consciência não é sermos tentados e sim deixarmo-nos vencer pelas tentações. (ROUSSEAU, 1979, pp. 324-326)

A sabedoria como domínio de si e autoconhecimento traz pistas para remeter para a educação o debate a propósito da ética. A prudência e o discernimento das paixões, o domínio dos afetos, esse constante aprender a fazer de si próprio seu senhor, é o que demarca o campo do que poderíamos compreender como autonomia da vontade. Assim, a condição humana seria fundamentalmente, em Rousseau, o livre-arbítrio e as demarcações de escolhas que, sendo autônomas e espontaneamente engendradas no homem bem formado e bem cultivado, contribuam para orientar o sentido de sua ação prática.

Kant, na mesma direção, apresentará o território da ética como universo da distinção humana, da especificidade e particularidade do homem perante sua circunscrição. Como em Rousseau, para Kant, o homem é o animal da natureza destinado a escolher, inclinado, portanto, a eleger caminhos e propor trilhas; vocacionado para justificar suas escolhas. A opção pelo bem, em Kant, remete-se ao que o autor qualifica – desde a *Fundamentação da metafísica dos costumes* – como imperativo categórico, intuição primeira que, posta como dever, torna-se obrigação de consciência. O ser humano seria, em certa medida, o sujeito que escolhe as normas as quais, escolhidas, adquirem validade universal, fazem-se dever de moralidade, tornam-se justa intenção a regular o campo do agir. A vontade moral estaria, pois, em consonância com leis universais irredutíveis, as quais se remeteriam à máxima posta na grande referência da ação prática kantiana: o modo como atuamos no mundo deverá estar de acordo com a noção de bem que nós – seres capazes de discernimento entre o bem e o mal – consideramos universal, ou, por outras palavras, nossa ação deverá traduzir, tanto pelas estratégias adotadas na ação quanto pelos propósitos que nortearam a mesma, as feições que nós – criaturas morais por excelência

– gostaríamos de poder tomar como essências de virtude para toda a condição humana.

Nos termos de Kant, ao pensar a ética, eu, sujeito da moralidade, "devo proceder sempre de maneira que eu possa querer também que a minha máxima se torne uma lei universal" (KANT, 1995, p. 33). O agir de acordo com virtudes éticas universalmente válidas exigiria o reconhecimento destas últimas. Daí a necessidade do estabelecimento – no tocante às atitudes para com os outros, para conosco e para com o mundo – de ordenações do comportamento: imperativos categóricos. Estes fazem por coincidir meios e finalidades do agir do homem: "não se relaciona com a matéria da ação e com o que dela deve resultar, mas com a forma e o princípio de que ela mesma deriva; e o essencialmente bom na ação reside na disposição, seja qual for o resultado" (Kant, 1995, p. 52). Assim, tais "mandamentos da moralidade" seriam, por definição, distintos das "regras da destreza", expressas, sobretudo, na dimensão da técnica e dos "conselhos da prudência" pertencentes a significados pragmáticos, cujos objetivos seriam o bem-estar e/ou a felicidade do homem em sociedade (KANT, 1995, p. 53).

Agir pela ética não garante felicidade, bem-estar ou êxito. Supõe tão-somente a ação reta, condizente com os mandamentos da moral. Vemos, portanto, em Kant, a separação – que não havia em Aristóteles – entre "ética" e "vida boa". Quando o tema é a moralidade, para Kant, não é o resultado da ação que a determina, mas uma lei que transcende a própria vontade do resultado... Ora, sendo a moral universal, não há hipóteses: eu devo ou não devo e sei exatamente qual deverá ser a escolha, caso minha opção seja ou não pela ética. A opção pela ética pode não resultar no resultado mais feliz, ou mesmo mais justo – em se considerando interesses específicos dos sujeitos da ação – porém, a opção pela ética será condizente com dimensões inquestionáveis postas no mandamento/dever da ação reta.

> Porque, não contendo o imperativo, além da lei, senão a necessidade da máxima que manda conformar-se a esta lei, e não contendo a lei nenhuma condição que a limite, nada mais resta senão a universalidade de uma lei em geral à qual a máxima da ação deve ser conforme, conformidade essa que só o imperativo nos representa propriamente como necessária. O imperativo categórico é, portanto, só um único, que é este: *age apenas*

> *segundo uma máxima tal que possas ao mesmo tempo querer que ela se torne lei universal.* [...] Uma vez que a universalidade da lei, segundo a qual certos efeitos se produzem, constitui aquilo a que se chama propriamente natureza no sentido mais lato da palavra (quanto à forma), quer dizer a realidade das coisas, enquanto é determinada por leis universais, o imperativo universal do dever poderia também exprimir-se assim: *age como se a máxima da tua ação se devesse tornar, pela tua vontade, em lei universal da natureza.* (KANT, 1995, pp. 58-59)

A acepção de vontade em Kant supõe a ideia da autonomia do sujeito e o reconhecimento dela advindo, quanto às distinções entre o bem o mal. A *Fundamentação da metafísica dos costumes* expressa, pois, tal convicção quanto à existência de uma "vontade legisladora universal" (KANT, 1995, p. 73), presente na individualidade da razão autônoma. Kant distingue a heteronomia e a autonomia concernentes ao uso da razão humana por analogia com a ideia de menoridade e de maioridade moral. Em sua *Resposta à pergunta: que é Iluminismo?*, Kant expressa sua crença no poder do conhecimento e da ilustração como fontes de produção de uma autonomia coletiva e de um usufruto mais pleno do "sagrado direito da humanidade" (KANT, 1989, p. 16).

O esclarecimento trazido pelo poder do conhecimento levaria a uma abertura do entendimento do indivíduo em sua liberdade, sem necessidade de recorrer a guias ou orientações externas, conduzindo o ser humano ao caminho da ilustração, consoante àquilo que o filósofo qualifica por maioridade política e social. A política do Iluminismo, pelo abrigo da razão, conferiria ao ser humano a possibilidade de se libertar da tutela e das opiniões dos outros: "não há perigo em permitir aos seus súditos fazer uso público da sua própria razão e expor publicamente ao mundo as suas ideias sobre a sua melhor formulação, inclusive por meio de uma ousada crítica da legislação que já existe" (KANT, 1989, p. 18). Porém, a par da crítica, a máxima kantiana exige a obediência: no campo da ética, a obediência radicar-se-ia no imperativo categórico – aquele que traz, por si, um valor intrínseco, não se condicionando a nenhuma hipótese, ou interesse. Haveria um interesse público acima dos particulares e todas as ações do homem deveriam ser, no âmbito dos valores, situadas em tal vontade legisladora maior, passível de ser reconhecida pela razão individual autônoma. Para isso, como se afirmou anteriormente, seriam necessários ponderação e equilíbrio de julgamento em, pelo menos, três sentidos complementares:

1. Primeiramente, ao julgar a ação em sua intencionalidade moral, há de se indagar da possibilidade de um *poder querer* que a máxima de nossa atitude seja passível de ser compreendida com valor de lei universal (KANT, 1995, p. 62).
2. Querer e dever, no sentido ético, teriam, em princípio, um único sentido: as ações humanas passariam a ser compreendidas como passíveis de generalização. A cada decisão, no campo da virtude, o sujeito depara-se com a reflexão acerca da validade de sua ação no sentido da universalidade que ela traz em si: em tal reflexão estaria posta a decisão ética. Nas palavras de Kant "o princípio da autonomia é, portanto, não escolher senão de modo a que as máximas das escolhas estejam incluídas simultaneamente no querer mesmo, como lei universal" (KANT, 1995, p. 85).
3. Finalmente, constituindo a moralidade um território em absoluta sintonia entre o campo das ações e a sujeição a leis universais ditadas pela autonomia da vontade, o ser racional só poderá ser compreendido como um sujeito dos fins, de onde se depreende a absoluta necessidade de as estratégias da ação reconhecerem inequivocamente no homem sempre uma finalidade e jamais uma estratégia ou um meio para o propósito desejado. Haveria, na moral kantiana, total coincidência entre meios e fins. A compreensão da natureza racional como um fim em si acarretaria, consequentemente, a necessidade de entender no ser humano o princípio subjetivo da ação, expresso na máxima: "age de tal maneira que uses a humanidade, tanto na tua pessoa como na pessoa de qualquer outro, sempre e simultaneamente como fim e nunca simplesmente como meio" (KANT, 1995, p. 69).

O juízo moral da criança e a ação educativa

Retomando as sentenças kantianas, Piaget, particularmente em sua obra *O juízo moral na criança*, destaca diferentes etapas no que compreende ser o desenvolvimento moral das gerações imaturas. Para o autor, a autonomia não é um dado de natureza, mas um efeito do ato educativo e, sendo assim, haveria a possibilidade do reconhecimento de níveis mediante os quais o ensino procederia com vistas à construção da moral autônoma do indivíduo. Partindo da analogia operatória da relação da obediência às leis morais com a noção de obediência às regras do jogo, Piaget recorda que o pensamento moral, qualquer que seja sua orientação, "consiste num sistema de regras e a essência de toda a moralidade deve ser procurada no respeito que o indivíduo adquire por essas regras [...] As divergências doutrinárias só aparecem no momento em que se procura explicar como a consciência vem a respeitar essas regras. É esse como que tentaremos analisar [...]" (PIAGET, 1994, p. 23). Em um primeiro momento – destaca Piaget – a criança aprende a obedecer a regras ditadas por seus pais, cujos significados lhe são alheios. Mais do que o conteúdo da regra em si, a criança obedeceria à sentença dos adultos que lhe cercam. Por isso, Piaget parte do estudo dos jogos como fonte de identificação da consciência ou não, por parte das crianças, da razão de ser das regras de ação reta. Nesse sentido, o autor qualifica os jogos como paradigmáticos para a compreensão da prática normativa, no respeito e na obediência acarretados pelas normas a partir do momento em que são identificadas, para serem, em seguida à compreensão, autonomamente interiorizadas, em seus motivos e nos efeitos inerentes às suas práticas. O tempo da formação da moralidade seria condizente com a progressiva passagem da razão alheia para a razão autônoma. Tal passagem teria uma dinâmica própria, evolutiva, tanto biológica quanto social, tanto derivada da razão quanto da sensibilidade.

Observando o jogo das crianças, Piaget nota primeiramente uma justiça retributiva: o grupo de crianças costuma dar conta de afastar o trapaceiro do jogo, de castigar o menino que agrediu gratuitamente o colega etc. Para Piaget, tal interação infantil contém um elemento que nem sempre corresponde à relação da criança com os adultos. Entre iguais, a criança compreende a razão de ser das normas. Quando é punida pelo adulto, a criança apenas expia sua culpa: o argumento de autoridade e o sentimento do remorso passam a calar em sua alma. Quando se trata do jogo entre crianças em igualdade de condições, modificam-se as razões e a própria lógica interior ao sentido de justiça estabelecido: como se a moral da autoridade fosse, pouco a pouco, transposta para uma moral do respeito mútuo, da solidariedade entre iguais, da reciprocidade. Quanto mais crescida a criança, menos sujeita ela estará à exclusividade de uma moral calcada essencialmente no argumento de autoridade. Paralelamente ao desenvolvimento infantil, haveria uma submissão, não mais aos adultos, mas a uma voz/regra interior – que se assemelha à regra do jogo. Tal respeito à norma interna remete a uma progressiva conquista da moral autônoma.

> Como a criança chegará à autonomia propriamente dita? Vemos surgir o sinal quando ela descobre que a veracidade é necessária nas relações de simpatia e de respeito mútuos. A reciprocidade parece, neste caso, ser fato de autonomia. Com efeito, há uma autonomia moral, quando a consciência considera como necessário um ideal, independente de qualquer pressão exterior. Ora, sem relação com outrem, não há necessidade moral: o indivíduo como tal conhece apenas a anomia e não a autonomia. Inversamente, toda relação com outrem, na qual intervém o respeito unilateral, conduz à heteronomia. A autonomia só aparece com a reciprocidade, quando o respeito mútuo é bastante forte, para que o indivíduo experimente interiormente a necessidade de tratar os outros como gostaria de ser tratado. (PIAGET, 1994, p. 155)

Daqui decorre a necessidade de as gerações adultas pensarem acerca do ensino/aprendizado da moral, antes de colocarem em ação princípios de conduta, tantas vezes infundados, arbitrários ou meramente convencionais. Será que nós, adultos, sabemos o que fazemos quando nos dispomos a educar nossos filhos para o campo dos valores? Usualmente, confunde-se ética com civilidade. O aprendizado do viver em sociedade, as boas maneiras convencionalmente apropriadas, não dão conta do juízo moral a se fazer a propósito do mundo, das relações humanas, das mazelas sociais. A família, por vezes excessivamente preocupada com a transmissão de modos de conduta, de atitudes, de um comportar-se bem em público, torna-se, com frequência, "distraída das coisas mais importantes". Será que, ao educar, enfatizamos suficientemente o tema do respeito ao outro ou apenas sublinhamos a ordem de silêncio perante a voz do adulto? Será que ouvimos os porquês de nossas crianças? Será que nos damos ao trabalho de estarmos suficientemente atentos para ficarmos zangados na hora certa, com a pessoa certa, na proporção adequada – como recomendava Aristóteles?

A sociedade contemporânea tende a afastar-se do sentimento de infância que compôs a modernidade. Hoje crianças e adultos vestem-se e, por vezes, comportam-se do mesmo modo; assistem com frequência aos mesmos programas televisivos; têm, na mesma medida, acesso às informações da Internet. O sentimento de infância que caracterizou o mundo moderno tinha por pressuposto a ideia de que as novas gerações são tão inocentes quanto corruptíveis. Assim, passou a haver um certo pudor e a consequente preservação das crianças com relação às fronteiras de um universo adulto, para o qual se considerava que elas não estariam ainda preparadas.

Na Idade Média, pouco existia do reconhecimento da especificidade infantil. O mundo moderno procurou compreender a criança na criança e não apenas o adulto que nela vinha incompleto. Com isso, surge certa sensibilidade social para com a infância, que está muito firmada na trajetória da civilização ocidental. Contudo, neste princípio de milênio, há quem acredite que essa situação inverte-se. Os veículos de comunicação de massa e a indústria cultural produziram novas referências, mediante as quais volta a tornar-se imprecisa a fronteira que separa o mundo da criança e o mundo do adulto. As jovens gerações são cada vez mais cedo introduzidas no que pode haver de corruptor e de vicioso no mundo dos adultos. Ao mesmo tempo em que as crianças passam a tornar-se precocemente adultas, o campo da maturidade, desvalorizado, apregoa, com inaudita ênfase, o desejo de retomada da adolescência. Adultos e crianças: todos desejando aparentar adolescência. Caberia perguntar, em tal cenário nebuloso, onde ficaria a responsabilidade em relação ao mundo. Caberia indagar a quem compete transmitir, preservar e fazer existir os valores e os conhecimentos acumulados.

Educar é, inequivocamente, invocar e evocar valores: há valores generosos e valores perversos. Uma sociedade de consumo, excessivamente pragmática e utilitarista como parece ser esta nossa aldeia do conhecimento global, poderá construir um campo de valores alternativos e suficientemente generosos? São infundadas as sentenças que ainda apregoam a igualdade, a liberdade e a fraternidade como princípios e como método da vida em democracia? Como ser livre sendo igual? Quais os impasses entre os clássicos direitos do homem e o tão atual chamamento à tolerância? Quais as relações entre os níveis de cultura –clássica/erudita; popular/espontânea; massiva/de indústria cultural? Como pensar as interfaces do projeto escolar à luz dos incontáveis recortes culturais presentes em cada sociedade? Como se dá a relação entre escola e família no mundo contemporâneo? Como projetar o universo dos direitos com a necessária formação para os deveres?

Supor um propósito ético em qualquer projeto educativo remete-nos à acepção primeira de uma formação humanista, um voltar-se para o conhecimento desinteressado, ele mesmo compreendido como imperativo categórico da ação educativa. Não é possível educar sem ensinar. Porém a instrução exclusivamente não educa, não prepara para a sabedoria. Como já se observou, originariamente, o termo sabedoria contempla em si saber e também sabor. Deve-se sentir o sabor do conhecimento. Mas é preciso que, em educação, se tenha o desejo de ir sempre além. O conhecimento e a sabedoria podem ser complementares quando o professor torna-se mestre. O mestre faz mais do que colocar os estudantes em contato com o conhecimento acumulado. O mestre transmite o saber, mas inscreve na transmissão sua própria marca pessoal, seu sinal. Mostra caminhos e revela segredos, com suor e com sangue descobertos.

Mestre é aquele que se mostra apto a conduzir a adesão da juventude para o campo das virtudes e para o campo do saber: com palavras de rigor e com gestos de afeição; com desenhos de utopia e com a radicação da experiência; com razão e com o coração. Quando Georges Gusdorf indaga dos educadores "*Professores para quê?*", diz o seguinte: a

> indecisão fundamental corresponde a um dos dramas secretos do mestre. Entre aquele que o é autenticamente e a falsa testemunha não há, talvez, outra diferença: o verdadeiro mestre duvida da sua capacidade mesmo quando esta é unanimemente reconhecida por aqueles que o rodeiam. (GUSDORF, 1970, p. 154)

A palavra-testemunho da verdadeira mestria torna-se lição – no sentido medieval do termo – senha para que o discípulo, pelo próprio ato de ser despertado, descubra a si mesmo e à sua humanidade; desenvolva suas habilidades; transforme em realidade seu potencial. Na trilha da obra-prima de Gusdorf (1970, p. 143), o verdadeiro ensino fala também por seus silêncios. Em tal movimento, a mão do mestre acompanha seu aluno, com a autoridade que seu lugar lhe confere, ainda que, para além de palavras, esta traga muito de gestos e de silêncios: *auctor*; ou aquele que cria algo.

Nos termos de Lluís Duch:

> o bom uso da tradição é um negócio diretamente relacionado com o exercício da autoridade, sobretudo uma autoridade que se há de transmitir e de fazer vigorar no presente, enquanto fator essencial para a maturação, crescimento e desenvolvimento das pessoas concretas. (DUCH, 1997, p. 66)

Retomando Piaget e Huizinga, Duch coloca na capacidade lúdica um dos elementos mais importantes da configuração da plasticidade humana, da qual resulta a capacidade do homem para aprender. Haveria, pois, uma antropologia passível de tornar o passado e a experiência vivida peças relevantes para o jogo da vida presente. Duch destaca, para tanto, a necessidade operatória de se pensar o tempo como se de uma diversão ele se tratasse. Partindo da capacidade humana para a admiração e, em seguida, talvez, para a indignação, o autor aqui distancia-se da ideia de tempo como uma linha evolutiva cronológica, presa exclusivamente à dimensão das regularidades, para dar o devido destaque a uma pedagogia que, se é um tempo de espera da previsível continuidade, também é da expectativa de uma projeção e uma aposta no futuro; futuro sempre indeterminado, pautado pela promessa do acaso e do inesperado...

Em algum sentido, retomamos aqui a acepção grega de *kairós*, mediante a qual a ideia de tempo reside no instante que se privilegiou, na oportunidade em que se mergulhou... Assim determinados a viver o tempo também pela magia do instante, será possível engendrar uma pedagogia onde a esperança deixe de ser apenas uma palavra de efeito. Mais do que isso, a esperança do educador supõe construção de um território de crenças compartilhadas, onde a igualdade de oportunidades e a livre manifestação dos talentos sejam ancoradas pela correção prévia de desigualdades e injustiças históricas, onde a solidariedade e a fraternidade sejam os ternos contrapontos à necessária inscrição da identidade individual como preceito metodológico da sociedade cidadã.

Pensar a universalidade e o coletivo como pressupostos em que se radicam o específico, o efêmero e o pluralismo requer a edificação de uma ética pública que talvez também esteja posta à prova da escola, passando pela sala de aula, ética esta que credita às gerações mais jovens as esperanças de tempos melhores. A mesma ética alicerça sua própria esperança/expectativa nos pilares de um triplo presente, expresso na atualidade que experimentamos quotidianamente, no passado como memória atualizada e no futuro como um leque sempre aberto de possibilidades e de construções (MARTINS, 1998, p. 74). A educação para a ética firmar-se-ia mediante a reafirmação dos preceitos da democracia e, ao mesmo tempo, mediante a ampliação e o reconhecimento de um alargamento do campo desses direitos, que, quanto mais coletivos tendem a ser mais universais. Pensar a universalização dos direitos é, contudo, atentar para a necessidade do reconhecimento das especificidades, das desiguais manifestações do território da cultura. É preciso, como destaca Guilherme d' Oliveira Martins, dar, sim, lugar ao diferente. Mas é imprescindível, para tanto, que este diferente esteja necessariamente inscrito em um "universalismo onde todos caibam" (MARTINS, 1998, p. 83). Educar requer compromissos; compromissos supõem pactos; pactos remetem-nos, como por um eterno retorno, ao contratualismo como base da acepção de direito, de dever e de ação moral no mundo contemporâneo:

> O pluralismo deve ser, deste modo, assumido no sentido forte, e não no sentido fraco – estamos perante um diálogo aberto, em que os valores éticos e de cidadania não podem ser esquecidos ou desvalorizados e em que as diversidades culturais se interpenetram. E, se falarmos de valores, referimo-nos, antes de mais nada, aos que fundamentam a democracia, considerando esta ponto de encontro e de afirmação da dignidade, da autonomia e da responsabilidade. A democracia não pode cultivar, assim, a neutralidade sobre os seus fundamentos e sobre a sua legitimidade [...] De fato o que está em causa é a procura de uma posição equilibrada entre o que distingue e o que une a humanidade. (MARTINS, 1998, p. 82)

Norbert Bilbeny, a propósito, ao debater o dilema ético intrínseco às sociedades contemporâneas em virtude do impacto do discurso acerca das identidades, das diferenças e da pluralidade cultural, defende o que qualifica por "minimalismo ético", qual seja aquele que se coloca frente à vida social como um mínimo comum, fundado nos inalienáveis direitos fundamentais, a partir dos quais poderão conviver todos os outros direitos concernentes à diversidade ou às distintas especificidades. Para esse autor, os tempos que correm exigem a redução da universalidade dos valores a um "mínimo denominador comum", expresso, para além da noção de racionalidade autônoma, em preceitos como os da reciprocidade, da solidariedade, da reflexividade e, até, da sensibilidade. O mundo contemporâneo exigiria, nos termos de Bilbeny, novos modos de olhar, sem que, para tanto, nós abdiquemos do reconhecimento de nós mesmos no outro e do outro em nós mesmos – ainda que o eu e o outro sejam tão diferentes quanto iguais. Haveria, para a compreensão do mínimo comum da ética, um dado primado do campo sensível e da prática da ação moral, o que retomaria – ainda que não de maneira manifesta – a vertente de uma moral pensada como "vida boa" em sociedade. Nos termos do autor:

> [...] pensar ou representar mediante conceitos morais é, a seu modo, fazermo-nos presentes no outro, tornarmos o outro presente em nós mesmos e apresentar, assim, aos sentidos, um reconhecimento. Não é nenhum círculo vicioso; é a intersecção de planos que constitui cada realidade pessoal e por meio da qual cada um distribui, com maior ou menor acerto, seu patrimônio moral. Os olhos e as mãos ajudam a fazer a ética, mas a ética ajuda também a tornar visível e tangível o mundo que vemos e tocamos. (BILBENY, 1997, p. 190)

A ética no justo meio: entre o dever e a felicidade

Victoria Camps qualifica o conflito ético como um dilema entre responsabilidades que, por vezes, tem por ponto de partida a divergência entre princípios contraditórios, porém válidos e competitivos entre si. Assim – sugere a autora – é necessário que a concepção de moralidade não seja tão abstrata a ponto de se desvincular por completo de seu contexto de produção. Acerca do tema, Camps atenta para o que reputa serem traduções de modos de viver em sociedade, as quais seriam, em si, tão diferentes quanto complementares. Há, no parecer dessa autora, duas perspectivas morais, consoantes a hábitos herdados e tradições culturais acumuladas pelos dois gêneros: uma ética da justiça, com matriz masculina, e uma ética do cuidado, de origem feminina. Para cada um desse modos de agir, no campo da ação moral, haveria necessidade de um aprendizado específico, de uma pedagogia da razão, por um lado, e da sensibilidade, por outro. O objetivo da educação seria, para Camps, uma atualização/negação da máxima de Píndaro na Grécia arcaica: *torna-te o que tu és*. Como teórica da política, Victoria Camps explicita o sentido de tal sentença: "de acordo com a fé aristocrática que professa o poeta, a virtude não se aprende, leva-se no sangue. Chegar a ser o que se é consistiria em não trair nem deixar de aproveitar a nobreza e o lugar que, desde o berço, se possui" (CAMPS, 1996, p. 145). A modernidade reservou papel oposto para o lugar social da educação: exatamente o de romper, pela dialética, com tal fatalismo elitista e aristocrático.

Educar, hoje, é e deve ser, na contramão da sentença de Píndaro, tornar a condição humana em sua plenitude ao alcance de todos; nem que para isso sejam desafiadas as determinações do contexto social; nem que para isso se deva lutar contra algum limite da hereditariedade. Tal desafio supõe um dado ideal de humanidade; uma concepção clara de virtude e um lugar explícito para a recolha e seleção do saber acumulado com vistas à transmissão cultural.

A identidade do sujeito a ser educado supõe o cruzamento de três níveis distintos nos quais a marca da individuação imprime-se: a Humanidade toda como pressuposto; a comunidade como pertença e a pessoa como individualidade. Cada uma dessas esferas teria, simultaneamente, um dado grau de autonomia e um significativo nível de subordinação umas às outras. Ser livre, assim, não pode prescindir da demarcação da singularidade, mas não pode, pelo lado oposto, prescindir do reconhecimento da máxima do bem comum como objetivo maior da ação em sociedade. Somente pelo justo meio, talvez pela mediania aristotélica, a condição humana inscreve-se plenamente no sujeito. A democracia como método requer o complemento da tolerância, como exigência de adequação ao bem da coletividade. Tal imbricação contempla em si "a atitude distante do espectador e o compromisso responsável do homem prudente" (CAMPS, 1995, p. 89).

Tomando como essencialmente coletiva a ação moral, Victoria Camps retoma Kant especificamente no que este postula como dever da ação reta universal e retoma também Aristóteles na prospecção de uma "vida boa" como resultado da ação moralmente defensável.

Porém – reconhece a autora – tanto a universalização dos pressupostos morais quanto a correlação da virtude ética com a felicidade não passam de ficção, em termos da prática histórica. O próprio interesse coletivo é histórico e há valores tão válidos quanto contraditórios entre si. Sob tal aspecto, não haveria consenso moral, tomadas as culturas em suas diversidades históricas, geográficas e simbólicas. Por isso, a noção de pacto como instrumento para tornar a justiça um artifício operatório faz-se ainda apropriada e estratégica para a reflexão ética contemporânea:

> O que em nós há de divino nos capacita a esperar ocasiões de felicidade, e reconhecê-las quando aparecem. Trata-se, então, de outra noção de felicidade, a que nos deixam os românticos, da qual decorre a própria ideia que se tomou como ponto de partida: a felicidade como obra, *enérgeia*, vida ativa. [...] ser ativo é o destino do ser humano. É nos momentos de atividade plena, de Humanidade completa, de saturação humana, que se encontra a felicidade. Não é a beatitude dos deuses: é o desigual acontecer humano que, de vez em quando pode dizer como Fausto: "detém-te, formoso instante, pois me fazes feliz". A felicidade é instantânea porque consiste na coincidência contingente dos objetos com nosso eu. A condição da felicidade é desfrutar do instante sem adormecer nele, porque quem adormece perece. A *eudaimonia*, o bom *daimon* é um dom, mas frequente e reconhecível. *Recordável.* Reside nisso aquilo que jamais desejaríamos esquecer ou perder: a narração da vida tal como gostaríamos que ela fosse. (CAMPS, 1995, p. 139)

A ética é uma questão em aberto, como em aberto são sempre os grandes temas que tocam a fundo a condição de ser humano. Educação e ética são dois polos de uma mesma construção: um mundo mais fraterno e mais saudável, para o indivíduo e para a coletividade. Sendo o homem o único animal capaz de fazer promessas, temos no ser humano um possível cumpridor de leis que a si e aos outros – em interação – estabelece. Cumprir tais leis significa seguir a força da vontade autônoma, suspender as paixões até o limite do possível. Significa, também, um continuado exame dessas leis, sujeitas, em alguma medida, a periódicas revisões.

A ética, finalmente, é crença e é pacto; é pressuposto e é compromisso; é aprendizado e é experiência; é hábito e é disciplina; é indagação e é convicção; é suficiente e provisória, como a vida. E, sobre essa utopia de uma ética, a um só tempo, fraterna e pública, faço minhas as palavras do poeta português Fernando Pessoa, com as quais concluo:

> quem sabe o que é a alma? quem conhece
> que alma há nas coisas que parecem mortas.
> quanto em terra ou em nada nunca esquece.
> quem sabe se no espaço vácuo há portas?
> ó sonho que me exortas
> a meditar assim a voz do mar,
> ensina-me a saber-te meditar. (PESSOA, 1983, p.116)

6.

STUART MILL E JOHN RAWLS: DO UTILITARISMO A UMA TEORIA DA JUSTIÇA

> Digamos agora que uma sociedade é bem-ordenada não apenas quando está planejada para promover o bem de seus membros, mas quando é também efetivamente regulada por uma concepção pública de justiça. Isso é, trata-se de uma sociedade na qual todos aceitam e sabem que os outros aceitam os mesmos princípios de justiça, e as instituições sociais básicas geralmente satisfazem, e geralmente se sabe que satisfazem, esses princípios.
>
> (RAWLS, 2000c, p. 5)

Introdução

A ideia de justiça, depois de Kant, sofreu inúmeras inflexões. Pretende-se trabalhar neste capítulo duas teorias que são contrárias entre si e que apontam em direção a que se possa pensar a ideia do justo aplicada à vida social. John Stuart Mill e John Rawls, cada um em seu tempo, projetaram propostas de sociedades pautadas por critérios democráticos e liberais, que, sob alguns aspectos, coincidem entre si. Contudo ambos possuem uma concepção de ética e uma concepção de justiça que, por si mesmas, são diferentes e até contrárias. Para Mill, trata-se de pensar a sociedade como se esta constituísse uma soma de indivíduos agregados. O indivíduo é visto, portanto, como o princípio organizador da vida coletiva. Já Rawls postula a acepção de contrato social como elemento constitutivo para seu pensamento ético e político. Na perspectiva de Mill, pensar a ética é favorecer o bem-estar da maioria. Para Rawls, ninguém poderá ser deixado para trás. Trata-se – segundo Rawls – de assegurar para todos o máximo daquilo que pode ser identificado como o mínimo imprescindível. Cabe estudar ambas as perspectivas para poder adquirir ferramentas teórico-conceituais para refletir sobre a temática da ética e da justiça.

A ética utilitarista de John Stuart Mill

John Stuart Mill (1806-1873) foi o principal teórico da corrente filosófica nascida na Inglaterra sob o título de utilitarismo. O utilitarismo é uma doutrina que ensina que a utilidade e o princípio da maior felicidade possível são os fundamentos morais que organizam a ação ética. Pensar a ética será, portanto, sob tal perspectiva, calcular a proporção que a ação empreendida possui na promoção da felicidade ou, ao contrário, na produção da infelicidade. Na verdade, então, para o utilitarismo, a ação será considerada boa ou má a partir de suas consequências. Trata-se, nesse caso, de uma doutrina moral consequencialista. Essa filosofia moral, que teve lugar a partir do século 18 com Jeremy Bentham (1748-1832), de acordo com Catherine Audard,

> dominou o pensamento anglófono por mais de dois séculos, e, como tal, representa um esforço notável para responder às questões fundamentais apresentadas a toda a filosofia moral referente ao *summum bonum*, à articulação entre as normas morais e a motivação. (AUDARD, 2003, p. 737)

Buscava-se aqui, sob uma outra ótica, a possibilidade de universalização dos preceitos da moralidade. Conforme argumenta Alexandre Braga Massella, a ideia central da doutrina é aquela segundo a qual as ações e as instituições justificam-se moralmente "quando maximizam a quantidade total de felicidade no mundo e diminuem o sofrimento" (MASSELLA, 2000, p. 9).

O utilitarismo sofreu transformações (CORTINA; MARTÍNEZ, 2005, p. 75). Quando se analisa comparativamente a teoria de Bentham e de

John Stuart Mill verificam-se – na visão de Esperanza Guisán (2006, p. 458) – modificações importantes e substanciais que puderam sugerir novos refinamentos à teoria em tela. Bentham havia expresso a ideia de que a sociedade deveria privilegiar a maior felicidade para o maior número, com prejuízo de uma minoria que eventualmente viesse a sofrer. Ele fazia um cálculo dos prazeres e das dores, que seriam os elementos propulsores da ação humana. Observa Tugendhat, a esse respeito, que, de acordo com Bentham, "na soma da felicidade a ser calculada, o bem-estar de ninguém pode valer mais do que o bem-estar do outro" (TUGENDHAT, 2000, p. 352). De qualquer modo, havia já aqui alguma preocupação em coadunar o interesse individual com o interesse público, à luz do princípio da maioria.

Já John Stuart Mill – em suas duas principais obras *A liberdade* e *Utilitarismo* – defende claramente a perspectiva segundo a qual é o interesse coletivo que baliza a adoção de possíveis regras morais universais. O princípio utilitarista em Mill pretendia, nesse sentido, abranger uma dimensão mais ampla do que o imperativo categórico kantiano. Nos termos de Massella: "na concepção de Stuart Mill, uma pessoa feliz é aquela que procura desenvolver seus talentos, refinar seus gostos e cultivar vínculos sociais" (MASSELLA, 2000, p. 11). Tal visão diferiria radicalmente do que Bentham propusera, já que este não teria feito diferenciação na escala dos prazeres e da felicidade. Para Mill, haveria prazeres superiores e prazeres inferiores, posto que o "florescimento das potencialidades humanas é parte da felicidade" (MASSELLA, 2000, p. 11). Mill, portanto, fazia uma clara distinção entre o mero desejo e ação voluntária, "entre uma ação feita diretamente por prazer, como no caso da generosidade espontânea, e uma ação verdadeiramente moral, na qual a satisfação é um dos motivos, ao lado de outros elementos, cujo conjunto constitui a felicidade" (AUDARD, 2003, p. 741). Por felicidade, Mill compreende, então, desde a satisfação física até a excelência do caráter, com graus distintos de mérito entre uma e outra.

John Stuart Mill nasceu em Londres, filho de um teórico escocês radicado na Inglaterra, no século 18, James Mill. Ele teve uma educação extremamente rígida coordenada por seu pai, com a assistência de Jeremy Bentham, o que o tornou um erudito precoce. Mesmo assim, como observa Guisán:

> A James Mill, contudo, em que pese seu escasso talento para o cultivo da sensibilidade, deveu John Stuart Mill sua precoce preocupação pela honestidade e a virtude, a integridade pessoal e a dedicação à melhora da raça humana, assim como o respeito pela democracia e sua defesa da liberdade frente ao fanatismo religioso ou de outra índole. (GUISÁN, 2006, p. 479)

Consta que John Stuart Mill foi criado isolado das outras crianças, para ser educado exclusivamente sob princípios racionais. Aos cinco anos sabia grego e aos nove sabia álgebra e latim. Diz Isaiah Berlin, no prefácio que faz à obra de Mill, o que segue:

> Quando alcançou a idade de doze anos, John Mill possuía o saber de um homem de trinta anos extraordinariamente erudito. Na descrição sóbria, clara, prosaica e escrupulosamente honesta que fez de si mesmo, afirma que todas as suas emoções definhavam enquanto seu espírito crescia violentamente. Havia logrado produzir um ser informado de modo excelente e perfeitamente racional. (BERLIN, 2000, p. 9)

Mill irá pensar em uma felicidade duradoura, talvez mais próxima da ideia aristotélica de vida boa do que do conceito restrito de felicidade, exposto no cálculo dos prazeres de Bentham. Acerca do tema, também sublinha Berlin:

> Continuava a professar que a felicidade era o único fim da existência humana, mas sua concepção sobre o que concorreria para ela transformou-se em algo muito distinto do que defendiam seus mentores, pois passou a valorizar, sobretudo, não a racionalidade ou o contentamento, mas a diversidade, a versatilidade, a plenitude da vida – o inexplicável salto do gênio individual, a espontaneidade e singularidade de um homem, um grupo, uma civilização. Odiava e temia a mesquinhez, a uniformidade, o efeito danoso da perseguição, o esmagamento dos indivíduos pelo peso da autoridade, do costume ou da opinião pública; posicionou-se contra o culto à ordem ou ao apuro, ou mesmo contra a paz, se comprados ao preço de se obliterar a variedade e a nuança de seres humanos indômitos com paixões inextinguíveis e imaginações desimpedidas. Talvez essa fosse uma compensação bastante natural por sua infância e adolescência adestrada, emocionalmente minguada e deformada. (BERLIN, 2000, p. 11)

Em 1854, John Stuart Mill esboça a primeira versão do que seria seu trabalho intitulado *A liberdade*. A partir de 1857, junto com sua esposa, ele envolve-se em uma versão ampliada da mesma obra, a ser publicada em 1859. *Utilitarismo* é um texto que foi editado em 1863, primeiramente na forma de artigos em sucessivos números da *Fraser's Magazine*, para somente depois ser publicado na forma de livro.

O texto *A liberdade* principia com a definição do próprio conceito: "proteção contra a tirania dos dirigentes políticos" (MILL, 2000a, p. 6). Mill destaca a oposição entre liberdade e autoridade. Qualificando a tirania como um poder exercido por alguém cuja supremacia não pode ser contestada, Mill reporta-se à Revolução Francesa e é extremamente crítico com o movimento, por entender que ali o povo buscou oprimir a totalidade da população e isso constituiu o que ele chamou – com Tocqueville – de "tirania da maioria". As palavras do autor a esse respeito são esclarecedoras:

> Não basta a proteção contra a tirania do magistrado; é necessária também a proteção contra a tirania da opinião e do sentimento dominantes, contra a tendência da sociedade a impor, por meios outros que não os das penalidades civis, as próprias ideias e práticas, como regras de conduta aos que delas dissentem; a aguilhoar o desenvolvimento e, se possível, a impedir a formação de qualquer individualidade em desacordo com seus métodos, compelindo todos os tipos humanos a conformar-se ao seu modelo. Há um limite para a interferência legítima da opinião coletiva sobre a independência individual, e encontrar esse limite, guardando-o de invasões, é tão indispensável à boa condição dos negócios humanos como a proteção contra o despotismo político. (MILL, 2000a, pp. 10-11)

Mill compreende que o povo de uma determinada época poderá impor seus costumes aos outros e, exatamente porque suas próprias regras lhe parecem evidentes e justificáveis por si mesmas, esse povo poderá desejar transformar os seus próprios costumes em costumes de todos. Ora, costumes constituem uma segunda natureza – diz Mill. O padrão de julgamento acerca dos costumes é considerado um assunto para o qual não é necessário oferecer razões. Por causa disso "ninguém, com efeito, admite a si mesmo que seu padrão de julgamento seja seu próprio gosto" (MILL, 2000a, p. 12).

Mill sustenta o dever da tolerância, em nome da liberdade de crença e de consciência e é contrário à acepção de direitos abstratos, direitos esses que – segundo ele – podem inclusive ser conflitantes entre si. Mill destaca o fato de considerar "a utilidade como a solução última de todas as questões éticas, devendo-se empregá-la, porém, em seu sentido amplo, a saber, a utilidade fundamentada nos interesses permanentes do homem como um ser de progresso" (MILL, 2000a, p. 19). Mill defende também a liberdade de expressar e publicar opiniões, quaisquer que sejam essas opiniões. Ao direito à liberdade de expressão, unir-se-ia o direito à liberdade de associação. Mill também defende o direito de cada um viver como bem quiser, desde que não faça mal aos outros, posto que "a humanidade ganha mais tolerando que cada um viva conforme o que lhe parece bom do que compelindo cada um a viver conforme pareça bom ao restante" (MILL, 2000a, p. 22). Mill considera que o indivíduo não precisaria prestar contas à sociedade de nenhum ato que diga respeito apenas a si próprio; tendo, portanto, completa liberdade para fazer o que desejar em relação a seus próprios interesses. Contudo a pessoa "não deveria ser livre para fazer o que deseja quando se trata de outra pessoa, sob o pretexto de que os assuntos desse outro lhe dizem respeito" (MILL, 2000a, p. 158).

A liberdade de expressar opiniões conferiria ao sujeito a oportunidade de buscar argumentar e contrapor-se a perspectivas contrárias, em direção a uma maior aproximação da verdade: "recusar-se a ter conhecimento de uma opinião porque estão certos de que é falsa implica assumir que a certeza deles é idêntica à certeza absoluta. Todo silêncio que se impõe à discussão equivale à presunção de infalibilidade" (MILL, 2000a, pp. 29-30). A presunção de infalibilidade seria, pois, "a tarefa de decidir tal questão por outros, sem lhes permitir ouvir o que pode dizer o lado contrário" (MILL, 2000a, p. 38). Essa crítica à pretensão de infalibilidade é uma ideia chave do pensamento de John Mill. O mundo, para cada indivíduo, é a parte do mundo com a qual ele entra em contato: "seu partido, sua seita, sua igreja, sua classe social" (MILL, 2000a, p. 30). Contudo sempre é fundamental cotejar nosso mundo com o mundo dos outros, nossas opiniões com as opiniões dos outros. A verdade sempre seria provisória, aproximada, sujeita, portanto, ao confronto. É preciso, nesse sentido, ouvir o dissidente, respeitar o pensamento divergente, até porque, mesmo que a maioria estiver certa, é muito provável que os dissidentes tenham algo a dizer que seja efetivamente digno de ouvir.

> O hábito constante de corrigir e completar a própria opinião cotejando-a com a de outros, longe de gerar dúvidas e hesitações ao pô-la em prática, constitui o único fundamento estável para que nela se tenha justa confiança. Pois, por tomar ciência de tudo que se pode, ao menos obviamente, dizer contra si, e por assumir posição contra todos os contestadores – sabendo que buscou objeções e dificuldades em vez de as evitar, e não impediu que de nenhuma parte se lançasse alguma luz sobre o assunto – tem direito a pensar que seu juízo é melhor que o de qualquer pessoa ou multidão que não tenha passado por semelhante processo. (MILL, 2000a, p. 34)

John Stuart Mill, ainda em *A liberdade*, argumenta que as tradições e os costumes dos povos são testemunhos da sua própria experiência. Porém, conformar-se ao costume não necessariamente é educativo, se considerarmos a educação como a capacitação do discernimento para o ato de decidir. Nas palavras do filósofo:

> [...] conformar-se ao costume, meramente por ser costume, não educa nem desenvolve nele nenhuma das qualidades que constituem o dote distintivo de um ser humano. As faculdades humanas da percepção, do juízo, do discernimento, da atividade mental e até mesmo da preferência moral exercem-se apenas quando se faz uma escolha. Aquele que age apenas segundo o costume não faz nenhuma escolha. Não ganha nenhuma prática quer para discernir, quer para desejar o que é melhor. As capacidades mentais e morais, a exemplo das musculares, aprimoram-se somente pelo uso. Não se exercem as faculdades ao se fazer algo simplesmente porque os outros fazem, tampouco ao se acreditar em algo porque outros acreditam. [...] Quem escolhe para si mesmo o próprio plano emprega todas as suas faculdades. Necessariamente usa observação para ver, o raciocínio e o juízo para prever, a atividade para coletar materiais para decisão, o discernimento para decidir e, uma vez que decide, a firmeza e o autocontrole para manter a decisão deliberada. (MILL, 2000a, pp. 89-90)

Tudo isso compunha um determinado grau de individualidade, necessário para a inserção do sujeito na vida coletiva. Considera Mill que as pessoas de gênio são exatamente aquelas que costumam ser mais individualizadas do que as outras. São, sob tal perspectiva, originais. A originalidade é algo que não estaria, então, ao alcance dos espíritos vulgares. Mas a originalidade das pessoas mais destacadas pode atuar para abrir os olhos das demais. Por tal razão exatamente é que

> os indivíduos excepcionais deveriam ser encorajados, e não dissuadidos, a agir diferentemente da massa. [...] Precisamente porque a tirania da opinião é tal que torna a excentricidade censurável, é desejável, a fim de transpor essa tirania, que o povo seja excêntrico. (MILL, 2000a, p. 102)

A excentricidade acabaria por ser, assim, o preço que a sociedade paga contra a tirania da opinião; contra, no limite, o governo da mediocridade.

O que Mill qualifica por "despotismo do costume" (MILL, 2000a, p. 107) seria o permanente obstáculo para o avanço humano. O espírito da liberdade, em alguma medida, tende a contrariar os costumes, em direção ao progresso e ao aperfeiçoamento: "a única força permanente e infalível de progresso é a liberdade, uma vez que graças a ela surgem tantos centros independentes de aperfeiçoamento quantos forem os indivíduos" (MILL, 2000a, p. 107).

Mill é um dos teóricos clássicos do liberalismo e é dele a máxima segundo a qual "à individualidade deveria caber a parte da vida que interessa basicamente ao indivíduo; à sociedade, a parte que interessa basicamente à sociedade" (MILL, 2000a, p. 115). Mill não aceita a tese de que a sociedade foi fundada por um contrato. Ele rejeita essa ideia. Isso não significa, entretanto, que as pessoas que recebem a proteção da sociedade não devam ter com ela a preocupação quanto à retribuição. Tal contrapartida do indivíduo suporia primeiramente "não prejudicar os interesses dos outros, ou, antes, certos interesses que devem ser considerados, seja por expresso dispositivo legal, seja por acordo tácito, como direitos" (MILL, 2000a, p. 115).

Mill defende a educação como estratégia para formar indivíduos livres e, ao mesmo tempo, aptos para viver em sociedade.

> Se a obrigação de impor educação universal fosse algum dia admitida, terminariam todas as dificuldades relativas ao que o Estado deveria ensinar, e ao modo como deveria ensinar, dificuldades essas que, por ora, convertem o assunto num mero campo de batalha para os partidos e as seitas, fazendo perderem-se nas querelas sobre educação o tempo e o trabalho que deveriam ser despendidos na educação. Se o governo se decidisse a exigir uma boa educação para todas as crianças, poderia se poupar o esforço de providenciá-la. Poderia deixar aos pais a incumbência de encontrar educação onde e quando desejassem, contentando-se em auxiliar a pagar as taxas escolares das classes mais pobres de crianças, ou

> mesmo arcando com todas as despesas escolares daqueles que não possuem quem o faça. As objeções que com razão se levantam contra a educação do Estado não se aplicam à imposição da educação estatal, mas ao fato de o Estado assumir a direção da educação, o que é uma coisa totalmente diferente. (MILL, 2000a, p. 160)

Mill propugna a coexistência de escolas públicas e escolas privadas, sendo contrário a que o Estado venha a assumir sozinho a direção dos assuntos educativos: "que toda ou a maior parte da educação esteja nas mãos do Estado, desaprovo-o tanto como qualquer um" (MILL, 2000a, p. 160). Ele complementa afirmando que tudo o que se disse sobre a "importância da individualidade do caráter e da diversidade nas opiniões e nos modos de conduta envolve, com a mesma indizível importância, diversidade de educação" (MILL, 2000a, p. 160). Promover a educação, como sublinha Berkowitz (2000, p. 138), para Mill, consistiria em promover o bem público, o bem estar coletivo e o desenvolvimento moral. Entretanto, continua Mill:

> Uma educação geral promovida pelo Estado não passa de um mero artifício para moldar pessoas exatamente iguais umas às outras [...] Uma educação instituída e controlada pelo Estado deveria apenas existir, se é que deveria existir, como um dentre inúmeros experimentos concorrentes, aos quais serviria de exemplo e estímulo, mantendo-os num certo padrão de excelência. (MILL, 2000a, p. 161)

Todos esses elementos são importantes para adentrarmos pela concepção de ética de John Stuart Mill, expressa fundamentalmente em seu texto intitulado *Utilitarismo*. Nessa sua outra obra, Mill inicia caracterizando o sumo bem como o fundamento da moralidade, e, nesse sentido, como "o principal problema no pensamento especulativo" (MILL, 2000b, p. 177). Mill explicita que, desde Epicuro, é possível considerar felicidade e dor como forças contrárias, sendo, portanto, a promoção da felicidade o objetivo maior do credo que aceita a utilidade como fundamento da moral. As ações, assim, seriam consideradas corretas quanto mais tendam a promover felicidade e erradas conforme tendam a produzir sofrimento:

> Por felicidade se entende prazer e ausência de dor; por infelicidade, dor e privação do prazer. Para dar uma ideia mais clara do padrão moral

> estabelecido pela teoria, é preciso dizer muito mais; trata-se de saber, em particular, o que está incluído nas ideias de dor e prazer e em que medida esse debate é uma questão aberta. (MILL, 2000b, p. 187)

Mill considera algumas espécies de prazeres como superiores a outras. Ele responde às críticas que havia recebido, dizendo que sua doutrina não era dirigida – conforme lhe havia sido atribuído – a suínos. Os seres humanos, ao contrário dos animais, teriam capacidade para experimentar sentimentos nobres. Mill argumenta que o utilitarismo é consciente de que haveria superioridade dos prazeres mentais sobre os corpóreos, "principalmente pela maior permanência, maior segurança, pelo menor custo etc., dos primeiros – ou seja, por suas vantagens circunstanciais, mais do que por sua natureza intrínseca" (MILL, 2000b, p. 188). Nesse sentido, o autor reconhece que

> algumas espécies de prazer são mais desejáveis do que outras. Enquanto na avaliação de todas as outras coisas a qualidade é tão levada em conta quanto a utilidade, seria absurdo supor que a avaliação dos prazeres dependesse unicamente da quantidade. (MILL, 2000b, p. 189)

Do ponto de vista do utilitarismo, as pessoas se entregam a prazeres inferiores porque não têm acesso a prazeres superiores. Dentre tais prazeres superiores, constam a capacidade para experimentar sentimentos nobres, como, por exemplo, o de congratular-se com a felicidade alheia. A satisfação intelectual constitui, entretanto, a aspiração mais elevada que o indivíduo pode ter. Contudo nem todos têm a oportunidade para usufruí-la. Mesmo assim, para Mill, uma das principais causas da vida insatisfatória é exatamente a falta de cultivo intelectual. (MILL, 2000b, p. 197)

A acepção de utilidade, tal como expressa por John Stuart Mill, compreende não apenas a felicidade do próprio agente, mas, sobretudo, a maior soma de felicidade conjunta. Trata-se, portanto, do princípio da maior felicidade para o maior número de pessoas. Isso significa não apenas a busca coletiva pela felicidade, mas a "prevenção ou mitigação da infelicidade" (MILL, 2000b, p. 195). E que tipo de vida poderia ser caracterizada como vida efetivamente feliz?

> A felicidade de que falavam não significava uma vida de arroubo, mas momentos de êxtase numa existência constituída de poucas dores

> transitórias, muitos e variados prazeres, com um claro predomínio do ativo sobre o passivo; existência fundada, em seu conjunto, sobre a ideia de não esperar da vida mais do que ela é capaz de conceder. Uma vida assim composta sempre se mostrou digna do nome felicidade aos que foram afortunados o bastante para alcançá-la. E mesmo agora essa existência é o destino de muitos homens durante uma parte importante de suas vidas. A deplorável educação, os deploráveis arranjos sociais são, atualmente, o único obstáculo real a que quase todos a realizem. (MILL, 2000b, p. 196)

A moralidade utilitarista – e Mill sublinha esse aspecto – admite que os seres humanos possam vir a sacrificar seus maiores bens pessoais em nome do bem dos outros. Na contramão, entretanto, da ética kantiana, "apenas se recusa a admitir que o sacrifício em si mesmo seja um bem. Um sacrifício que não aumenta nem tende a aumentar a soma total de felicidade é considerado como um desperdício" (MILL, 2000b, p. 202). A Humanidade tem de ser sempre tomada coletivamente e a felicidade dos outros enquanto maioria é a única autorrenúncia admitida pela moralidade utilitarista. Nessa direção, haveria um vínculo absoluto, uma "associação indissolúvel entre sua própria felicidade e o bem do todo, principalmente entre sua felicidade pessoal e a prática desses modos de conduta, negativos e positivos, conforme prescritos pela felicidade universal" (MILL, 2000b, p. 203). Contrariando frontalmente os preceitos da ética kantiana, segundo os quais o que caracteriza a ação moral é o móbil da ação – e, portanto, a intenção que a impulsionou –, Mill destaca o que segue:

> Quem salva seu semelhante de um afogamento faz o que é moralmente certo, quer seu motivo seja o dever, quer a esperança de ser remunerado por seu esforço; aquele que trai o amigo que nele confia é culpado de um crime, mesmo se seu propósito seja servir um outro amigo a quem deve grandes obrigações. Mas restrinjamo-nos apenas às ações motivadas pelo dever e praticadas em direta obediência ao princípio. O modo de pensar utilitarista é mal interpretado quando se supõe que as pessoas deveriam fixar seu espírito sobre algo tão genérico como o mundo ou sobre a sociedade como um todo. A grande maioria das boas ações visa não a beneficiar o mundo, mas os indivíduos, que compõem o bem do mundo. (MILL, 2000b, p. 204)

A finalidade da virtude seria, para o filósofo, a multiplicação da felicidade conjunta e coletiva. Mill rebate as críticas recebidas já em sua época, especialmente aquela que caracterizava o utilitarismo como doutrina imoral, como se tal teoria reduzisse o bem àquilo que é, em cada situação, conveniente. Não haveria, sob tal perspectiva, um princípio, mas apenas aquilo que é conveniente aos interesses particulares do agente. Mill responde essa crítica dizendo que "não existe uma doutrina ética que não modere a rigidez de suas leis, permitindo ao agente, sob sua responsabilidade moral, uma certa latitude para acomodar essas regras às particularidades das circunstâncias" (MILL, 2000b, p. 214).

No tocante aos critérios da obrigação moral e às sanções decorrentes de seu não cumprimento Mill observa que o princípio da utilidade tem sanções internas e externas. A sanção interna do dever corresponderia a um sentimento em nosso próprio espírito:

> uma dor, mais ou menos aguda, que se segue à violação do dever, e que as naturezas morais apropriadamente cultivadas experimentam num grau tal que, nos casos mais graves, as faz recuar diante dessa violação como diante de uma impossibilidade. (MILL, 2000b, pp. 219-220)

Haveria, pois, para o utilitarismo, a acepção de um dever moral, cuja força compulsória age no sentimento subjetivo do espírito do sujeito, e pode reaparecer, após a realização do ato mau, na forma de remorso.

Reconhecendo a existência do dever como sentimento natural, Mill considera esse sentimento como a força da moralidade utilitarista. Contudo a isso deverá se acoplar a felicidade geral como critério ético. O homem não se concebe a si próprio como uma abstração destituída de um coletivo. Ele se percebe, pelo contrário, como integrante de um corpo com o qual entra em cooperação, com o qual estabelece projetos comuns em prol de um interesse conjunto.

> O indivíduo toma, como que instintivamente, consciência de si mesmo como um ser que obviamente presta atenção aos outros. O bem desses outros torna-se para ele algo a que naturalmente e necessariamente deve atentar, tal como a qualquer das condições físicas de nossa existência. Ora, seja qual for a magnitude desse sentimento num indivíduo, os mais fortes motivos do interesse e da simpatia o incitam a revelá-lo, e o mais possível animá-lo em outros; e mesmo se não possuir nenhum grau desse sentimento, está tão interessado como qualquer outro em que os demais

> o possuam. Por conseguinte, os menores germes desse sentimento são conservados e alimentados pelo contágio da simpatia e pelas influências da educação, e se fortifica ainda mais pela completa trama de associações que se tece em torno dele pela ação poderosa das sanções exteriores. Esse modo de conceber a nós mesmos e à vida humana apresenta-se cada vez mais a nossa percepção como algo natural à medida que a civilização progride. (MILL, 2000b, p. 226)

Mill destaca a ausência de concordância com relação tanto àquilo que é justo quanto àquilo que seria mais útil para a sociedade. Diferentes nações e mesmo diferentes indivíduos possuem distintas acepções de justiça. O modo de pensar utilitarista não fixa posições de princípio. As ações são tomadas sempre como particulares, adstritas às circunstâncias – e, nessa condição, devem ser pensadas. A finalidade da virtude é, como já se sublinhou anteriormente, multiplicar a felicidade para o maior número. O interesse coletivo é o único critério capaz de justificar a adoção de regras universais, sendo a justiça o nome conferido a um conjunto de regras essenciais para o bem-estar humano. As pessoas teriam sentimentos naturais de justiça, embora esses não sejam o critério último da conduta. O critério último, de qualquer maneira, seria sempre a felicidade do maior número. Sob tal perspectiva, haveria de se recorrer ao princípio da imparcialidade, o qual, por si, pressupõe a noção de igualdade:

> Quando se trata de direito, a imparcialidade é claramente obrigatória, mas está então compreendida na obrigação mais geral de dar a cada um o que é seu de direito. Um tribunal, por exemplo, deve ser imparcial, porque tem por obrigação adjudicar um objeto em litígio àquela das duas partes que a ele tenha direito, sem atender a nenhuma outra consideração. Há outros casos em que a imparcialidade significa não se deixar influenciar senão pelo mérito; é o caso dos que, na qualidade de juízes, preceptores ou pais, atribuem recompensas e punições. E há, ainda, casos em que a imparcialidade significa deixar-se influenciar unicamente pela consideração do interesse público, como acontece quando se tem de escolher entre candidatos a um emprego na administração pública. Em resumo, pode dizer-se que imparcialidade, como obrigação de justiça, significa deixar-se influenciar exclusivamente pelas considerações que se supõe devam influir no caso particular em questão, e resistir à solicitação de quaisquer motivos que levem a adotar uma conduta diferente da que essas considerações ditariam. (MILL, 2000b, p. 247)

A palavra justiça constitui uma designação apropriada para certas condutas – no parecer de Mill. Justiça seria, assim, o nome conferido a regras essenciais do bem-estar humano. Todavia o conceito de utilidade social designaria algo ainda mais importante. No limite, haveria uma escala na hierarquia da utilidade social, onde a ideia de justiça corresponderia a exigências morais importantes e "por conseguinte mais rigorosamente obrigatórias do que quaisquer outras" (MILL, 2000b, p. 276). Multiplicar a justiça é multiplicar a felicidade. E multiplicar a felicidade é construir uma sociedade mais justa. As regras morais utilitaristas consolidariam um sistema público mais progressista, com um possante senso de realidade, à luz do pressuposto segundo o qual haveria obrigações morais em relação à felicidade coletiva.

Em suma, Mill compreende que uma sociedade pautada pela liberdade e pela igualdade precisaria, para se sustentar, cultivar certas virtudes (BERKOWITZ, 2000, p. 137). Isso ocorreria porque uma sociedade, que queira promover, ao mesmo tempo, a escolha individual e o desenvolvimento humano, precisaria dimensionar as oportunidades criadas pela própria liberdade. Além disso, uma sociedade livre que

> [...] não apenas tolere, mas encoraje experimentos na vida tem talvez uma necessidade mais aguda de virtude do que outras menos abertas, porque experimentos valorosos na vida podem ser perigosos e voláteis, e mesmo experimentos relativamente seguros podem requerer, para sua bem sucedida execução, qualidades refinadas de mente e de caráter. (BERKOWITZ, 2000, p. 137)

Berkowitz observa que, como Aristóteles, Mill defende uma concepção bastante particular de boa vida para os seres humanos: "como Aristóteles, Mill acredita que virtudes são relativas à variedade de fins" (BERKOWITZ, 2000, p. 137); como Aristóteles, Mill assinala explícita atenção para qualidades de caráter como imprescindíveis à manutenção da sociedade política, expressas na condição de virtudes sociais ou virtudes públicas. Ainda como Aristóteles, Mill considera que o principal meio para preservar um regime político seria a educação das virtudes.

Para finalizar, é preciso considerar que – conforme argumenta Antonio Frederico Saturnino Braga – o ponto de partida do pensamento utilitarista de Mill reside na constatação das coisas que efetivamente acontecem na sociedade:

do valor que as pessoas de fato atribuem às coisas (contra a idealização do valor que lhes deveriam atribuir); do modo como a vida em sociedade se estrutura e se desenrola (contra a idealização do modo como ela deveria se estruturar e se desenrolar). (BRAGA, 2011, p. 211)

Ainda, como observa Maria Cecilia Maringoni de Carvalho, a ética de Mill não é indiferente ao bem-estar das pessoas: "uma ação será moralmente boa na medida em que o saldo líquido de felicidade ou de bem-estar decorrente de sua realização (ou de uma conformação à regra) for maior que o resultante de qualquer ação ou regra alternativa disponível ao agente" (CARVALHO, 2001, p. 100). A qualidade moral seria, pois, aferida em função das consequências produzidas pela ação, no tocante ao que poderia ser qualificado como a vida boa para a maioria. Daí a conclusão segundo a qual nenhuma regra poderia ser aplicada universalmente, sem considerar as particularidades e a conveniência social. As regras morais seriam um instrumento para um bem maior, que compreenderia o bem-estar da coletividade como finalidade última. Essa é a perspectiva ética do utilitarismo.

John Rawls e sua teoria da justiça

John Rawls (1921-2002) foi um professor de filosofia política da Universidade de Harvard e um dos principais pensadores do século 20. É autor de um clássico livro intitulado *Uma teoria da justiça*, publicado em 1971. John Bordley Rawls nasceu em 21 de fevereiro de 1921 em Baltimore, estado de Maryland, filho de William Lee e Anna Abell Rawls. Seu pai especializou-se em Direito constitucional e era um advogado de renome. Sua mãe, feminista e de família tradicional, foi presidente da liga local do eleitorado das mulheres. Acerca de sua trajetória, "como Isaiah Berlin, um grande admirador de Rawls, o descreveria mais tarde, foi a origem puritana e austera do filósofo de Harvard que determinaria o rigor de sua meticulosa produção teórica" (OLIVEIRA, 2003, p. 8). John Rawls perdeu dois irmãos na infância, o que muito o teria traumatizado. De todo modo, desde cedo, "encontraria na metáfora do jogo limpo a mais adequada expressão para o contraponto da vida social, onde as desigualdades e injustiças decorrem precisamente da infração das regras do jogo e do desregramento institucional" (OLIVEIRA, 2003, p. 8).

Rawls estudou em escola pública e em um tradicional colégio de Connecticut. Cursou filosofia na Universidade de Princeton. Após o término de seus estudos, foi servir o exército, onde vivenciou os terrores da Segunda Guerra Mundial, na qual perdeu amigos. Após os desacertos da guerra, em especial, os bombardeios de Hiroshima e Nagasaki pelos Estados Unidos, ele passa a meditar sobre os direitos dos povos, sobre as ideias de justiça social e de tolerância. Acerca, ainda, de sua biografia, pode-se dizer que toda ela é marcada pela elaboração e repercussão de seu clássico livro *Uma teoria da justiça,* datado de 1971:

> Terminada a Segunda Guerra, Rawls decidiu retornar a Princeton em 1946 e trabalhar sobre questões de filosofia moral para a sua tese de doutorado. No seu último ano acadêmico (1949-50), Rawls iniciou seus estudos de aprofundamento em teoria política, culminando com a publicação do famoso tratado sobre a justiça, depois de duas décadas de investigações sobre o tema. A sua obra-prima foi traduzida para o alemão (1975) e para o francês (1987) e alcançou notável reconhecimento internacional. Na virada do século, já havia se tornado o maior best-seller filosófico das últimas décadas, tendo sido publicado em mais de 25 países e suscitado centenas de milhares de estudos e artigos em todo o mundo. Mesmo assim, muito pouco se conhecia acerca do seu autor, que, em toda a vida, só concederia uma única entrevista – à revista liberal católica *Commonweal* em 1998 –, permanecendo inacessível e alheio aos grandes eventos acadêmicos. (OLIVEIRA, 2003, p. 9)

Nos anos de 1980 e 1990, Rawls revisou sua teoria e, ao mesmo tempo, manteve um sólido grupo de pesquisa em Harvard. Daí surgiram outros dos seus livros, como, por exemplo, *O liberalismo político.* Em toda a sua produção, pode-se dizer que Rawls propugna uma acepção procedimental de liberalismo (OLIVEIRA, 2003, p. 10), que ele próprio denominou "justiça como equidade" (*justice as fairness*). John Rawls é um autor que se pauta pela noção de contrato social. Enquanto contratualista, critica os argumentos de John Stuart Mill, seu principal interlocutor no livro *Uma teoria da justiça.* Rawls sugere que a tradição do pensamento democrático teria por dever assinalar a liberdade e a igualdade como valores irredutíveis. A partir deles, pressupõe-se um conjunto primeiro de virtudes, o qual seria – na essência – o próprio pressuposto que oferece condições para ser livre e ser igual. Cabe lembrar que "desde o início do Iluminismo, o contratualismo apresentou-se como a forma mais atraente de preencher o vazio deixado pelas explicações religiosas sobre as questões morais, sobre o problema da autoridade" (GARGARELLA, 2008, p. 14). A autoridade do contrato reside, a partir de então, em uma criação dos próprios indivíduos, e não mais em abstrações ou entidades metafísicas.

Para Rawls, assim como para alguns de seus antecessores contratualistas, a acepção de contrato não decorre de um efetivo pacto factual e histórico, mas apenas hipotético. A ideia é a de que isso não ocorreu, mas teria ocorrido nas condições hipotéticas expostas pela teoria. Michael J. Sandel comenta que o contrato de Rawls ainda é mais imaginário do que o de seus predecessores: "não só o contrato jamais se celebrou, como se imagina que ele tem lugar entre uma espécie de seres que na realidade nunca existiu, isto é, seres afetados pelo tipo de amnésia complexa exigida pelo véu da ignorância" (SANDEL, 1998, p. 105). Sandel ainda argumenta que a perspectiva de Rawls é fundamentalmente comprometida com a pluralidade essencial dos seres humanos e com a necessidade de se lidar com interesses e pretensões que eventualmente colidem uns com os outros. O pensamento de Rawls seria, pois, pautado por uma perspectiva intersubjetiva, mediante a qual há uma partilha entre as possibilidades sociais e os interesses de todos os agentes. De todo modo, há de se sublinhar que a perspectiva do contrato é exclusivamente procedimental (VALLESPÍN, 2008, p. 588).

Para conferir, na tradição liberal democrática dos direitos – que firma para o ser humano e para a coletividade as competências da liberdade e da igualdade – teria ocorrido um consenso primeiro, pactuado como artefato social, segundo o qual haveria duas faculdades morais intrinsecamente humanas das quais cada indivíduo seria potencialmente portador: um senso de justiça e uma concepção de bem (RAWLS, 2000a, p. 216). Rawls pondera que tal consideração deriva basicamente de uma ideia intuitiva, que não deixa, contudo, de possuir validez operatória. Como assinala Fernando Vallespín acerca do pensamento de Rawls, todas as pessoas têm uma ideia intuitiva de justiça, que precisará ser confrontada com a realidade e com as visões de mundo e de justiça dos demais. Nesse sentido, "da abstração dessas ideias e representações do que comum e cotidianamente entendemos por justiça deduzimos alguns princípios vagos e gerais que podemos contrastar com os princípios eleitos na posição original" (VALLESPÍN, 2008, p. 596).

O objetivo de John Rawls – como bem pontua Victoria Camps – foi o de combater e superar a "debilidade teórica da filosofia moral predominante no mundo anglo-saxão, o utilitarismo" (CAMPS, 2010, p. 9). A acepção de justiça de Rawls pretende explicitar o que ele qualifica por justiça como equidade em uma sociedade bem-ordenada. Isso porque apenas a partir da igualdade "esses seres humanos serão capazes de colocar-se de acordo e decidir imparcialmente. E é a imparcialidade, equidade ou *fairness*, o que define propriamente a justiça" (CAMPS, 2010, p. 10).

John Rawls, em sua obra *Uma teoria da justiça,* argumenta que para a construção de uma sociedade com igualdade equitativa de oportunidades haveria de se trabalhar com uma concepção de justiça que constituísse uma alternativa razoavelmente sistemática ao utilitarismo. Para Rawls, o utilitarismo mostrava-se incapaz de "explicar as liberdades e direitos básicos dos cidadãos como pessoas livres e iguais, uma exigência de importância primordial para uma consideração das instituições democráticas" (RAWLS, 2000c, p. 14). Rawls entende que o utilitarismo pauta-se no interesse particular e específico de cada um. Rawls, pelo contrário, pretende advogar uma sociedade equitativa e bem ordenada, onde todos sejam capazes de ter uma concepção de bem, mas, mais do que isso, uma sociedade onde todos tenham um princípio de justiça.

Para esse intento, o autor cria uma versão abstrata da acepção de contrato social, tomando por pressuposto a ideia de que todas as pessoas têm "dois poderes morais – sua capacidade para um senso de justiça e sua capacidade para uma concepção de bem" (RAWLS, 2000c, p. 15). Rawls, além disso, considera que o objetivo das instituições políticas seria o de conferir às pessoas um padrão decente de vida, um estado de bem-estar social, naquilo que ele chamará de sociedade bem ordenada. Uma sociedade bem ordenada é aquela em que "todos aceitam e sabem que os outros aceitam os mesmos princípios de justiça" (RAWLS, 2000c, p. 5) quando reconhecem um ponto de vista comum, quando partilham os vínculos de uma convivência cívica. Em seu pensamento – conforme observa Martha C. Nussbaum – Rawls considera que "os princípios da justiça que se aplicam a cada sociedade já foram fixados:

cada qual tem uma estrutura básica cuja forma é determinada por esses princípios" (NUSSBAUM, 2013, p. 287). A abordagem de Rawls, com o primado do sentido de justiça sobre quaisquer outras virtudes, é de cariz kantiano.

Contudo nas sociedades concretas haveria problemas na estrutura básica do tecido social, em relação às condições acima expressas. O que acontece é que

> os homens nascidos em condições diferentes têm expectativa de vida diferentes, determinadas, em parte, pelo sistema político bem como pelas circunstâncias econômicas e sociais. Assim, as instituições da sociedade favorecem certos pontos de partida, mais do que outros. (RAWLS, 2000c, p. 8)

Por isso, Rawls criará o que chama de teoria da escolha racional. Haveria, antes de tudo, a perspectiva de um contrato a ser firmado, garantida a publicidade dos princípios políticos, como resultado de um consenso social acerca de uma dinâmica de procedimento para se pensar o lugar do justo. Por causa disso, haveria concepções de justiça mais razoáveis do que outras. E a ideia de razoabilidade é central no pensamento de John Rawls. É ela que delimita "quais princípios seriam racionalmente adotados dada a situação contratual" (RAWLS, 2000c, p. 19). Diz Álvaro de Vita, que a acepção de razoabilidade é um componente central do contratualismo de John Rawls. A razoabilidade é tanto uma virtude quanto um conjunto de "princípios que aspiram ao reconhecimento público" (DE VITA, 2000, p. 193).

Antes de tudo, Rawls elabora o conceito de posição original, que supõe a retirada do sujeito do seu lugar de existência. O sujeito não pode saber quem é no tabuleiro da sociedade: se é rico ou se é pobre, se é mulher ou se é homem, se é jovem ou se é velho etc. O conhecimento de tais contingências seria excluído, de tal modo que não se identificassem as disparidades entre as posições sociais, as quais seriam, entretanto, mantidas. É como se houvesse um véu de ignorância nessa posição original, que assegurasse a igualdade das partes para a escolha dos princípios. Nos termos de Rawls:

> Parece razoável supor que as partes na posição original são iguais. Isto é, todas têm os mesmos direitos no processo da escolha dos princípios;

> cada uma pode fazer propostas, apresentar razões para a sua aceitação e assim por diante. Naturalmente a finalidade dessas condições é representar a igualdade entre os seres humanos como pessoas éticas, como criaturas que têm uma concepção do seu próprio bem e que são capazes de ter um senso de justiça. Toma-se como base da igualdade a similaridade nesses dois pontos. Os sistemas de objetivos não são classificados por seu valor; e supõe-se que cada homem tenha a capacidade necessária para entender quaisquer princípios que sejam adotados e agir de acordo com eles. Juntamente com o véu da ignorância, essas condições definem os princípios da justiça como sendo aqueles que pessoas racionais preocupadas em promover seus interesses consensualmente aceitariam em condições de igualdade nas quais ninguém é consciente de ser favorecido ou desfavorecido por contingências sociais e naturais. (RAWLS, 2000c, p. 21)

Os dois princípios éticos fundamentais seriam – na teoria de Rawls – relativos a concepções do justo e do bem. Como já se assinalou, em uma sociedade bem ordenada, todas as pessoas seriam capazes de ter uma concepção de justiça e uma concepção de bem e cada um desses valores teria um sentido específico. A própria estrutura da teoria ética dependeria da capacidade que a sociedade tem de operar com esses dois princípios. O que é justo remeteria à ideia de razoabilidade e o bem traria a lume a noção de racionalidade.

A ideia de Rawls é a de que as pessoas na posição original abraçariam o que ele chamará de *maximin*, e que corresponde ao máximo do mínimo possível em termos das oportunidades sociais – ou, na perspectiva de Álvaro de Vita (2000, p. 202) como aquilo que se contrapõe à visão utilitarista de "maximização da utilidade média". Para que houvesse uma justiça procedimental perfeita seria preciso que, no ato da escolha, as pessoas realmente não soubessem quem elas são. Não sabem qual sua posição de classe, seu *status* social, os talentos que lhe foram conferidos pela natureza etc. Rawls, entretanto, tem como pressuposto o fato de que haveria uma ideia intuitiva de um ordenamento equitativo do tecido social, com princípios que pessoas livres e racionais viessem a aceitar caso estivessem em uma posição inicial de igualdade:

> As pessoas na convenção não têm, naturalmente, nenhuma informação a respeito de indivíduos específicos: elas não conhecem sua própria posição social, seu lugar na distribuição de dotes naturais ou sua concepção do

> bem. Mas, além de possuírem um entendimento dos princípios de teoria social, elas agora conhecem os fatos genéricos e relevantes a respeito de sua sociedade, isto é, suas circunstâncias e recursos naturais, seu nível de desenvolvimento econômico e cultura política, e assim por diante. Já não se limitam às informações implícitas nas circunstâncias da justiça. Tendo conhecimento teórico e conhecendo os fatos genéricos apropriados a respeito de sua sociedade, devem escolher a constituição justa mais eficaz que satisfaça os princípios da justiça e seja a mais bem projetada para promover uma legislação eficaz e justa. (RAWLS, 2000c, p. 213)

As pessoas na posição original deverão acreditar que os princípios escolhidos são públicos e, nessa condição, elas tendem a adotar o sistema de princípios mais estável, princípios daquilo que seria a justiça como equidade, expresso na ideia de *maximin*.

> Uma sociedade bem-ordenada também é regulada por sua concepção pública da justiça. Esse fato implica que os seus membros têm um desejo forte e normalmente efetivo de agir em conformidade com os princípios da justiça. Como uma sociedade bem-organizada perdura ao longo do tempo, a sua concepção de justiça é provavelmente estável: ou seja, quando as instituições são justas (da forma definida por essa concepção), os indivíduos que participam dessas organizações adquirem o senso correspondente de justiça, e o desejo de fazer a sua parte para mantê-las. Uma concepção da justiça é mais estável que outra se o senso de justiça que tende a gerar for mais forte e tiver maior probabilidade de sobrepujar inclinações perturbadoras, e se as instituições que ela permite não fomentam impulsos e tentações tão fortes no sentido de agir de forma injusta. (RAWLS, 2000c, pp. 504-505)

A posição original e o véu da ignorância impediriam o sujeito de escolher perante dilemas morais de acordo com seus próprios interesses e vínculos particulares. A ordem social deveria, pois, ser assumida não a partir de nossa situação específica, mas do ponto de vista de todos os outros. Isso significa que "partilhamos com os outros um ponto de vista comum e não fazemos nossos julgamentos assumindo um viés pessoal" (RAWLS, 2000c, p. 575).

Rawls escreveu obras posteriores a *Uma teoria da justiça*, nas quais procurou apresentar o refinamento dos princípios expostos em sua obra fundadora. Nas conferências reunidas sob o título *O liberalismo político*, originalmente publicadas em 1993, o teórico da política aborda a temática da tolerância, da diversidade, da pluralidade de doutrinas religiosas, morais e filosóficas que são abraçadas por uma sociedade democrática. Aborda o que qualifica por pluralismo razoável, capaz de efetivar a "igualdade nos direitos e liberdades básicas dos cidadãos, de modo que sejam satisfeitas as exigências tanto da liberdade quanto da igualdade" (RAWLS, 2000b, p. 46). A organização das instituições políticas e sociais deveria ter como critério a realização tanto do valor da liberdade, quanto da igualdade. Só assim seria configurada a ideia de justiça como equidade. Uma acepção de equidade que supõe que, onde haja desigualdade, serão tomadas medidas em favor dos membros menos favorecidos. A perspectiva de Rawls acerca do tema é de que se há um princípio de igualdade, haverá também um princípio da diferença e este – como destaca Victoria Camps (2010, p. 12) – "ordena beneficiar os membros menos favorecidos da sociedade". Em tal direção, haveria dois movimentos:

> a) Todas as pessoas têm igual direito a um projeto inteiramente satisfatório de direitos e liberdades básicas iguais para todos, projeto este compatível com todos os demais; e, nesse projeto, as liberdades políticas, e somente estas, deverão ter seu valor equitativo garantido.
> b) As desigualdades sociais e econômicas devem satisfazer dois requisitos: primeiro, devem estar vinculadas a posições e cargos abertos a todos, em condições de igualdade equitativa de oportunidades; e, segundo, devem representar o maior benefício possível aos membros menos privilegiados da sociedade. (RAWLS, 2000b, pp. 47-48)

Em tal situação, primeiramente, se reconhece a liberdade de todos e, em segundo lugar, assegura-se que todos terão acesso equitativo aos bens sociais, de modo a que aqueles que foram previamente desfavorecidos, recebam maior benefício, em virtude exatamente de serem menos privilegiados. A sociedade bem ordenada é, então, descrita por Rawls como um "sistema equitativo de cooperação social entre pessoas livres e iguais" (RAWLS, 2000b, p. 51). As desigualdades econômicas seriam, assim, minimizadas pela igualdade equitativa de oportunidades, satisfazendo com isso as necessidades básicas de todos os cidadãos. Assim, pensar a justiça como equidade significa refletir sobre uma concepção de justiça que pode ser compartilhada por todos. Rawls levanta a tese de existência de um consenso sobreposto, que abarcaria as doutrinas morais mais razoáveis.

> Esse consenso abrange todas as doutrinas religiosas, filosóficas e morais razoáveis e conflitantes que provavelmente se manterão ao longo de várias gerações e conquistarão um número considerável de adeptos num regime constitucional mais ou menos justo, um regime cujo critério de justiça é essa mesma concepção política. (RAWLS, 2000b, p. 57)

A ideia de cooperação pressuporia uma concepção razoável de justiça em uma sociedade bem ordenada, na qual regras e procedimentos são publicamente reconhecidos e onde haja imparcialidade, reciprocidade e benefício mútuo. A ideia de cooperação é, pois, a capacidade de se ter senso de justiça e de ter uma concepção de bem. Recorde-se que a ideia de pessoa, em Rawls, pressuporia exatamente a noção de sujeito portador de duas faculdades morais: um senso de justiça e uma concepção de bem, ou, por outras palavras, um sentido de razoabilidade e um senso de racionalidade, com a sempre "prioridade do dever sobre o bem, do razoável sobre o racional" (CAMPS, 2010, p. 16). Nessa direção, Rawls chegaria a uma acepção universal de justiça, que seria válida para "todos os tempos e lugares, independente das contingências históricas, políticas, econômicas ou culturais" (CAMPS, 2010, p. 16). Ou, como diz Rawls:

> Senso de justiça é a capacidade de entender a concepção pública de justiça que caracterizaria os termos equitativos da cooperação social, de aplicá-la e de agir de acordo com ela. Dada a natureza da concepção política de especificar uma base pública de justificação, o senso de justiça também expressa uma disposição, quando não o desejo, de agir em relação a outros em termos que eles também possam endossar publicamente. A capacidade de ter uma concepção do bem é a capacidade de formar, revisar e procurar concretizar racionalmente uma concepção de vantagem racional pessoal, ou bem. (RAWLS, 2000b, p. 62)

Para que se possa assegurar essa concepção pública de justiça, associada a uma acepção de bem, Rawls introduz o conceito de posição original. A sociedade é tomada como um sistema equitativo de cooperação entre cidadãos livres e iguais, na qual todos operam com o sentido da razoabilidade expresso pela capacidade de ter um senso de justiça e com uma compreensão individual do que seria propriamente o seu bem, o que Rawls qualifica por racionalidade. As pessoas deverão operar com um faz de conta imaginário, que se apresenta sob a ideia de posição original, com os traços do que Rawls chamou de véu da ignorância. A posição original – como se disse – é um artifício, capaz de ser operatório para se projetar "a estrutura básica a partir da ideia fundamental de sociedade como um sistema duradouro e equitativo de cooperação entre cidadãos considerados livres e iguais" (RAWLS, 2000b, p. 69). Para Rawls, em uma democracia constitucional estruturada mediante um critério razoável e, portanto, fundado sobre uma concepção política de justiça, "desde que as concepções do bem e as doutrinas morais endossadas pelos cidadãos sejam compatíveis com a concepção pública de justiça, aqueles deveres e obrigações autenticam-se a si próprios, de um ponto de vista político" (RAWLS, 2000b, p. 76).

Rawls possui um claro conceito de pessoa. Conforme assinala Sônia T. Felipe (2000, p. 159), assentada na teoria da justiça de Rawls, e com base na ideia de que todos temos uma personalidade moral, a condição de pessoa implicaria a capacidade para distinguir o bom do mau, para a realização de um plano racional de vida. Mas, mais do que isso, implica um projeto de vida racional, e fundamentalmente a capacidade de levar em conta que as outras pessoas desejam também fazer valer os seus próprios projetos de vida. Isso significa, nos termos da comentadora, a "capacidade para representar e se fazer representar no espaço público, os sujeitos e os sujeitos de direito" (FELIPE, 2000, p. 159). Compreende-se aqui a ideia de um pluralismo razoável e, sob tal aspecto, Rawls distingue claramente o razoável do racional. Em primeiro lugar, o razoável é público e o racional não é. Além disso:

> As pessoas são razoáveis em um aspecto básico quando, entre iguais, por exemplo, estão dispostas a propor princípios e critérios como termos equitativos de cooperação e a submeter-se voluntariamente a eles, dada a garantia de que os outros farão o mesmo. Entendem que essas normas são razoáveis a todos e, por isso, as consideram justificáveis para todos, dispondo-se a discutir os critérios equitativos que outros propuserem. O razoável é um elemento da ideia de sociedade como um sistema de cooperação equitativa, e, que seus termos equitativos sejam razoáveis à aceitação de todos, faz parte da ideia de reciprocidade. Como já disse, a ideia de reciprocidade encontra-se entre a ideia de imparcialidade, que é altruísta (o bem geral constitui a motivação), e a ideia de benefício mútuo, compreendido como benefício geral com respeito à situação presente ou futura, sendo as coisas como são. Costumamos dizer que as pessoas razoáveis não são movidas pelo bem comum como tal, mas desejam, como fim

> em si mesmo, um mundo social em que elas, em sua condição de livres e iguais, possam cooperar com as outras em termos que todos possam aceitar. Insistem em que a reciprocidade vigore nesse mundo, de modo que cada pessoa se beneficie juntamente com as outras.
>
> [...]
>
> Os agentes razoáveis e racionais são normalmente as unidades de responsabilidade na vida política e social, e podem ser acusados de violação de princípios e critérios razoáveis. Mas o racional é uma ideia distinta do razoável; aplica-se a um agente único e unificado (quer seja um indivíduo ou uma pessoa jurídica), dotado das capacidades de julgamento e deliberação ao buscar realizar fins e interesses peculiarmente seus. O racional aplica-se à forma pela qual esses fins e interesses são adotados e promovidos, bem como a forma segundo a qual são priorizados. Aplica-se também à escolha dos meios e, nesse caso, é guiado por princípios conhecidos, como adotar os meios mais eficientes para os fins em questão ou selecionar a alternativa mais provável, permanecendo constantes as demais condições. (RAWLS, 2000b, pp. 93-94)

A ideia de reciprocidade é, como se pode ver, fundamental para a teoria de Rawls. O razoável nunca poderá ser derivado do racional. São coisas diferentes. Mas o razoável tangencia o conceito de reciprocidade. Para ser razoável, é necessário confiar na estrutura que ordena o mundo público e contar com a expectativa de que todos os outros também endossem esse ordenamento. Por isso, Rawls assinala que "o razoável, em contraste com o racional, leva em conta o mundo público dos outros" (RAWLS, 2000b, p. 106). Por sua vez, as pessoas também seriam capazes de formular uma concepção de bem, a qual procurariam concretizar racionalmente.

A sociedade guiada por tais princípios é aquilo que o autor considera uma sociedade bem-ordenada; aquela que trabalha com uma concepção pública e efetiva de justiça. A sociedade bem ordenada, pautada pelo preceito da publicidade, estrutura um modelo de justiça como equidade, fundada em uma acepção de pluralismo razoável: "os cidadãos aceitam e sabem que os outros também aceitam esses princípios, e essa percepção, por sua vez, é publicamente reconhecida" (RAWLS, 2000b, p. 110). Por tal razão, é possível dizer que a teoria política de John Rawls é uma justiça procedimental pura. Na posição original, as pessoas estariam aptas para sopesar seu senso de justiça, que contempla a cooperação social, com o sentido racional de bem, que lhes pudesse favorecer. Rawls não hesita em assegurar a prioridade do justo sobre o bem. O fato de ser uma justiça procedimental, nesse sentido, não significa que ela seja neutra. A concepção política de Rawls pretende, pelo contrário, pautar-se em um consenso sobreposto "isto é, a visão como um todo espera articular uma base pública de justificação para a estrutura básica de um regime constitucional, partindo de ideias intuitivas fundamentais implícitas na cultura política pública" (RAWLS, 2000b, p. 240).

Os valores políticos seriam organizados por um regime constitucional bem-ordenado, de tal maneira que se poderia esperar razoavelmente que todos os cidadãos pudessem endossar a ordem pública, pautada por um pluralismo razoável, à luz de princípios que fossem aceitáveis por todos, posto que razoáveis e racionais. Em virtude disso, pelo consenso sobreposto de doutrinas abrangentes e plurais, sustenta-se uma concepção partilhada de justiça. Nessa,

> o dever de civilidade com os grandes valores do político produz o ideal de cidadãos governando a si mesmos, de um modo que cada um acredita que seria razoável esperar que os outros aceitem; e esse ideal, por sua vez, é sustentado pelas doutrinas abrangentes que pessoas razoáveis defendem. (RAWLS, 2000b, p. 267)

Rawls preocupa-se em distinguir explicitamente sua teoria da perspectiva utilitarista. Nessa última, não haveria a ideia de contrato, não haveria a noção da razoabilidade e todos apenas perseguiriam seus fins pessoais. O utilitarismo rejeita a noção de princípios primeiros necessários para a estrutura básica. Conforme observa Chandran Kukathas (2003, p. 461), o utilitarismo não exclui a possibilidade de que a maximização da utilidade coloque alguns indivíduos numa situação bastante ruim: "na verdade, o utilitarismo não leva a sério a distinção entre as pessoas, enquanto Rawls afirma que cada pessoa possui uma inviolabilidade fundada sobre a justiça". Do ponto de vista utilitarista, se for necessário sacrificar o bem de alguns em prol do bem-estar da maioria, não se hesitará em fazer isso. Para Rawls, que se pauta na acepção de uma sociedade justa e bem-ordenada, a visão kantiana será uma referência a ser guardada. Nenhuma concepção de bem público poderá antepor-se ao princípio da justiça (CAMPS, 2010, p. 21). A crítica comunitarista dirigida a Rawls vai exatamente nessa direção, posto que, para os partidários de uma ética das virtudes, seria impossível "definir o justo como algo anterior ao bem, já que, somente através de nossa imersão em uma determinada comunidade ou sociedade política que gera uma concepção específica de bem, seria possível adquirir um sentido do justo" (VALLESPÍN, 2008, p. 601). Já na perspectiva de Rawls, a situação é diversa:

> Dizer que são pessoas morais é dizer que têm uma concepção do bem (um sistema de fins últimos), uma capacidade de entender uma concepção de justiça e de segui-la em sua vida (senso de justiça). A liberdade de pessoas morais pode ser interpretada de acordo com duas categorias: primeiro, como pessoas livres, elas se veem como pessoas cujo interesse supremo é regular todos os outros interesses, inclusive os fundamentais, pela razão, isto é, por princípios racionais e razoáveis que são expressão de sua autonomia. (RAWLS, 2000b, p. 333)

As duas capacidades da personalidade moral seriam, segundo Rawls, a capacidade de ser razoável e a capacidade de ser racional. Isso abarcaria um senso de justiça compartilhado e publicamente reconhecido. Em *A justiça como equidade*, publicado originalmente em 1985, John Rawls explicita o conceito de posição original como um mecanismo de representação.

> Modela, em primeiro lugar, o que consideramos (aqui e agora) como condições equitativas para os termos da cooperação sobre o quais se há de se colocar de acordo (condições que ficam refletidas na simetria da situação das partes); e, em segundo lugar, modela o que consideramos (aqui e agora) como restrições razoáveis sobre as razões que possam ser usadas para defender os princípios de justiça chamados para regular a estrutura básica. [...] É um lugar comum na filosofia moral exigir que os primeiros princípios sejam gerais e universais. Os princípios são gerais quando é possível formulá-los sem fazer uso de nomes próprios ou de descrições definidas adaptadas. São universais quando podem ser aplicados a todos os agentes morais sem inconsistência ou incoerência contraproducente, em nosso caso, a todos os cidadãos da sociedade em questão. A justiça como equidade requer também, e isso é muito menos comum, que os primeiros princípios da justiça política sejam públicos. Essa condição se aplica às concepções políticas, não às concepções morais em geral; que se aplique a esta última é uma questão à parte. No caso das concepções políticas para a estrutura básica parece apropriada a condição da publicidade. Significa

> que as partes na posição original, ao avaliar os princípios, devem ter em conta as consequências, sociais e psicológicas, do reconhecimento público por parte dos cidadãos dos quais tais princípios são mutualmente aceitos e regulam efetivamente a estrutura básica. (RAWLS, 2004, pp. 125-126)

O autor sempre enfatiza o princípio de regras publicamente reconhecidas e que possam ser respeitadas por cada um dos indivíduos, com a expectativa de reciprocidade por parte de toda a sociedade. Também na conferência intitulada *Sobre as liberdades*, proferida em 1981 na Universidade de Michigan e posteriormente publicada com o mesmo título, Rawls irá pensar a temática da justiça como equidade enquanto concepção política que resolveria os impasses das instituições sociais em uma sociedade democrática, mediante o pressuposto da liberdade e da igualdade dos sujeitos como pessoas morais. Tal sociedade permitiria aos indivíduos ter um sentido de justiça, que pode ser aplicado para pensar a estrutura básica da sociedade. Nos termos de Rawls, "a ideia é que uma sociedade democrática bem ordenada pelos princípios da justiça pode ser para cada cidadão um bem muito mais amplo que o bem determinado dos indivíduos deixados por si próprios ou limitados a associações menores" (RAWLS, 2010, p. 65).

Os cidadãos de uma sociedade, que seja bem ordenada e que se paute por princípios da justiça como equidade, são autônomos porque acatam as regras do razoável, assumindo, portanto, a prioridade do justo sobre o seu próprio bem e os seus próprios interesses pessoais

> e, ao fazê-lo, sua vida política reflete aquela concepção de pessoa que assume como fundamental sua capacidade de cooperação social. É a plena autonomia dos cidadãos ativos o que expressa o ideal político que se deve realizar no mundo social. (RAWLS, 2010, p. 50)

Em suma, Rawls estabelece uma doutrina do contrato social, pautada pela hipótese de um véu da ignorância, que omitiria dos participantes a identificação de suas particularidades de existência, mediante um artifício de representação que firmasse esse acordo *a priori* e a histórico. As partes deverão estar simetricamente situadas, com um esclarecimento público das regras do jogo, estabelecendo aquilo que seria, no limite, a cultura pública de uma sociedade constitucional. Nesta, as instituições encaixam-se em um sistema recíproco de cooperação e há um reconhecimento político de doutrinas abrangentes e razoáveis. Trata então o pensamento de Rawls de uma dada ideia de sociedade bem-ordenada, na qual haverá uma concepção publicamente reconhecida de justiça, mediante um consenso sobreposto entre doutrinas abrangentes e razoáveis. Isso estipularia um espaço moral comum, no qual as pessoas seriam orientadas por uma concepção de bem (racionalidade) e por uma concepção de justiça (razoabilidade), com o primado desta sobre aquela. Cabe lembrar – com Flávia Schilling – que a ideia de justiça persiste sendo, de qualquer modo, irredutível a qualquer representação jurídica. Nas palavras da autora:

> A justiça ou o agir justo não se contentaria com uma regra justa, assim como nada garantiria um agir justo seguindo as regras do direito: a questão da justiça e do justo exige uma invenção, a cada vez, de como lidar com a distribuição, a adequação e a proporção. Haveria, assim, um "indecidível" a cada momento, que oscila entre a singularidade e a unicidade e o respeito ao direito universal e à equidade. Essa lembrança da "indecidibilidade" seria a garantia de uma busca por justiça, com esta sendo vista como algo exterior à justiça. Se há, portanto, um excesso de justiça em relação ao direito, isso não quer dizer que possam existir de forma separada: são heterogêneos e indissociáveis. (SCHILLING, 2014a, pp. 40-41)

Pensar a educação a partir da teoria de Rawls permite projetar procedimentos para que os estudantes possam adquirir ou mobilizar um senso de justiça, apreciando a importância dos ideais de liberdade e de igualdade no corpo político e institucional da sociedade (COSTA, 2011, p. 104). Seria, nesse sentido, operatório criar situações-problema, de modo que os estudantes possam vivenciar a presença de conceitos como sociedade bem ordenada, justiça como equidade, posição original, véu da ignorância, razoabilidade e racionalidade. Do ponto de vista da sala de aula, a teoria de Rawls poderia ser mobilizada para refletir sobre os dilemas éticos que cotidianamente apresentam-se, como se a classe se configurasse como uma sociedade em miniatura. Com todas as reservas que possamos ter ao uso indiscriminado da ideia de democracia aos assuntos da educação, cabe, sim, que seja efetivado um exercício democrático, capaz de pensar em acoplar, por um consenso sobreposto, situações de justiça com a circunstância da liberdade. Além disso, evidenciar para os estudantes a possiblidade de se operar simultaneamente com uma concepção de bem e com uma concepção do justo pode ser extremamente desafiador e pedagogicamente original. Por fim, formar cidadãos é formar também um pensamento crítico sobre a cidadania. Nessa direção também, encontra-se a validade educacional da teoria da justiça de John Rawls.

7.
O EXISTENCIALISMO DE SARTRE E O PENSAR EM ARENDT: A ÉTICA EM PERSPECTIVA

> Assim nós não temos nem atrás de nós, nem à nossa frente, no domínio luminoso dos valores, justificações ou desculpas. Estamos sós e sem desculpas. É o que expressarei dizendo que o homem é condenado a ser livre. Condenado, porque não criou a si mesmo; e, no entanto, livre, porque, uma vez lançado ao mundo, ele é responsável por tudo quanto fizer.
>
> (SARTRE, 1996, p. 40)

Introdução

Pensar a matéria da ética em sala de aula pode ser também meditar sobre a epígrafe acima transcrita. Condenados à liberdade – como quer Sartre –, não escolhemos a nós mesmos e, no entanto, estamos destinados invariavelmente a ser livres. Essa mesma liberdade, posta sempre em circunstâncias e em situações que são exteriores a nós próprios, leva-nos a nos definirmos como pessoas. A partir dessa liberdade é que nos constituímos como projetos e nos engajamos na vida, projetando-nos para fora de nós mesmos. Na ausência de valores preestabelecidos, ao escolher, entretanto, escolhemos a Humanidade inteira. Como mobilizar essa reflexão com nossos alunos em sala de aula?

Pensar com Hannah Arendt é, em alguma medida, pensar também o universo das escolhas. Mas a autora segue por um caminho distinto daquele de Sartre. Segundo Arendt, haveria algo no pensar que nos impede de fazer o mal, ao passo que a ausência de pensamento nos impele para aquilo que a filósofa qualifica por banalidade do mal. Evocando Sócrates, Arendt defende como critério da ética a necessária conversa que devemos ter com o parceiro silencioso que carregamos conosco. Nesse diálogo silencioso da pessoa consigo mesma, se estruturaria a capacidade do sujeito de dizer não ao mal, a partir do que a autora identifica como um parar e pensar. Nesse pare e pense seria fundamental não haver desacordo interior, porque tal diálogo implica fundamentalmente a capacidade de lembrança e de reconciliação. Tanto a reflexão de Sartre como o pensamento de Arendt nos oferecem ferramentas que podem ser pedagogicamente mobilizadas em nossa ação educativa, com o propósito de desenvolver nos estudantes, e mesmo em nós próprios como professores, uma dimensão de ética compartilhada.

Sartre e a ética como projeto: dilemas do universal

Jean-Paul Sartre (1905-1980) nasceu em Poitiers, na França. Seus pais desfrutavam de alto nível socioeconômico, o que lhe permitiu usufruir de um elevado padrão cultural, com a exposição do menino a sofisticadas produções artísticas, literárias e musicais. Leitor voraz, Sartre foi uma típica criança-prodígio de família francesa. Ele havia perdido o pai muito cedo, o que o levou a ser basicamente educado pela mãe e pelo avô materno. Muito cedo, Sartre criticaria os valores e as tradições de sua classe social, a burguesia. Estudou na Escola Normal Superior. Em 1928, passou a lecionar filosofia, com aulas que fascinavam alguns e desconcertavam outros. Consta que ele se ligava emocionalmente aos alunos, discutia cinema etc.

Tornou-se, desde muito jovem, amigo de Raymond Aron, com quem segue para Berlim em 1933. Estudou por algum tempo na Alemanha e aprimorou sua formação filosófica no Instituto Francês de Berlim, onde foi influenciado pelo pensamento de Husserl e também de Heidegger. É considerado a figura mais notória da filosofia francesa após a Segunda Guerra Mundial. Tinha contato com os mais sofisticados intelectuais franceses, como Georges Bataille, Jacques Lacan e André Breton (WATSON, 2003, p. 438). Foi "professor de liceu, novelista e dramaturgo, escritor político" (MARÍAS, 2004, p. 489). De acordo com

Bernard-Henri Lévy, Sartre teria sido o único intelectual de sua geração que investiu, ao mesmo tempo, em todos os gêneros: "é o único a ocupar o terreno, todo o terreno disponível. É o único, como dirá mais tarde, em uma fórmula magnífica, a escrever em tantas línguas que uma se mistura com a outra" (LÉVY, 2001, p. 57).

Em 1938 escreve sua mais famosa novela, *A náusea*, na qual assinala o absurdo da existência humana. Redige *O ser e o nada*, em 1943, e em 1945 funda a revista *Les temps modernes*, que reúne, entre seus colaboradores, alguns dos principais intelectuais daquele tempo: Maurice Merleau-Ponty, Albert Camus, Simone de Beauvoir, Raymond Aron etc. Simone de Beauvoir sublinhou que essa publicação congregava o que havia de melhor no ideal sartreano (WATSON, 2003, p. 442). Depois da Segunda Grande Guerra, Sartre progressivamente aproxima-se do marxismo, o que irá distanciá-lo das ideias de seus principais interlocutores: Raymond Aron, Albert Camus e Merleau-Ponty. Pode-se mesmo dizer que, nos anos 50, inicia-se uma nova etapa do pensamento sartreano, na qual a acepção de liberdade de escolha passa a significar, sobretudo, engajamento. Ele aproxima-se do Partido Comunista Francês e da URSS. De acordo com Frédéric Allouche:

> Inspirado pelo marxismo, Sartre mantém relações complexas com o Partido Comunista. Inicialmente oposto ao Partido Comunista Francês (PCF), dele se aproxima a partir de 1952 até a invasão dos carros russos na Hungria em 1956. Esse curto período, durante o qual realiza diversas viagens à União Soviética, custa-lhe algumas de suas amizades, inclusive a de Merleau-Ponty. Aproximando-se, na sequência, do maoísmo, Sartre, acompanhado de Simone de Beauvoir, percorre o mundo, encontra os atores das revoluções socialistas (Mao e Fidel Castro) e adquire notoriedade internacional. Engajado politicamente, partidário da descolonização na Argélia e em outras partes, Sartre não deixa igualmente de escrever. Assim são publicadas *As palavras*, em 1964, ano da recusa do Prêmio Nobel de Literatura, para "não se deixar transformar em instituição". (ALLOUCHE, 2019, p. 134)

Sartre engajou-se em inúmeras causas, como, por exemplo, a da independência das ex-colônias francesas (Guerra da Indochina ou Guerra da Argélia), da Revolução Cubana e, como se sabe, do Maio de 1968. Em 1957, ele escreve *Questão de método* e, em 1960, a *Crítica da razão dialética*. Nessa última obra, ele indica o marxismo como a filosofia insuperável de sua época. Consta que o horror que ele sentia por sua própria classe social – a burguesia – era maior que qualquer rejeição ao stalinismo. Sartre foi referência teórica da revolta estudantil de 1968. Sobre o auge da fama do filósofo, Roberto B. Graña relata que Sartre se incomodava com o excesso de exposição:

> Em cartas escritas a amigos íntimos durante a sua viagem ao Brasil, em 1960, Sartre "se queixa do excesso de visitas, do excesso de obrigações, e também de estar convertido em vaso de porcelana, em escritor-objeto, uma espécie de estátua manipulada pelos anfitriões. Preso na armadilha da própria fama, jogando o jogo na maior duplicidade, solícito e gentil em público, exausto e desiludido na intimidade"; ele apenas confessa seu mal-estar a poucos. Isso parece sintetizar a movimentação intensa do filósofo pelo mundo ao longo dessa década, a mais esplendorosa, em que o homem público sobrepõe-se ao pensador, e o apaga. (GRAÑA, 2019, pp. 36-37)

Antes disso, porém, em 1945, Sartre profere a conferência, que foi estenografada e publicada no ano seguinte, em 1946, pelas Edições Nagel, sob o título *O existencialismo é um humanismo* (a qual será trabalhada adiante). Nesse trabalho, Sartre condensaria sua perspectiva sobre a temática da moralidade. Para o filósofo, a liberdade era um pressuposto da vida moral; e ele definia liberdade como "o que fazemos com o que os outros fizeram de nós" (AMORÓS, 2008, p.373). A liberdade, em Sartre, é sempre pensada como uma liberdade em situação. Categoria operatória do pensamento sartreano, a liberdade constitui exatamente a recusa a qualquer preceito de determinação. O homem em Sartre se faz justamente por negar o que ele qualificava por "em si". Não havia nada que pudesse vir a determiná-lo: "é o próprio homem que se determina, fazendo-se, projetando-se, construindo, por assim dizer, a sua essência" (ROVIGHI, 1999, p. 411). A liberdade em Sartre implicaria, portanto, o próprio ato intencional da consciência – como diz Vergílio Ferreira:

> Daí a célebre afirmação de Sartre de que estou condenado a ser livre. A liberdade, portanto, não é uma qualidade que se acrescente às qualidades que já possuía como homem: a liberdade é o que precisamente me estrutura como homem, porque é uma designação específica da própria qualidade de ser consciente, de poder negar, de transcender. A liberdade

> é o que define estritamente a minha possibilidade de me recusar como em si (coisa), projetando-me para além disso ou, se se quiser, para além de mim. (FERREIRA, 1970, p. 118)

A liberdade em Sartre não é, entretanto, incondicional. Sartre coloca a liberdade em situação, em circunstâncias. Portanto a liberdade humana é circunscrita à sua facticidade, conforme argumenta Jack Reynolds (2013, p. 87). O ser humano, como se verá adiante, é, em Sartre, sua história, sua situação e seu projeto. Se somos condicionados pelas circunstâncias que nos envolvem, podemos e devemos "sempre nos lançar para além desses fatos para criar outros projetos, e somos sempre livres para interpretar esses fatos de vários modos diferentes" (REYNOLDS, 2013, p. 89). Conforme assinala Thana Mara de Souza,

> A liberdade é o fundamento sem fundamento de todas nossas ações; é ela que permite toda ação, mas não traz nenhuma justificativa para o ato. Ela é um fundamento que não fundamenta nada, ela é a necessidade de nossa contingência, ou seja: ela mostra que não há nada necessário em nossa vida, mostra que somos sempre nós mesmos quem decidimos como interpretar o mundo, que importância damos a tal fato. O que é necessário é a contingência, a ausência de necessidade. [...] Assim, a liberdade nos dá um poder imenso, mas um poder que é perigoso, que é "pesado" pois nos tira qualquer desculpa que gostaríamos de encontrar. (SOUZA, 2019, pp. 49-50)

Wormser dirá que, para Sartre,

> a vida moral caracteriza-se, portanto, como uma conversão que assume o risco do fracasso. Recusa das situações incompatíveis com a emergência da liberdade, o projeto moral visa a transformar minha relação com o corpo, o mundo e os outros. (WORMSER, 2003, p. 535)

Em Sartre, assim, o projeto moral envolve sempre o risco, já que é caracterizado pela incerteza e pela ignorância das coisas: "só o horizonte moral permite dispor de uma referência histórica; a história não comporta nenhuma." (WORMSER, 2003, p. 535). Quando se recusa a receber o Prêmio Nobel, Sartre afirma que "atos singulares não produzem homens de exceção." (WORMSER, 2003, p. 532). Sartre morre em Paris no ano de 1980.

O existencialismo é um humanismo é, como já se assinalou acima, o texto resultante de uma conferência proferida por Sartre em 1945, na qual o filósofo pretendia defender o existencialismo das críticas que lhe eram feitas. Pode-se, entretanto, dizer que há nesse texto uma clara dimensão ética, que se procurará trabalhar aqui. Sartre principia o relato, destacando que seu pensamento filosófico era criticado por inúmeros espectros do tecido social. Católicos e comunistas criticavam-no, os primeiros pelo fato de o existencialismo suprimir os mandamentos de Deus de sua doutrina, e os segundos por não atender, segundo eles, aos princípios da solidariedade humana. Para os comunistas, a crítica incidia sobre um suposto fatalismo da perspectiva existencialista, como se se tratasse de uma filosofia exclusivamente contemplativa. Os católicos, por sua vez, criticavam a dimensão da gratuidade, a qual levaria a um descontrole ético, com cada um fazendo o que bem lhe aprouvesse.

Declarando que o existencialismo é um humanismo, Sartre observa que se trata de uma "doutrina que torna a vida humana possível e que, por outro lado, declara que toda verdade e toda ação implicam um meio e uma subjetividade humana" (SARTRE, 1996, p. 23). Sartre, desde logo, indica que há dois tipos de filósofos existencialistas: aqueles que são religiosos e os que são ateus. Ambos os grupos admitiriam que a existência precede a essência e que necessariamente o ponto de partida é subjetivo. Todavia Sartre recorda que, para o caso dos existencialistas cristãos, haveria, no limite, uma essência divina que determinaria as coisas. Aí é que, compromissado com a solidariedade em relação aos homens que existem fora de si, Sartre estabelece sua premissa de supressão de Deus e de quaisquer valores da eternidade – assumindo, portanto, a perspectiva da gratuidade primordial da existência.

Respondendo a seus críticos, o filósofo pergunta-se: "será que no fundo o que dá medo na doutrina que vou tentar expor para vocês, não é o fato de ela deixar uma possibilidade de escolha para o homem?" (SARTRE, 1996, p. 25). Para ilustrar essa questão, Sartre dá o exemplo do corta-papel: "esse objeto foi fabricado por um artífice que foi inspirado por um conceito; ele se reportou ao conceito de corta-papel e, ao mesmo tempo, a uma técnica de produção anterior que fazia parte do conceito e que no fundo era uma receita" (SARTRE, 1996, p. 27). Nesse sentido, o corta-papel teria uma utilidade e uma função definida previamente à sua própria existência como objeto fabricado. Durante toda a história da filosofia anterior, considerou-se – pensa Sartre – que o homem era como um corta-papel. Criado por Deus, entendia-se que sua essência era anterior à sua existência. Assim como no corta-papel a técnica era prévia à produção do objeto, na criação do homem, a relação com Deus equivaleria à caracterização do conceito de corta-papel no espírito do artífice.

A filosofia do século 18, por sua vez – continua Sartre –, teria substituído a ideia de Deus pela ideia de uma natureza humana, natureza essa que "se encontra em todos os homens, o que significa que cada homem é um exemplo particular de um conceito universal, o homem" (SARTRE, 1996, p. 28). Essa era, por exemplo, a cosmovisão de Diderot, Voltaire e, sobretudo, Kant, cujo pensamento, no caso, é um importante interlocutor da ética propugnada por Sartre. Em todos esses autores, "a essência do homem precede a existência histórica que nós encontramos na natureza" (SARTRE, 1996, p. 29). A despeito, portanto, de não operarem mais com a ideia de Deus, os teóricos Iluministas mantinham a referência a uma natureza do homem como uma essência e um universal.

Ora, para o pensamento de Sartre, o homem é um "ser que existe antes de poder ser definido por qualquer conceito" (SARTRE, 1996, p. 29). Isso significaria que o homem antes existe, surge, descobre-se, e depois se define. Não haveria natureza humana, nem Deus para concebê-la. Por isso "o homem, tal como o concebe o existencialista, se ele não é definível, é porque primeiramente ele não é nada" (SARTRE, 1996, p. 29). O homem é o que ele próprio se concebe, é o que ele deseja ser, o homem não é, portanto, "nada além do que ele se faz" (SARTRE, 1996, p. 30). O homem, pois, lança-se para o futuro porque se projeta no futuro. A existência preceder a essência significa que o "homem primeiramente existe, se descobre, surge no mundo, e que ele se define depois" (SARTRE, 1996, p. 29).

Na perspectiva existencialista, o homem não é definível. O homem é o que ele se faz. Nos termos do filósofo:

> o homem é primeiramente um projeto que se vive subjetivamente [...] nada existe anteriormente a esse projeto; nada há no céu inteligível, e o homem será, antes de tudo, aquilo que ele tenha projetado ser. Isso não significa que seja o que ele quiser ser. (SARTRE, 1996, p. 30)

A ideia aqui é a de que o ser humano é responsável por tudo que ele é e por tudo o que ele faz. Essa responsabilidade não é estritamente individual. Pelo contrário, é coletiva: "ele é responsável por todos os homens" (SARTRE, 1996, p. 31). Para Sartre, ao escolher a si próprio, o sujeito escolhe todos os homens. Aí entra uma dimensão ética. Se eu escolho para a humanidade inteira aquilo que eu escolho para mim, eu nunca irei escolher mal; e minha ação, nesse sentido, será ética, até porque "ao escolher a si próprio, ele escolhe todos os homens" (SARTRE, 1996, p. 31). Ao escolher o bem para mim, eu escolho o bem para a Humanidade inteira. Para Sartre "eu crio uma certa imagem do homem que eu escolho; em me escolhendo, eu escolho o homem" (SARTRE, 1996, p. 33).

Depois, Sartre vai assinalar que a própria dimensão da escolha implica abandono, desamparo, desespero e angústia. Nesse sentido, ele abraça a perspectiva de Kierkegaard. A escolha e a responsabilidade pela escolha acarretariam a angústia. Há pessoas que mascaram sua própria angústia, o que não quer dizer que se livrem dela. Sartre indaga-se: "terei eu o direito de agir de tal maneira que a Humanidade se regule pelos meus atos? E se o homem não diz isso, é porque ele mascara sua angústia" (SARTRE, 1996, p. 36). Ainda nas palavras de Sartre:

> Quando, por exemplo, um chefe militar assume a responsabilidade de um ataque e envia certo número de homens para a morte, e ele escolhe fazer isso, no fundo, ele escolhe sozinho. Sem dúvida, há ordens que vêm de cima; mas elas são demasiadamente amplas e uma interpretação se impõe, que vem dele; e, dessa interpretação, depende a vida de dez ou quatorze ou vinte homens. Ele não pode deixar de ter, na decisão que tomar, uma certa angústia. Todos os chefes conhecem essa angústia. Isso não os impede de agir. Ao contrário, essa é a condição mesma de sua ação; porque isso supõe que eles envidem uma pluralidade de possibilidades, e, ao passo que eles escolhem uma, eles se dão conta de que ela só tem valor por ter sido escolhida. E esse tipo de angústia, que é aquela descrita pelo existencialismo, nós veremos que ela se explica, além do mais, por uma responsabilidade direta perante os outros homens que ela engaja. Ela não é uma cortina que nos separa da ação, mas ela faz parte da própria ação. (SARTRE, 1996, pp. 36-37)

Aí é que Sartre, na ausência da hipótese de um Deus ordenador, considera que o homem está só e sem desculpas. Está condenado à liberdade. Condenado porque não seria responsável por sua própria criação. Mas livre, porque, uma vez lançado ao mundo, é responsável por tudo quanto fizer (SARTRE, 1996, pp. 39-40). Essa liberdade, em Sartre, é sempre incondicionada, a despeito de ser circunscrita a uma dada situação, a qual é derivada de fatores externos. Como observa Franklin Leopoldo e Silva, "a situação é o contexto concreto em que os sujeitos exercem a liberdade. Ela é sempre definida por fatos e outros sujeitos que dela participam" (SILVA, 2019, p. 40). Haveria, então, duas características atribuídas à situação: em primeiro lugar, embora ela circunscreva-se a um sujeito especificamente, ela contempla outros sujeitos e outras liberdades, portanto. Além disso, a situação abarca fatos. Por isso, "podemos dizer, portanto, que a situação supõe alteridade ou intersubjetividade" (SILVA, 2019, p. 40).

Contudo, a despeito de estar em situação, a liberdade continua sendo um fardo inevitável (SILVA, 2019, p. 27). A liberdade é ilimitada, porque, como resposta à facticidade da situação, a pessoa precisará sempre escolher a si mesma (COX, 2011, p.103). Ela não é, pois, um dado. Ela é algo que está sempre em construção. A escolha a ser feita sempre se dá em liberdade, porque inscrita em algo incondicionado. Daí poder-se reconhecer o absurdo dessa escolha: "a liberdade se revela absurda porque é escolha de seu ser sem ser o seu fundamento; ela não tem razão de ser, já que inaugura toda razão de ser e todo fundamento" (BORNHEIM, 2011, p. 113). Na ausência de um Deus protetor, o existencialista sartreano acredita que o homem não tem o consolo de encontrar sinais sobre a Terra que possam orientá-lo: "porque ele acredita que o homem decifra ele próprio esse sinal como bem lhe aprouver. Ele pensa, portanto, que o homem, sem nenhum apoio e sem qualquer auxílio, está condenado a cada instante a inventar o homem" (SARTRE, 1996, p. 40).

É preciso lembrar que, ao agir, o ser humano se engaja. E ele deve engajar-se porque é responsável, no limite, por todas as suas escolhas: "o homem é apenas seu projeto, ele não existe a não ser na medida em que se realiza, ele é exclusivamente o conjunto de seus atos, nada mais do que a sua vida" (SARTRE, 1996, p. 51). Sartre qualifica como má fé as desculpas que as pessoas encontram para não se sentirem responsáveis por suas próprias escolhas.

> Porque muitas vezes elas não encontram uma única maneira de suportar sua miséria, que é pensar: "as circunstâncias foram contra mim, eu valia muito mais do que aquilo que fui; é certo que eu não tive um grande amor, ou uma grande amizade, mas isso foi porque eu não encontrei um homem ou uma mulher que fossem dignos, eu não escrevi bons livros, mas isso foi porque eu não tive tempo livre para fazê-los; eu não tive filhos a quem me dedicasse, mas isso foi porque não encontrei o homem com que pudesse partilhar minha vida. Permaneceram, portanto, em mim e inteiramente viáveis, uma série de disposições, de inclinações, de possibilidades que me dão um valor que a simples série dos meus atos não permite inferir". Ora, na realidade, para o existencialista, não há amor próprio para além daquele que se constrói, não há possibilidade de amor senão o que se manifesta no amor; não há outro gênio além daquele que se exprime nas obras de arte. [...] Um homem se engaja em sua vida, desenha sua figura, e para lá desse retrato não há nada. (SARTRE, 1996, 51-53)

Sartre reconhece que essa perspectiva pode parecer difícil para as pessoas que, eventualmente, não tenham sido bem-sucedidas em suas vidas. Porém, ela leva o sujeito a não contar com as expectativas, os sonhos e as esperanças malogradas. Contudo, para o existencialista, o que entra no cômputo é a ideia de que o homem é fundamentalmente a vida que ele próprio construiu nas situações que lhe foram dadas. Como dizia Sartre, não se trata de saber o que a vida fez da pessoa, mas, sobretudo, o que cada pessoa fez com a vida que lhe foi dada a viver. Isso quer dizer, fundamentalmente, que "um homem não é nada além da série de empreendimentos, das quais ele é a somatória, a organização, o conjunto de relações que constituem tais empreendimentos" (SARTRE, 1996, p. 53). Sartre dá um exemplo: quando se descreve um covarde, é possível afirmar – diz o filósofo – ser ele responsável por sua própria covardia. O covarde é definido, no limite, pelos atos que praticou ou deixou de praticar. O que assusta as pessoas – continua Sartre – é exatamente pensar que o covarde é culpado de ser covarde. Mas a situação coloca-se com outras tintas.

> E no fundo é isso que as pessoas desejam pensar: se você nasceu covarde, você ficará perfeitamente tranquilo, você não poderá nada contra isso, será covarde toda a vida, faça o que fizer; se você nasceu herói, também continuará perfeitamente tranquilo porque será herói por toda a sua vida, beberá como herói, comerá como herói. O que diz o existencialista é que o covarde se faz covarde, que o herói se faz herói; sempre

haverá uma possibilidade para o covarde deixar de ser covarde e para o herói deixar de ser herói. O que conta é o engajamento total, e não será um caso particular, uma ação particular, que lhe engajará completamente. (SARTRE, 1996, pp. 55-56)

Sartre define o existencialismo como uma moral de ação e de engajamento. O homem é definido por sua ação. O ponto de partida, a despeito disso, é sempre a subjetividade individual, com o pressuposto de que é a existência que precede a essência. Retomando a frase cartesiana do "eu penso, logo existo", Sartre compreende que a descoberta do cogito é a própria descoberta da condição da existência humana. Através do cogito, o ser humano descobre os outros, todos os outros: "e descobre-os como condição de sua existência. Ele se dá conta de que ele não pode ser nada (no sentido em que se diz que se é espirituoso, ou que se é perverso, ou que se é ciumento) a não ser que os outros o reconheçam como tal" (SARTRE, 1996, pp. 58-59). É necessário então passar pelo outro para descobrir algo sobre mim. O outro, por ser assim, torna-se indispensável à existência e nós, portanto, descobrimo-nos exatamente pela intersubjetividade.

É preciso enfatizar que, embora Sartre recuse a ideia de essência, ele mantém a ideia de universal. Sartre reconhece a universalidade da condição humana. Por condição humana, o filósofo compreende, com maior ou menor clareza, "o conjunto de limites *a priori* que esboçam sua situação fundamental no universo" (SARTRE, 1996, p. 60). A ideia de situação, na moral sartreana, é fundamental. As situações históricas variam: o homem pode nascer nesta ou naquela classe social, nesta ou naquela época, neste ou naquele país. O que não varia é, entretanto, a necessidade de o sujeito estar no mundo:

> Todo projeto, por mais individual que ele seja, tem um valor universal. Todo projeto, inclusive aquele do chinês, do indiano ou do negro, pode ser compreendido por um europeu. Ele pode ser compreendido, o que quer dizer que o europeu de 1945 pode se lançar, a partir de uma situação que ele concebe, para seus limites da mesma maneira, e que pode refazer nele o projeto do chinês, do indiano ou do africano. Há universalidade em todo projeto no sentido que todo projeto é compreensível por todo homem. O que não significa de modo algum que tal projeto defina o homem para sempre, mas sim que ele pode ser reconhecido. Há sempre uma maneira de compreender o idiota, a criança, o primitivo ou o estrangeiro, contanto

> que se tenham os esclarecimentos necessários. Nesse sentido, nós podemos dizer que há uma universalidade do homem; mas ela não está dada, ela está permanentemente em construção. Eu construo o universal em me escolhendo; eu o construo por compreender o projeto de qualquer outro homem, de qualquer época que ele seja. Esse absoluto da escolha não suprime a relatividade de cada época. O que o existencialismo toma a peito mostrar é a ligação do caráter absoluto do engajamento livre, por meio do qual cada homem se realiza realizando um tipo de Humanidade, engajamento sempre compreensível seja qual for a época e por quem for, e a relatividade do conjunto cultural que pode resultar de semelhante escolha; é preciso acentuar ao mesmo tempo a relatividade do cartesianismo e do caráter absoluto do engajamento cartesiano. (SARTRE, 1996, pp. 60-62)

Sartre defende-se das objeções que recebe sua teoria. Ele diz que tem consciência de que a escolha não se dá no absoluto. A escolha se dá em uma situação determinada, em circunstâncias específicas e as quais não foi o sujeito que escolheu. Porém caso o homem não escolha, ainda assim ele escolhe, porque dentro de uma dada situação, ao escolher, "ele engaja por sua escolha a Humanidade inteira, e ele não poderá deixar de escolher" (SARTRE, 1996, p. 64). Ele escolhe sem que haja valores preestabelecidos, a despeito de, ao escolher, comprometer com seus valores toda a Humanidade. É como o artista – diz Sartre. Não há um quadro predefinido a ser pintado; não há valores estéticos *a priori*. O artista deverá – no argumento de Sartre – engajar-se na construção de seu quadro "e o quadro a ser feito é precisamente o quadro que terá sido feito" (SARTRE, 1996, p. 65). Como diz, sobre o tema, Frédéric Allouche, ninguém é determinado, mas ninguém deixa de estar circunscrito sob determinadas circunstâncias. Mesmo assim: "nós vamos além, nós 'transcendemos' sempre aquilo que somos diante daquilo que queremos ser" (ALLOUCHE, 2019, p. 57).

Sartre estabelece, portanto, essa analogia entre a arte e a moral, posto que, do ponto de vista ético, nós estaríamos na mesma situação. Há, também na moral, criação e invenção: "o homem faz a si mesmo; ele não vem pronto já à partida, ele faz-se escolhendo sua moral e a pressão das circunstâncias é tal que ele não pode deixar de escolher uma. O homem só pode ser definido em relação a um engajamento" (SARTRE, 1996, pp. 66-67). Nessa direção, não há gratuidade na escolha. A escolha é uma alternativa sempre em situação, dadas as circunstâncias que sempre nos envolvem. Sartre define situação como "o conjunto de condições materiais e até psicanalíticas que, em uma dada época, definem precisamente um conjunto" (SARTRE, 1996, pp. 106-107).

Em Sartre, ao contrário de Kant, a escolha não supõe algo preestabelecido de antemão por e para todos os homens. Diferentemente de Descartes, Kant e Aristóteles, a escolha não supõe a observância de convenções sociais ou de uma suposta moral provisória. A escolha pode, sim, ser transgressora. Como Aristóteles e Kant, a ética define-se pela ação e não pelo discurso. Cada pessoa, inscrita em uma situação/circunstância, escolhe sua moral. Nós somos obrigados a nos inventar e a inventar as leis que nós seguimos. Pode-se exigir compromisso do sujeito perante a escolha que ele próprio efetuou. Em face dos outros é que escolhemos; e em face dos outros escolhemos a nós próprios. O que escolhemos para nós, desejaremos que seja a escolha da Humanidade inteira.

Sartre considera má fé a escolha de se declarar a existência de valores prévios ao sujeito. Como bem assinala Katherine J. Morris, o existencialismo se apresenta como uma radical "crítica à concepção escolástica de essência" (MORRIS, 2009, p. 58). A escolha, seja qual for, se dá sempre em liberdade. Escolhemos necessariamente em relação aos outros, que reciprocamente, diante de nós, se escolhem. Os atos das pessoas de boa fé correspondem à procura da liberdade. Há uma ligação de compromisso: o sujeito é obrigado a querer, ao mesmo tempo, a própria liberdade e a dos outros. Por isso, a liberdade – seja a minha, seja a do outro – é sempre um princípio e um fim. De todo modo, a escolha é livre; inscreve-se em uma liberdade em situação.

> Se nós tivermos definido a situação do homem como uma escolha livre, sem desculpas e sem auxílio, todo homem que se refugia sob a desculpa de suas paixões, todo homem que inventa um determinismo é um homem de má fé. Poder-se-ia objetar: mas por que não se escolheria ele de má fé? Eu respondo que não tenho de julgá-lo moralmente, mas defino a sua má fé como um erro. Aqui, não se pode escapar de um juízo de verdade. A má fé é evidentemente uma mentira, porque ela dissimula a total liberdade do engajamento. No mesmo plano, eu direi que há também uma má fé se eu escolho declarar que certos valores existem antes de mim; eu estou em contradição comigo mesmo se, ao mesmo tempo, eu os desejo e declaro que eles se impõem a mim. (SARTRE, 1996, pp. 68-69)

Sob tal perspectiva, o sujeito que adere a um sindicato comunista ou a um partido revolucionário tem uma vontade abstrata de liberdade como fim; ao passo que Sartre – pelo menos, nessa etapa de sua produção – declara querer uma liberdade em concreto: a liberdade posta em cada situação particular. Querer mascarar a liberdade intrínseca de cada escolha com qualquer critério essencialista seria má-fé.

> Assim, em nome dessa vontade de liberdade, implicada pela própria liberdade, eu posso formar os juízos sobre aqueles que visam ocultar de si mesmos a total gratuidade de sua existência, e sua total liberdade. Aos que a si próprios esconderem, pelo espírito de seriedade ou por desculpas deterministas, sua liberdade total, eu os chamarei de covardes; os outros, que tentarem demonstrar que sua existência era necessária, quando ela é a própria contingência da aparição do homem sobre a terra, eu os chamarei de safados. Mas covardes ou safados não podem ser julgados a não ser no plano da estrita autenticidade. Assim, ainda que o conteúdo da moral seja variável, uma certa forma dessa moral é universal. Kant declara que a liberdade deseja ela própria e a liberdade dos outros. De acordo; mas ele julga que o formal e o universal são suficientes para constituir uma moral. Nós pensamos, ao contrário, que os princípios demasiadamente abstratos fracassam, se se quer definir a ação. (SARTRE, 1996, pp. 70-71)

Não haveria, pois, meio para julgar que não implique a liberdade e a escolha. Sartre diz que há sempre invenção: "a única coisa que conta é saber se a invenção que se faz, é feita em nome da liberdade" (SARTRE, 1996, p. 71). Se a liberdade para Aristóteles só se expressa na ação, enquanto vida ativa; se a liberdade em Kant é disposição interna, que capacita o indivíduo para reconhecer valores da autonomia; a liberdade, para Sartre, é apenas método, não possuindo necessariamente altruísmo no conteúdo da ação. Sartre sublinha que "dizer que nós inventamos os valores não significa outra coisa além disso: a vida não tem sentido *a priori*. Antes de você viver, a vida não é nada, mas de você depende dar-lhe um sentido, e o valor não é outra coisa além do sentido que você escolher" (SARTRE, 1996, p. 74).

Sartre reconhece ser criticado por dizer que o existencialismo é um humanismo. Respondendo a tal crítica, diz identificar dois sentidos possíveis para o termo humanismo. O primeiro sentido, do qual ele discorda, supõe uma teoria que compreende o homem como um fim e um valor superior. O existencialista rejeita tal perspectiva, pelo fato de que tomar o homem como fim seria contraditório com a suposição sartreana de que ele está sempre a se fazer. O filósofo critica qualquer disposição de render culto à Humanidade, considerando ser essa uma opção que flerta com o fascismo. Mas haveria outro significado para o humanismo, que é o seguinte: "o homem está constantemente fora de si mesmo, é projetando-se e perdendo-se fora de si que ele faz existir o homem e, por outro lado, é perseguindo fins transcendentes que ele pode existir" (SARTRE, 1996, pp. 106-107). Não haveria outro universo além da subjetividade humana. O homem está constantemente projetado para fora de si mesmo. Ele transcende sua própria realidade, sem que haja um legislador para além dele próprio.

> Humanismo, porque nós recordamos ao homem que ele não tem outro legislador além dele mesmo e que é no abandono que ele decidirá por si; e porque mostramos que isso não se decide com voltar-se para si, mas que é sempre buscando fora de si uma finalidade – que é tal libertação, tal realização particular – que o homem se realizará precisamente como humano. (SARTRE, 1996, pp. 76-77)

O verdadeiro problema do existencialismo – e Sartre reconhece isso – é exatamente definir em quais condições se dará a universalização. De todo modo, para o existencialista, a condição humana é ainda a primeira realidade. A pessoa primeiro existe, para depois se definir. Sartre contraria quaisquer determinismos estruturais: sejam os limites da hereditariedade ou as constrições da sociedade. Tudo isso traduziria a situação em que o sujeito se encontra. Mas em situação, ele tem liberdade de agir. A responsabilidade pela escolha leva o sujeito a um postulado universal: o que ele escolhe para si, ele compreende que deveria valer para toda a Humanidade. O homem é, em Sartre, como já se disse, um projeto que se vive subjetivamente. Cada um escolhe a si próprio; e, ao escolher-se, escolhe toda a Humanidade.

Pensar a ética a partir de Sartre não poderá ser, pelas razões acima expostas, compreender uma moral "não encarnada, como um conjunto de prescrições sobrevoando o mundo, ditando condutas aos homens, mas sem relação com sua vida concreta" (MONNIN, 2017, p. 216). Ao contrário disso, diz Monnin:

> Sartre mostra como cada ato, cada conduta humana supõe uma norma, ou seja, uma regra de conduta, perpetuando assim livremente sua realidade, retomando-a por si mesmo, produzindo simultaneamente uma nova realidade. A moral é decerto um conjunto de normas que se dão como incondicionais, ultrapassando todas as condições históricas (dado que deveriam ditar uma conduta, independentemente das circunstâncias, e apesar delas), mas ela é em primeiro lugar aquilo que se vive a cada instante, mesmo que não o saibamos. (MONNIN, 2017, p. 216)

É possível pensar a condição humana à luz do pensamento de Sartre; e é possível também mobilizar a ideia de projeto, a ideia sermos seres em construção de maneira pedagógica. Assim, compreende-se que a perspectiva da liberdade, por implicar também compromisso com a escolha, tem um vigor ético inquestionável, podendo ser explorada de modo criativo em situações de sala de aula.

Hannah Arendt e o pensar como critério da ética

Hannah Arendt (1906-1975) foi uma filósofa alemã, de origem judaica, que se destacou como uma das principais teóricas da política do século 20. Nasceu em Hanover, com antepassados que vieram de Könisberg, na Prússia. Seus pais eram envolvidos em questões políticas, ambos membros do Partido Social-Democrático. Durante a Revolução de 1919, Hannah teria sido levada pela mãe para assistir a um comício spartacista. Quando a menina tinha apenas 7 anos, em 1913, seu pai morreu de sífilis e Hannah foi basicamente criada pela mãe e pelo avô paterno durante os anos de sua formação. Ela era filha única e foi educada com muito carinho e desvelo por parte de sua mãe, que registrava em um diário o desenvolvimento da filha. Depois, em 1920, sua mãe casou-se novamente e Hannah passou a morar e a conviver com as duas filhas de seu padrasto. David Watson comenta que "durante a adolescência, seus amigos eram quase todos de fora do círculo familiar, ligados à escola e aos seus florescentes interesses intelectuais" (WATSON, 2001, p. 20).

Consta que Arendt foi uma aluna brilhante, embora tivesse também uma reputação de ser independente e rebelde. Foi expulsa da escola um ano antes de concluir seus estudos, acusada de liderar um boicote contra um professor que a teria, antes, insultado. Isso significou que ela teve de se preparar sozinha para os exames da Universidade de Berlim, onde foi aprovada com distinção. Em 1924, inicia seus estudos de filosofia na Universidade de Marburg, onde teria um mentor – Martin Heidegger – que se tornaria um caso amoroso, ao longo de toda sua vida. Como se sabe, Heidegger, posteriormente, em 1933, se tornaria reitor da Universidade de Freiburg, nomeado pelos nazistas, o que fez com que seu relacionamento com Arendt mantivesse "uma tortuosa sombra por toda a sua vida, pelas explicações que se via na contingência de dar a ele e, sobre ele, para o resto do mundo" (WATSON, 2001, p. 27). No ano de 1925, Hannah Arendt passou um semestre estudando em Freiburg, com Husserl. Ela estudou filosofia também na Universidade de Heidelberg e formou-se em 1928, sob a orientação de Karl Jaspers com uma tese sobre *O conceito de amor em Santo Agostinho.* Arendt manteria a amizade com Jaspers até a morte do filósofo. Em 1929, já em Berlim, ela reencontra um amigo, Günther Stern, com quem mais tarde se casa, em um relacionamento que duraria até 1937. Depois de um período em Heidelberg, o casal passou um ano em Frankfurt, onde Arendt escrevia para um jornal e participava de seminários de Karl Mannheim, de cujo livro *Ideologia e utopia* chegou a elaborar uma resenha.

Nos anos de 1930, cada vez mais voltada para o estudo de questões políticas, Arendt iniciou um projeto de pesquisa sobre o antissemitismo. Em 1933, Stern havia ido para Paris e depois Arendt iria também para lá viver com o marido. Em Paris ela amplia seu círculo de amigos – que incluía Walter Benjamin – e passou a conviver com jovens de sua idade. Em 1933, por ser judia, Arendt foi proibida de defender uma segunda tese, que lhe proporcionaria o acesso à docência em universidades alemãs. Seu casamento, nessa época, também se desfez; e ela conheceu e acabou casando-se com "o homem que teria importância crucial tanto para sua vida pessoal quanto política pelos próximos trinta anos – Heinrich Blücher" (WATSON, 2001, p. 36). Blücher não era judeu, participara da rebelião spartacista, em 1919, e havia sido membro fundador do Partido Comunista Alemão. Os dois se casariam em 1940, logo após ambos divorciarem-se. Nesse período, ela estava rompida com Heidegger, por razões políticas, relacionamento que somente seria retomado nos anos de 1950.

Como diz David Watson, o novo casal seria submetido, desde cedo, a muita tensão. Quando a França foi ocupada pelos nazistas, Arendt foi presa com seu marido e foi enviada sozinha para um campo de concentração.

> Na primavera de 1938, o governo francês começou a emitir editais contra a presença estrangeira e, em agosto de 1939, deram início ao confinamento de pessoas de nacionalidade alemã. Blücher esteve preso por um curto período e foi logo solto, em novembro [...] Em maio de 1940, ele e Hannah foram apanhados por força de uma ordem geral de confinamento. Depois de uma semana em um estádio em Paris, Arendt foi enviada para um campo feminino em Gurs, perto da fronteira espanhola. Ela não tinha sequer ideia do paradeiro de Blücher, que seria liberado pelos alemães e deixado livre. Por essa época, Arendt também fora libertada, como consequência da ocupação da França, e encontrou-se com Blücher, por acaso, nas ruas de Montauban, onde alugara uma casa junto com alguns amigos. (WATSON, 2001, p. 37)

Arendt e Bücher conseguiram obter visto para os Estados Unidos e, em abril de 1941, após alguns meses em Lisboa, chegaram a Nova York. Nos Estados Unidos, ela ensinaria teoria política nas mais importantes universidades: Princeton, Berkely, Chicago e New School for Social Research, em Nova York. Em 1951, publica uma de suas principais obras: *As origens do totalitarismo*. David Watson caracteriza a nova etapa do pensamento de Hannah Arendt, desde sua chegada a Nova York. Para o autor, aos trinta e cinco anos,

> Arendt chegou a Nova York com a missão de entender e explicar o que acontecera aos europeus e particularmente na Alemanha, adicionando a seus argumentos a força de sua experiência pessoal com o totalitarismo (sua prisão na Alemanha e sua internação em um campo de concentração na França). No curso desse processo, o resultado foi *As origens do totalitarismo* (1951), para o qual a inspiração de Blücher e sua colaboração foram generosamente reconhecidas. Ela também desfrutou a notoriedade em círculos sionistas, por seu trabalho em Paris em apoio à emigração de jovens para a Palestina, o que lhe propiciou seus primeiros trabalhos na América: como jornalista no *Aufbau*, como administradora de projetos associados à Reconstrução Cultural Judaica e como editora da Schocken Books. A partir daí, ela se habilitou a desempenhar um papel fundamental no judaísmo americano, que foi, de modo tão espetacular, arruinado pela publicação de *Eichmann em Jerusalém*. (WATSON, 2001, pp. 89-90)

Por causa do sucesso de *As origens do totalitarismo*, Arendt adquiriu em 1951 a cidadania americana. Mantinha contratos temporários com várias universidades, nas quais se comprometia a lecionar por um semestre no ano, reservando o outro para suas investigações e escrita. Ela nunca se dedicou integralmente à vida acadêmica. Foi por meio do usufruto de bolsas de estudo e de tais contratos com universidades americanas, que, em 1958, ela publicaria *A condição humana*, cujo tema era exatamente a pluralidade como condição da vida.

Ao analisar o totalitarismo do século 20, onde inclui não apenas a Alemanha de Hitler, mas também a URSS de Stalin, Hannah Arendt recusa a ideia de culpa coletiva ou de inocência coletiva. A filósofa compreende que falar em culpa só faz sentido quando aplicado o termo a indivíduos. Procurando estabelecer a diferença entre os que participaram e os que não participaram, ela chega à conclusão de que os que não participaram perguntaram a si próprios como poderiam conviver consigo mesmos se cometessem aqueles atos. Por causa disso, decidiram não aderir, dado que essa seria a única forma de continuar a conviver consigo próprios. Assim, não faria sentido tachar todo um povo com os crimes perpetrados pelo nazismo. Cada um teria ou não uma responsabilidade específica. Mas não haveria lugar para pensar em uma responsabilidade coletiva.

Em 1961, Hannah Arendt cobriu jornalisticamente, na cidade de Jerusalém, o julgamento de um oficial nazista, chamado Eichmann. Disso resultou um de seus principais livros, chamado *Eichmann em Jerusalém*, lançado em 1963. Nessa obra, ela reuniu os cinco artigos que escreveu sobre o julgamento de Eichmann, que cobriu para a revista The New Yorker. Ali ela aprimoraria a análise que já iniciara em *As origens do totalitarismo*, mas iria por outro caminho. O mal, que anteriormente Arendt havia caracterizado como radical, nesse novo livro é abrigado sob a expressão "banalidade do mal". Tal ideia corresponderia a um desenraizamento das experiências humanas, derivado da dificuldade quanto à capacidade de pensar. Tratar-se-ia de um mal perpetrado não como fruto de uma volição ou tentação, mas decorrente de uma alienação do sujeito em relação a si mesmo, às suas capacidades de pensar (refletir), julgar e responder por seus atos. No livro, Eichmann não será retratado como o demônio que queriam apresentar os ativistas judeus, mas como um homem comum, normal, que, entretanto, perpetrara atos monstruosos. Os atos eram monstruosos, mas o agente era banal, sem grandeza, via-se como um dente de engrenagem, que precisava funcionar bem no mecanismo cuja finalidade e sentido não era por ele questionado: um típico burocrata, que se teria limitado a cumprir ordens, por sentido de dever, por obediência, sem pensar no bem e no mal.

Tais argumentos, Arendt desenvolverá em seu último trabalho, incompleto e publicado postumamente, sob o título *A vida do espírito*. Ela anunciou essa obra como um segundo volume de *A condição humana*. Em 1975, enquanto redigia seu último livro, morreu em Nova York. Em *A vida do espírito*, Arendt aborda a "banalidade da crueldade" e – como diz Watson – "a hipótese resultante de que o pensar pode nos ajudar a enfrentar a crueldade e a prática da crueldade" (WATSON, 2001, p. 116). O projeto de Arendt seria, aqui, o de pensar sobre o que se faz, ou "descobrir o que estamos fazendo quando pensamos" (WATSON, 2001, p. 116).

Consta que Hannah Arendt impressionava os intelectuais de seu tempo, tanto pela força de seu pensamento quanto por seu estilo de exposição das ideias. Ela debatia suas perspectivas com vigor e era reconhecida como grande expoente intelectual de sua época. Muitos autores comentam a modificação do pensamento de Arendt provocada pelo julgamento de Eichmann. Vanessa Sievers de Almeida descreve tal alteração de ênfase na análise de Arendt com as seguintes palavras:

> Essa mudança, segundo a própria autora, foi provocada por uma experiência: em 1961 ela assiste ao julgamento de Adolf Eichmann, nazista de alto escalão, que foi um dos principais responsáveis pela "solução final". Hannah Arendt é enviada pela revista *New Yorker* e escreve um relatório sobre o julgamento, depois publicado como livro, com o título *Eichmann em Jerusalém*. A partir desse momento, seu olhar, até então concentrado nos homens no plural, se dirige ao ser humano no singular, sem, entretanto, esquecer que ele existe sob a condição da pluralidade. [...] Ao acompanhar o julgamento de Eichmann, Arendt se indaga como esse homem pôde ser capaz de cometer tais monstruosidades. Ela se surpreende por ter diante de si alguém absolutamente comum, uma pessoa normal, que não mostra ser demoníaca. Não havia maldade na pessoa de Eichmann. Ele pouco tinha a ver com os "vilões" como geralmente os imaginamos, nem agiu como eles por fraqueza ou inveja, cobiça ou soberba, apenas

> tinha cumprido sua função. Não teve nenhum motivo para cometer os crimes indescritíveis dos quais trata o processo, isto é, não houve sequer uma razão que pudesse esclarecê-los minimamente. O que, entretanto, chamava a atenção no réu era sua superficialidade, sua incapacidade de refletir sobre o acontecido e de pensar sobre o significado de seus atos. (ALMEIDA, 2011, pp. 149-150)

Jerome Kohn destaca o fato de Arendt identificar em Eichmann um homem normal, comum, quase um bufão; e, nessa circunstância, aparentemente, alguém posto como um "perpetrador improvável do mal" (KOHN, 2004, p. 15). O que chamou a atenção de Arendt foi, entretanto, "o significado em Eichmann da incapacidade de pensar" (KOHN, 2004, p. 15). Em função de tal incapacidade, ela teria formulado o conceito de banalidade do mal. Bethânia Assy observa que a expressão banalidade do mal aparece pela primeira vez na obra de Arendt no livro *Eichmann em Jerusalém*, de 1963. Diz essa comentadora que,

> indivíduo comum, nem perverso nem monstruoso, mas ao contrário, dotado de uma aparente superficialidade e mediocridade, Eichmann era o propulsor de atos monstruosos cometidos em desmesuráveis proporções, a organização das deportações de milhões de judeus. (ASSY, 2004, p. 35)

E – também Assy reconhece – o que teria chamado a atenção de Arendt era justamente sua irreflexão, total ausência da capacidade de pensar, aliada à sua consequente incapacidade de lembrar. Arendt teria considerado que Eichmann, assim como muitos de seus conterrâneos, simplesmente trocou um conjunto de costumes por outro sem grandes dificuldades. A ética – ou a moral – deixa, assim, de ser concebida a partir de princípios mais estáveis que os indivíduos, para ser comparável a costumes sujeitos a variações insignificantes, como a moda ou os modos à mesa. Esse é um ponto importante para Arendt.

A seguir, pretende-se trabalhar o pensamento moral de Arendt, fundamentalmente à luz de dois de seus trabalhos: *Eichmann em Jerusalém*, datado de 1963, e a coletânea *Responsabilidade e julgamento*, composta por um conjunto de conferências, cursos e palestras reunidas por Jerome Kohn, diretor do Centro Hannah Arendt na New School for Social Research. Compreende-se que a perspectiva moral da autora está bem assinalada nas duas obras acima referidas.

No trabalho publicado em 1963, *Eichmann em Jerusalém*: um relato sobre a banalidade do mal, Arendt descreve o julgamento do criminoso nazista Otto Adolf Eichmann em 1961, acusado de crimes contra a humanidade, crimes contra o povo judaico e crimes de guerra. O julgamento iniciou em 15 de abril de 1961. Eichmann havia sido capturado por agentes israelenses na Argentina no ano anterior. O acusado foi extraditado para Israel e lá foi julgado. Hannah Arendt então propôs ao editor da *The New Yorker* escrever um relatório completo sobre o processo de Eichmann. Como a filósofa interessava-se já pela natureza do mal, ela procurou compreender o que julgava ser um "novo tipo de crime e criminoso do ponto de vista jurídico e a capacidade das instituições legais de lidar com eles" (ASSY, 2015, p. 2).

Arendt sublinha o fato de que Eichmann havia sido descrito pelos psiquiatras como alguém obcecado, perigoso e dotado de um incontrolável instinto de morte, portanto, uma "personalidade pervertida, sádica" (ARENDT, 1999, p. 37). A grande questão que a filósofa se colocou no julgamento de Jerusalém foi a seguinte: em que sentido aquele réu se sentiria culpado? Pessoalmente, ele assegurava não ter nada contra os judeus. Acreditava, no entanto, que estava a cumprir ordens e que isso seria seu dever como funcionário do Estado. Ele, sob tal perspectiva, alegava aplicar a moral kantiana para demonstrar que sua atitude correspondia a um sentido de dever; e que "por essa ideia estaria disposto a sacrificar tudo e, principalmente, todos" (ARENDT, 1999, p. 54). Chegou a dizer no interrogatório que, se isso lhe tivesse sido exigido, seria seu dever mandar seu próprio pai para a morte. O advogado de Eichmann evocou, no processo, a "teoria da engrenagem: o réu não teria agido enquanto homem, mas enquanto simples funcionário" (COURTINE-DÉNAMY, 1999, p. 210). Eichmann, portanto, não se considerava responsável pelos crimes perpetrados, posto que havia apenas – segundo ele – cumprido ordens. Nas palavras de José Sérgio Fonseca de Carvalho:

> Eichmann, o oficial nazista responsável pela logística da remoção e transporte de judeus para os campos de extermínios, alegava em sua defesa que ele simplesmente cumprira diligentemente as ordens que lhe foram dadas. Ele obedecia por dever – um "dever moral", segundo suas próprias

palavras! –, independentemente de suas convicções pessoais. A recusa à reflexão, à responsabilidade pessoal pelo exame do sentido ético de uma regra, norma ou ação transforma-se, em seu discurso, no fundamento de uma suposta ética da obediência. (CARVALHO, 2016, p. 116)

Além do mais, Eichmann, em seu relato, demonstrava uma incrível coerência, a despeito de sua má memória, repetindo "palavra por palavra as mesmas frases feitas e clichês semi-inventados (quando conseguia fazer uma frase própria, ele a repetia até transformá-la em clichê) toda vez que se referia a um incidente ou acontecimento que achava importante" (ARENDT, 1999, p. 62). Arendt comenta que, quanto mais se ouvia Eichmann, mais óbvia ficava sua "incapacidade de pensar, ou seja pensar do ponto de vista de outra pessoa" (ARENDT, 1999, p. 62). Eichmann firmemente dizia acreditar ter cumprido seu dever: não apenas ele cumpriu ordens, como obedeceu a lei. Na narrativa de Eichmann, o recurso à moral kantiana foi levantado como um álibi: "explicou que, a partir do momento em que fora encarregado de efetivar a Solução Final, deixara de viver segundo os princípios kantianos, que sabia disso e que se consolava com a ideia de que não era mais senhor de seus próprios atos" (ARENDT, 1999, p. 153), que ele seria incapaz de mudar a ordem das coisas. Arendt qualifica essa disponibilidade kantiana de Eichmann como um uso doméstico do espírito de Kant. Nas palavras de Arendt, em *Eichmann em Jerusalém*, temos o que segue:

Kant, sem dúvida, jamais pretendeu dizer nada desse tipo; ao contrário, para ele todo homem é um legislador no momento em que começa a agir: usando essa "razão prática" o homem encontra os princípios que poderiam e deveriam ser os princípios da lei. Mas é verdade que a distorção inconsciente de Eichmann está de acordo com aquilo que ele próprio chamou de versão de Kant "para uso doméstico do homem comum". No uso doméstico, tudo o que resta do espírito de Kant é a exigência de que o homem faça mais do que obedecer à lei, que vá além do mero chamado da obediência e identifique sua própria vontade com o princípio que está por trás da lei – a fonte de onde brotou a lei. Na filosofia de Kant, essa fonte é a razão prática; no uso doméstico que Eichmann faz dele, seria a vontade do *Führer*. Grande parte do minucioso empenho na execução da Solução Final – um empenho que geralmente atinge o observador como tipicamente alemão, ou característico do perfeito burocrata – pode ser atribuída à estranha noção, efetivamente muito comum na Alemanha, de

> que ser respeitador das leis significa não apenas obedecer às leis, mas agir como se fôssemos os legisladores das leis que obedecemos. Daí a convicção de que é preciso ir além do chamado do dever. Seja qual for o papel de Kant na formação da mentalidade do "homem comum" da Alemanha, não existe a menor dúvida de que Eichmann efetivamente seguia os preceitos de Kant: uma lei era uma lei, não havia exceções. (ARENDT, 1999, pp. 153-154)

Quando Arendt descreve Eichmann indo para o cadafalso, calmo, ereto e perfeitamente controlado, ela usa pela primeira vez sua caracterização da banalidade do mal: "foi como se naqueles últimos minutos estivesse resumindo a lição que este longo curso de maldade humana nos ensinou – a lição da temível *banalidade do mal*, que desafia as palavras e os pensamentos" (ARENDT, 1999, p. 274). Para a filósofa, uma das lições daquele processo residia no fato de que o afastamento da realidade "pode fazer infinitamente mais mal do que todos os instintos deliberadamente destrutivos inerentes ao homem" (COURTINE-DÉNAMY, 1999, p. 210).

É necessário destacar, conforme observa Adriano Correia (2004, p. 95), que, "do ponto de vista moral, quando Hannah Arendt observou a irreflexão de Eichmann, não visava torná-lo menos imputável". A despeito de atentar para a banalidade daquela figura e de sua incapacidade para pensar no que havia feito, "não estava buscando isentá-lo dos atos ilícitos que efetivamente cometeu, mas compreender o tipo de mentalidade que poderia contribuir para o surgimento de indivíduos como ele" (CORREIA, 2004, p. 95).

Arendt – em *Responsabilidade e julgamento*, que é uma compilação de conferências da autora efetuada por Jerome Kohn – assinala a resignação do povo alemão em viver com os assassinos. Arendt recusa, entretanto, a ideia de uma culpa coletiva. Para ela, onde se proclama que todos são culpados pelo crime perpetrado, não se localizam mais os assassinos, ou seja: "quando todos são culpados ninguém o é" (ARENDT, 2004, p. 83). Arendt considera que o próprio horror do que havia sido feito pelos nazistas, transcendia todas as categorias morais e fazia com que fossem estilhaçados todos os padrões de jurisdição: "era algo que os homens não poderiam punir adequadamente, nem perdoar. E nesse horror sem palavras, receio, todos tendemos a esquecer as lições estritamente morais e controláveis que tínhamos aprendido antes" (ARENDT, 2004, p. 85). Em outro momento, a autora comenta que "isso nunca deveria ter acontecido, porque os homens serão incapazes de punir ou perdoar. Não seremos capazes de reconciliar-nos com o fato, de chegar a um acordo com o acontecido, como devemos fazer com o que é passado" (ARENDT, 2004, p. 118).

Hannah Arendt pergunta-se como seria possível ajustar aos parâmetros previamente concebidos exemplos particulares que parecem não caber em tais modelos. Para ela determinadas ocorrências, como a dos campos de concentração, teriam significado "o colapso de todos os padrões costumeiros e, assim, não possuem precedentes, no sentido em que não são previstas nas regras gerais, nem mesmo como exceções a essas regras" (ARENDT, 2004, p. 89). A autora continua, dizendo que "esses atos não eram cometidos por bandidos, monstros ou sádicos loucos, mas pelos mais estimados membros da sociedade respeitável" (ARENDT, 2004, p. 105). A despeito do caráter racista, antissemítico e perverso de tais atitudes, o que as motivavam eram as palavras do *Führer*, que tinham força de lei e que deveriam ser obedecidas cegamente. Nesse sentido, Hannah Arendt reconhece que teria havido a erosão dos anteriores padrões de moralidade, para a construção de uma nova ordem moral, que nada teria a ver com aquela, a não ser pelo imperativo do dever, que se mantinha, embora aplicado agora a outra lógica, completamente diversa.

> Era como se a moralidade, no exato momento de seu total colapso dentro de uma nação antiga e altamente civilizada, se revelasse no significado original da palavra, como um conjunto de costumes, de usos e maneiras, que poderia ser trocado por outro conjunto sem dificuldade maior do que a enfrentada para mudar as maneiras à mesa de todo um povo. (ARENDT, 2004, p. 106)

Conforme argumenta Eugênia Sales Wagner (2006, p. 194), Hannah Arendt procurava distinguir os crimes praticados pelos nazistas convictos daqueles cometidos por burocratas que não tinham o hábito de pensar. Além disso, Hannah Arendt indaga-se sobre os porquês de determinadas pessoas terem se recusado a participar da vida pública naquele momento, por não aderirem ao sistema, enquanto outros serviram ao regime, incapazes de dizer não. Arendt considera que os segundos "simplesmente trocaram um sistema de valores por outro"

(ARENDT, 2004, p. 107). Como sublinha Wagner, "muitos desses após a guerra, ocuparam as antigas atividades e aderiram ao código de valores vigentes antes da guerra, como se nenhum crime tivesse sido cometido" (WAGNER, 2006, p. 194).

Nesse sentido, Arendt conclui que as pessoas que cometeram tais crimes eram pessoas comuns que haviam, sem grande entusiasmo, realizado aquilo que lhes foi mandado. Essas pessoas, entretanto, não pensavam naquilo que faziam. Era como se essas pessoas se considerassem um dente na engrenagem em alguma espécie de maquinaria. A grande questão era saber como nos tornamos funcionários dessa organização e por que não mais pensamos sobre o que fazemos. Os que não participaram das ações de extermínio foram exatamente aqueles que se perguntaram

> em que medida ainda seriam capazes de viver consigo mesmos depois de terem cometido certos atos; e decidiram que seria melhor não fazer nada, não porque o mundo então mudaria para melhor, mas simplesmente porque apenas nessa condição poderiam continuar a viver consigo mesmos. (ARENDT, 2004, p. 107)

Arendt explicita que a pré-condição para esse tipo de julgamento é o "diálogo silencioso entre mim e mim mesma, que, desde Sócrates e Platão, chamamos geralmente de pensar" (ARENDT, 2004, p. 107). Embora os padrões morais possam mudar subitamente, nós estaremos condenados a viver conosco mesmos.

> Se estou em desavença com meu eu, é como se eu fosse forçada a viver e interagir diariamente com o meu próprio inimigo. Ninguém pode querer tal coisa. Se pratico o mal, vivo junto com um malfeitor, e embora muitos prefiram praticar o mal em proveito próprio em vez de sofrer o mal, ninguém vai preferir viver junto com um ladrão, um assassino ou um mentiroso. (ARENDT, 2004, p. 155)

É como se, depois de realizar certos atos, eu não fosse mais capaz de viver comigo mesma. Nesse sentido, Hannah Arendt comenta a ideia de que, ao estarmos sós, estaríamos também junto a alguém, a um outro eu. Isso significa que o ser humano é um "dois em um". Quando somos esse "dois em um" não podemos fazer outra coisa que não seja pensar. Hannah Arendt separa, então, o ato de pensar do conteúdo do pensamento. Como diz Celso Lafer, em Arendt, se há algo no pensar que nos impede de fazer o mal, "este algo deve ser uma propriedade inerente à própria atividade, independentemente do objeto pensado" (LAFER, 2003, p. 81). Pensar seria uma ação interior, imprescindível ao julgamento, mas que não se confunde com ele: "os maiores malfeitores são aqueles que não se lembram porque nunca pensaram na questão, e, sem lembrança, nada consegue detê-los" (ARENDT, 2004, pp. 159-160). Essa dimensão socrática do pensamento de Arendt é bastante potente para ela refletir sobre a questão do pensar.

> O pensamento como uma atividade pode surgir a partir de qualquer ocorrência; está presente quando eu, depois de observar um incidente na rua ou me ver implicada em alguma ocorrência, começo então a considerar o que aconteceu, contando o fato a mim mesma como uma espécie de história, preparando-a, dessa maneira para sua subsequente comunicação aos outros, e assim por diante. Certamente que o mesmo é ainda mais verdadeiro se o tópico de minha consideração silenciosa for algo que eu própria cometi. Fazer o mal significa estragar essa capacidade; a maneira mais segura para um criminoso nunca ser descoberto e escapar da punição é esquecer o que fez e não pensar mais no assunto. Também por isso, podemos dizer que, antes de mais nada, o arrependimento consiste em não esquecer o que se fez, em "voltar ao assunto", como indica o verbo hebraico *shuv*. Essa conexão de pensamento e lembrança é especialmente importante em nosso contexto. Ninguém consegue se lembrar do que não pensou de maneira exaustiva ao falar a respeito do assunto consigo mesmo. (ARENDT, 2004, pp. 158-159)

Hannah Arendt ainda recorda que os assassinos do Terceiro Reich, por mais cultos que pudessem ser, "nem um único deles compôs um poema digno de ser lembrado, uma música digna de ser escutada, ou pintou um quadro que alguém gostaria de pendurar nas suas paredes" (ARENDT, 2004, p. 162). Mais do que isso: o mal é perpetrado "por ninguém, isto é, por um ser humano que se recusa a ser uma pessoa" (ARENDT, 2004, p. 177). Ao não pensar sobre o que fez, a pessoa não volta ao assunto, não se lembra e recusa-se a enxergar de frente o ato que cometeu. Tal situação impede inclusive o arrependimento, porque esse requer a lembrança, a qual, por sua vez, exige o pensamento. Por isso, o sujeito que não é capaz de "voltar e lembrar do que fez, realmente deixou de se constituir como alguém" (ARENDT, 2004, p. 177).

São pessoas que não conversam com o parceiro silencioso que carregam consigo próprios: "pensar e lembrar, dissemos, é o modo humano de deitar raízes, de cada um tomar seu lugar no mundo a que todos chegamos como estranhos" (ARENDT, 2004, p. 166). Trata-se, nesse sentido, de mobilizar o pensamento para proceder a um diálogo consigo próprio, algo próximo a um "pare e pense" (ARENDT, 2004, p. 170). Sob tal perspectiva, diz Arendt o seguinte:

> Em outras palavras: o maior mal perpetrado é o mal cometido por Ninguém, isto é, por um ser humano que se recusa a ser uma pessoa. Dentro da estrutura conceitual dessas considerações, poderíamos dizer que o malfeitor que se recusa a pensar por si mesmo no que está fazendo e que, em retrospectiva, também se recusa a pensar sobre o que faz, isto é, a voltar e lembrar o que fez (que é *teshuvah,* isto é, arrependimento), realmente deixou de se constituir como alguém. Permanecendo teimosamente um ninguém, ele se revela inadequado para o relacionamento com os outros que, bons, maus ou indiferentes, são no mínimo pessoas. (ARENDT, 2004, p. 177)

Sob tal perspectiva, a recusa ou a inaptidão para escolher os exemplos e a companhia surge como incapacidade de estabelecimento de relações com os outros, o que indicia a banalidade do mal, posto que "as nossas decisões sobre o certo e o errado vão depender de nossa escolha da companhia, daqueles com quem desejamos passar a nossa vida" (ARENDT, 2004, p. 212). Conforme assinala Bethânia Assy, a questão colocada para Arendt é exatamente essa: "com quem desejo ou suportaria viver junto, e, especialmente, com quais outros *selves* conseguiria conviver?" (ASSY, 2015, p. 106). Para a comentadora, existiria na convivência uma "auto constituição compartilhada". José Sérgio Fonseca de Carvalho também considera que, em Arendt, "é a partir de nossa experiência *com os outros* – e não no diálogo interior em que um sujeito isolado delibera e escolhe autonomamente – que tomamos consciência da liberdade como potencialidade da vida política" (CARVALHO, 2017, p. 86).

Em *A vida do espírito,* Hannah Arendt dirá que o pensamento interrompe qualquer atividade, dado que todo pensar exige um "pare-e-pense" (ARENDT, 2008, p. 97). É como se o fato de pensar paralisasse a pessoa, que deixaria momentaneamente de fazer qualquer coisa que ela estivesse fazendo. O pensamento, ainda, anula as distâncias, já que por ele é possível antecipar o futuro, atuando sobre essa atividade de pensar como se o próprio pensar fosse presente, permitindo "lembrar do passado como se ele não tivesse desaparecido" (ARENDT, 2008, p. 104). Por meio do pensamento, nos permitimos ser espectadores do mundo. Compreendê-lo e narrá-lo significa tornar presente em nosso espírito aquilo que, no limite, está ausente. A lembrança, assim, chega para nós – diz Arendt – na forma narrativa. Contamos histórias para nós mesmos quando nos recordamos das coisas.

O pensamento e particularmente a lembrança surgem, portanto, como uma necessidade de reconciliação com o passado. O desacordo consigo próprio, bem como a incapacidade de reconciliação, prejudicam ou mesmo inviabilizam a atividade do pensamento. Nesse sentido, podemos dizer que, em Hannah Arendt, o pensamento e a lembrança possuem um valor moral. Como destaca Eugênia Sales Wagner (2006, p. 181), a pessoa quando não pensa, embora possa parecer perfeitamente normal, é destituída das raízes, que não cultivou. O maior mal em Arendt – continua a comentadora – é aquele cometido por ninguém, ou por seres humanos que se recusam a ser pessoas. Quando não paramos-e-pensamos, não somos capazes de nos reconciliar com nosso passado; não somos capazes, portanto, de transformar nossa vida em uma narrativa dotada de sentido.

O pensamento de Arendt, sobretudo sua concepção sobre o pensar, a ideia do pare-e-pense poderão ser mobilizados pedagogicamente como algo a ser explorado em situações escolares. É possível incentivar crianças e jovens a pensarem e a lembrarem, de modo a se habilitarem cotidianamente a narrar sua vida com vistas à produção de sentidos.

8.

AS VIRTUDES COMO ALICERCE DA ÉTICA E O REPERTÓRIO DA EDUCAÇÃO

> Não sou apenas responsável, sou alguém que pode sempre pedir uma explicação aos outros, que pode questionar os outros. Faço parte da história dessas outras pessoas, da mesma forma que elas fazem parte da minha. A narrativa de qualquer vida faz parte de um conjunto interligado de narrativas. Ademais, esse pedido de explicação e a explicação oferecida têm papel importante na constituição das narrativas.
>
> (MACINTYRE, 2001, p. 366)

Uma ética das virtudes para o tato pedagógico

A última teoria que procuraremos traçar aqui é a vertente filosófica comunitarista. Essa, como Durkheim, entende a moralidade como uma identificação do sujeito com a comunidade concreta na qual ele nasce e se desenvolve. Além disso, como Aristóteles, tal corrente prevê a necessidade de se resgatar a dimensão das virtudes como baliza da ação ética. Parte-se da noção de vida boa e de uma prioridade conferida à ideia de virtude e às suas variadas dimensões. Trata-se de pensar a ética não mais à luz de um catálogo de deveres, mas em função das disposições para o bem, expressas nas ações virtuosas das pessoas. Tais ações valem-se fundamentalmente das regras e dos parâmetros da comunidade que circunscreve o sujeito. Nessa direção, uma ética das virtudes expressa sua faceta comunitarista. Diz Adela Cortina sobre a temática o que segue:

> Os comunitaristas começam por destacar o papel moral irrenunciável que sempre coube à comunidade na formação das pessoas: um ser humano só chega a amadurecer enquanto tal quando se identifica com uma comunidade concreta (uma família, uma comunidade de vizinhos, um grupo profissional, uma cidade, uma nação), porque só pode adquirir sua personalidade pelo pertencimento a ela, e só desenvolve as virtudes que a comunidade exige, virtudes que constituem a visão que a comunidade tem em relação às excelências humanas. A moralidade não é entendida aqui como uma questão de deveres e direitos, mas como tarefa de toda uma comunidade no esforço de desenvolver algumas excelências em todos os seus membros para alcançar solidariamente uma vida plena de sentido. (CORTINA; MARTÍNEZ, 2005, p. 37)

A ideia comunitarista, a qual remete para uma ética das virtudes, compreende que tanto o pensamento de Kant quanto o utilitarismo estariam fundados sobre princípios universais de caráter formal e, enquanto tal, "destituídos de conteúdo moral". Como argumentam Borges, Dall'Agnol e Dutra, os teóricos da ética das virtudes compreendem que não há sentido em estipular princípios universais para avaliar a moralidade das ações. Pelo contrário: "analisando as questões morais a partir das virtudes, eles garantem que essas tentativas estão irremediavelmente perdidas, e que devemos antes buscar a compreensão das qualidades morais de que os agentes devem ser dotados para agir eticamente" (BORGES; DALLA'AGNOL; DUTRA, 2002, p. 57). O neoaristotelismo, que estaria na base desse ideal comunitarista, rejeita qualquer fundamento normativo da ação, que se apresente como descolado da realidade fática. Tratar-se-ia, portanto, de se remeter ao "ethos concreto de quem age moralmente e ao da comunidade a que pertence, que se exprime em usos, normas e leis" (CORTINA, 2010, p. 147).

Para abordar a ética das virtudes, pretende-se desenvolver, aqui, a análise da obra *Virtudes públicas*, de Victoria Camps. A autora principia sua análise, destacando que a ética necessariamente é etnocêntrica, posto que parte sempre da moral vivida. Nesse sentido, não haveria possibilidade de abordar a moral fora do contexto no qual essa mesma moral está inscrita. A função da ética seria, nessa perspectiva, ensinar a querer o que merece ser querido, de maneira a que os sentimentos possam vir a ser educados. Para Camps, a ética requereria um trabalho de discernimento, porque o discurso sobre a moral envolve uma adaptação às necessidades e às carências da realidade concreta. Para a autora, a retomada da ética de Aristóteles justifica-se, dado que a ética constitui uma segunda natureza que faculta ao sujeito a possibilidade de viver com os outros. Ao retomar a dimensão aristotélica de virtudes, Camps deixa claro que se refere a virtudes públicas. Dentre tais virtudes públicas, a autora estuda a de solidariedade, a responsabilidade, a tolerância, a profissionalidade, a boa educação, as virtudes femininas e as identidades.

Para Camps, a solidariedade é necessária porque a virtude é imperfeita: "a justiça distribui e retribui em geral, não chega a todos nem pode reparar excessivas diferenças. A justiça nunca é total, nunca chega a realizar-se por completo" (CAMPS, 1996, p. 32). A solidariedade, para a autora, seria um critério vizinho da justiça, estabelecendo o "valor que consiste em mostrar-se unido a outras pessoas ou grupos, compartilhando seus interesses e suas necessidades, ao sentir-se solidário pela dor e sofrimento alheios" (CAMPS, 1996, p. 32). A justiça, portanto, exigiria a solidariedade como seu complemento, inclusive porque não podemos atribuir apenas ao Estado a possibilidade de resolver todas as necessidades e carências da vida humana. As ações de solidariedade seriam, assim, complementares às práticas de justiça.

> A solidariedade é uma prática que está aquém, mas também além da justiça: a fidelidade ao amigo, a compreensão ao maltratado, o apoio ao perseguido, a aposta em causas impopulares ou perdidas, tudo isso pode não constituir propriamente um dever de justiça, mas sim um dever de solidariedade. (CAMPS, 1996, p. 34)

Na virtude da solidariedade, Victoria Camps inclui a virtude da amizade. A relação amistosa é o que baliza as grandes manifestações da convivência. Retomando o conceito aristotélico de amizade, a autora declara que só podemos ser amigos entre os iguais. Camps destaca, ainda, que concorda com a visão de John Rawls, o qual compreende que as virtudes políticas seriam aquelas que abarcam a participação democrática. Para Rawls, é dessas virtudes que se compõe a acepção da ética, "algo que não configura necessariamente uma forma de viver, mas que consiste no conjunto de qualidades que deveria possuir o cidadão de uma sociedade em busca de justiça" (CAMPS, 1996, p. 40). Reportando-se a Habermas, Camps vai estabelecer a ética das virtudes como fundamento da comunicação humana, acreditando na possibilidade de estabelecer acordos éticos mediante o diálogo racional.

Outra virtude pública, para Victoria Camps, é a responsabilidade. Para a autora, o sentido da responsabilidade está inscrito na cultura e na civilização. Camps recorda Sartre, que vê a responsabilidade como um corolário da ideia de escolha; e invoca Weber, a partir de suas considerações sobre o que compreende por ética da responsabilidade. Em seguida a autora destaca a responsabilidade necessária para com a democracia, já que, por definição, esta é a principal forma de governo, que contraria todos os sectarismos possíveis: "teoricamente, na democracia devem caber todos, todos os que aceitem suas regras do jogo" (CAMPS, 1996, p. 70). O sujeito da responsabilidade seria, portanto, o cidadão da democracia, cujo paradeiro, entretanto, estaria impreciso. Camps critica, nesse sentido, a falta de compromisso do cidadão com a vida democrática, dizendo que "é a passividade, a falta de participação, o absenteísmo eleitoral que prejudicam todas as democracias atuais, incapazes de entusiasmar, incapazes de gerar a magia inerente aos grandes ideais" (CAMPS, 1996, p. 71). Se ser virtuoso coincidiria com ser racional, "o único critério de racionalidade é o diálogo, a democracia e os acordos que derivam dela" (CAMPS, 1996, p. 71).

A tolerância seria – de acordo com Camps – outra virtude pública. Por suas palavras:

> A tolerância é a virtude indiscutível da democracia. O respeito aos demais, a igualdade de todas as crenças e opiniões, a convicção de que ninguém tem a verdade nem a razão absolutas, são o fundamento dessa abertura e generosidade que supõe o ser tolerante. Sem a virtude da tolerância, a democracia é um engano, pois a intolerância conduz diretamente ao totalitarismo. Uma sociedade plural descansa no reconhecimento das diferenças, da diversidade de costumes e formas de vida. Na época das comunicações, é lógico que o pluralismo se acentue e que a tolerância se consolide e seja ampliada. E é lógico também que a abertura sem limites, desmesurada, produza um certo temor. Onde vamos chegar? Onde acaba a tolerância e começa a permissividade? A tolerância é a mesma coisa que a liberdade de costumes? Não esqueçamos que as virtudes para Aristóteles são um meio termo muito propenso a sucumbir por excesso ou deficiência. Qual é, pois, a medida justa, o meio termo da tolerância? (CAMPS, 1996, p. 73)

Pensar a tolerância – continua Camps – é pensar também a liberdade integral de todos os estilos de vida. Cada um tem o direito de viver como bem entender. Mesmo assim, a autora adverte que nem tudo é tolerável, posto que a liberdade de um termina onde começa a liberdade do outro, o que significa que determinados comportamentos não poderão ser socialmente permitidos. Certas práticas seriam, sim, intoleráveis: a pedofilia, o terrorismo, a tortura. A tolerância, nesse sentido, é matizada pela dimensão dos direitos humanos:

> a tolerância é uma forma de expressar o respeito aos demais, aceitando as diferenças. Mas, sobretudo, somos tolerantes quando essas diferenças nos importam. Não necessitamos tolerar o que nos é indiferente. O que significa que a tolerância não é nem deve ser o mesmo que a indiferença. (CAMPS, 1996, p. 86)

Victoria Camps recorda que tolerar significa suportar. Tudo poderia ser suportado, desde que não causasse dano aos demais. Esse seria o critério – e, para tanto, a autora recorre a Stuart Mill. Então, quando alguém provoca dano a outro, isso justifica "intervir na conduta alheia, não permitindo que o outro faça o que pretende fazer" (CAMPS, 1996, p. 86). Se tolerar é suportar ações para as quais não somos indiferentes, toleramos sempre aquilo que nos desagrada, embora nem tudo o que nos desagrade deva ser tolerado – à luz daquele critério em relação ao qual se causará dano aos demais. Sob tal perspectiva, tolerar algumas coisas implica desprezar ou desqualificar outras. Pensar a ética constitui, para Victoria Camps, projetar alguns absolutos, à luz de uma "ideia transcultural de justiça" (CAMPS, 1996, p. 88). Essa ideia coincidiria com medidas de rechaço de situações de discriminação, domínio e violência. Significaria condenar ditaduras, reconhecer os direitos de igualdade sexual e étnica. Camps considera a tolerância a mais plena virtude da democracia pluralista. Daí ela reconhecer o direito e o dever de a sociedade prover educação, de proteger crianças e idosos e todo um programa ético inscrito na tolerância como virtude fundamental.

A profissionalidade é uma virtude que – segundo Camps – deriva de um *ethos* ou de uma atitude diante do trabalho. Mobilizando a reflexão de Max Weber sobre o tema, Victoria Camps destaca que "a ocupação laboral é propriamente o signo da identidade pessoal; todo mundo aspira à profissionalização, a ser um bom expert em seu ofício. A profissionalização se estendeu e todos queremos ser bons profissionais" (CAMPS, 1996, p. 98). As pessoas, de modo geral, querem ser boas profissionais e, nesse sentido, a profissionalidade torna-se critério de excelência do sujeito perante a sua comunidade. Nos termos da autora:

> Ser um bom médico, um bom arquiteto, uma boa modista ou um bom cantor. Não importa qual seja o ofício, nem – quase – o sexo, mas a qualidade profissional de quem o exerce. O bom profissional se faz trabalhando. Seja ou não produtivo seu trabalho – seja ou não *poiesis* – o certo é que vale enquanto *praxis*, atividade autogratificante que, ademais, recebe um reconhecimento social como o mereceria a dedicação à política no mundo dos gregos ou a categoria de proprietário no dos modernos: o bom profissional possui uma identidade social. [...] Pois cada profissão dispõe teoricamente de uma série de conhecimentos próprios inacessíveis a outros grupos e inquestionáveis de fora, na qual assenta o poder e a superioridade dos profissionais que pertencem a uma determinada corporação. (CAMPS, 1996, pp. 98-99)

O bom profissional – continua Camps – tem algumas características: é disciplinado, é enérgico, é seguro de suas ações, é decidido, é inteligente, é pragmático. É "o ser que se faz e se representa a si mesmo: indisponível para o desânimo no trabalho, sabe mostrar-se descontraído, simpático e divertido no ócio" (CAMPS, 1996, p. 99). A medida da profissionalidade inevitavelmente está ligada ao reconhecimento externo. É preciso, porém, ponderar quando a profissionalidade deixa de ser uma virtude para transformar-se no vício de seu excesso. Quando a profissionalização torna-se tão absoluta que a identificação com a profissão passa a ser o único fator de sentido e de interesse na vida, alguma coisa está errada. Se deixarmos de nos preocupar com os outros, se deixarmos de cuidar dos que nos são próximos, se deixarmos destruir nossos vínculos comunitários, "a vida fica reduzida à dimensão do ofício bem feito, e o indivíduo com essa identidade se encontra alienado do mundo e dos outros. A idolatria do eu – o individualismo – chega a extremos perigosos para a mesma autonomia do sujeito" (CAMPS, 1996, p. 103). Nesses casos, o profissional torna-se escravizado pelos próprios imperativos de sua profissão, sejam eles o dinheiro, o êxito ou a prosperidade: "nesse caso, a vida toda se confunde com a vida profissional e essa deixa de ser autônoma porque o indivíduo não é capaz de distanciar-se dela e tomá-la como parte de sua existência" (CAMPS, 1996, pp. 104-105). Victoria Camps indica, ainda, que, se o *telos* da vida humana é – na perspectiva neoaristotélica – a felicidade, os caminhos da felicidade serão os da emancipação e esses não se confundem com "caminhos do êxito, da riqueza ou da glória" (CAMPS, 1996, p. 105).

Uma virtude apontada por Victoria Camps que aqui se torna central é a virtude da boa educação. Para a autora, boa educação significa "saber fazer e saber estar, uma certa instrução – uma carreira, um ofício – e um certo grau de cultura" (CAMPS, 1996, p. 109). Tratar-se-ia, portanto, da formação da personalidade à luz de um conjunto de valores. Formar a personalidade – assinala Camps – é conduzir o sujeito em determinada direção. Dizer que a educação estrutura-se a partir de valores significa compreender que o processo de formação humana deve ser crítico e progressista e "não se conformar com as maneiras de ser vigentes se as julga discutíveis" (CAMPS, 1996, p. 110). Educar requer pluralismo, autonomia, tolerância, como valores próprios da democracia. Nesse sentido, Victoria Camps destaca que educar exige disciplina, com o fito de formar as boas maneiras, para, sobretudo, ensinar a viver com os outros.

> Minimizar o valor da disciplina é ignorar o que os gregos já sabiam e aceitavam: que a virtude é hábito, costume, repetição de atos, quer dizer, disciplina. Certas maneiras de comportar-se – com ordem, com limpeza, sem agredir –, certo modo de ocultar ou manifestar os sentimentos, de estar com os outros, são o primeiro passo para inculcar e dar a entender em que consiste o respeito ao outro. Os hábitos, as formas, as maneiras de transmitir o respeito mútuo, podem ser diversas, mas é imprescindível que sejam de algum modo determinado. As crianças não entendem de teoria; aprendem pelos olhos e pelos ouvidos, o que vêem e o que ouvem, dia a dia, sem equívocos nem ambiguidades. A repetição é fundamental para a criação de hábitos, e para repetir uma regra que há de se saber bem e propô-la com convicção. É um erro confundir tolerância com ausência de normas. (CAMPS, 1996, p. 113)

Educar seria, pois, transmitir um estilo de vida. Ao observar, as crianças mimetizam comportamentos, erigem modelos, mesmo aqueles que talvez, mais tarde, elas queiram abandonar: "ter autoridade é definitivamente ser consciente de que, ainda que não queiramos, somos o ponto de referência das novas gerações" (CAMPS, 1996, p. 118). Victoria Camps mobiliza muito, nesse tópico da educação, da análise de Hannah Arendt sobre a temática, dizendo que o primeiro grande problema da educação democrática seria exatamente o de resvalar por uma "debilidade ideológica" (CAMPS, 1996, p. 114). Camps considera que uma educação débil é aquela que produz sujeitos desorientados e superprotegidos. Compreende a autora que a ética é uma virtude que não se ensina, mas que se aprende:

> A ética é um saber prático que se ensina de distintas maneiras e constantemente. É a forma de ser e de comportar-se, de trabalhar e divertir-se, de falar e de pensar, de estar com os demais e consigo mesmo, o que coloca em relevo os valores básicos de cada ser humano. Educar deveria consistir em algo tão simples quanto mostrar aos neófitos na vida a própria forma de viver. (CAMPS, 1996, p. 123)

O tópico seguinte abordado por Victoria Camps será a condição feminina. Para abordar o assunto, a autora irá remeter-se ao pensamento de Carol Gilligan, que, em seu trabalho, defende a existência de dois tipos de éticas, uma delas de matriz masculina – a ética da justiça – e a outra, de cariz feminino – a ética do cuidado.

> As mulheres antepõem a amizade e o cuidado nas relações, o não fazer dano, à justiça ou à defesa da lei moral que tendem a provocar a adesão dos homens. Para as mulheres, a imoralidade coincide com o egoísmo e o bem com o sacrifício e a auto entrega. Ante essa constatação, Gilligan não se esquiva da pergunta evidente sobre o conflito previsível entre essa moral da entrega e a responsabilidade pelos outros, e a lógica dos direitos derivada da reivindicação da igualdade sexual, a qual deveria desencadear e propiciar a autonomia e o autodesenvolvimento da mulher. O conflito se dá, efetivamente, mas também é possível a integração e complementaridade das duas perspectivas éticas de forma que o cuidado e a educação dos demais não seja obstáculo para que a mulher cuide de si mesma. No fim das contas, a razão de ser e de progresso da ética é a tensão entre os objetivos de ordem distinta, que forçam a preferir alguns bens, sacrificando outros. O diálogo entre a moral masculina e a feminina – conclui a autora – "não só proporciona uma maior compreensão da relação entre os sexos, mas que dá lugar a um retrato mais compreensivo do trabalho dos adultos e das relações familiares". (CAMPS, 1996, p. 140)

A última virtude pública sobre a qual Victoria Camps se debruça é a da identidade. Haveria, segundo ela, três níveis de identidade: a humanidade toda, as comunidades e a identidade pessoal: "ter uma identidade é conferir unidade à própria vida, recolher o passado e projetá-lo adiante, fixar valores, marcar continuidades e transições. Em suma, fazer da própria existência uma narração com sentido" (CAMPS, 1996, p. 146). Camps se indaga se a identidade pessoal suporia continuidade, coerência, integridade. Considera a autora que podemos dizer eu exatamente pelo fato de haver outros eus, tanto semelhantes quanto diferentes de mim: "a consciência de si passa pela mirada e expressão do outro" (CAMPS, 1996, p. 147). Aqui Victoria Camps aproxima-se da perspectiva de Alasdair MacIntyre, o qual, em *Depois da virtude*, assinala que haveria um conceito narrativo de identidade, posto que as pessoas vivem em forma de narrativa.

> Em primeiro lugar, sou o que outras pessoas possam, justificadamente, pensar que sou no decorrer da vivência de uma história que vai do meu nascimento à minha morte; sou o tema de uma história que é minha e de ninguém mais, que tem seu próprio significado peculiar. Quando alguém reclama – como alguns dos que tentam ou cometem suicídio – que sua vida não tem sentido, essa pessoa está quase sempre, e talvez caracteristicamente, reclamando que a narrativa de sua vida se tornou ininteligível para ela, que não tem razão de ser, não se dirige a um clímax nem a um *telos*. Por conseguinte, o sentido de fazer qualquer coisa em vez de outra em momentos cruciais da vida parece, para tal pessoa, perdido. (MACINTYRE, 2001, p. 365)

A identidade pessoal estaria, pois, para MacIntyre, inscrita na unidade do sujeito composta pela unidade de sua narrativa. Um relato inteligível é o que confere personalidade a uma vida. A visão de identidade como virtude parece fundamental entre os teóricos neoaristotélicos, os quais serão, em alguma medida, exatamente liderados pela perspectiva desenvolvida pelo livro de MacIntyre.

> Perguntar o que você fez e por que, dizer o que eu fiz e por que, ponderar acerca das diferenças entre sua explicação do que eu fiz, e vice-versa, são constituintes essenciais de todas, menos das narrativas mais simples e resumidas. Assim, sem a responsabilidade do eu cujas sequências de eventos que constituem tudo, menos nas narrativas mais simples e resumidas,

> isso não poderia ocorrer; e, sem essa mesma responsabilidade, faltaria às narrativas aquela continuidade necessária para que elas e os atos que as constituem se tornem inteligíveis. (MACINTYRE, 2001, p. 366)

A relação entre a identidade e a forma narrativa é muito sublinhada por MacIntyre, já que a história de nossas vidas se dá de maneira narrativa, aliada sempre às histórias das comunidades que originaram nossas identidades: "nasci com um passado; e tentar me isolar desse passado, à maneira individualista, é deformar meus relacionamentos presentes. A posse de uma identidade histórica e a posse de uma identidade social coincidem" (MACINTYRE, 2001, p. 371). Nesse sentido, de maneira narrativa, nós integramos histórias e nos vinculamos a uma dada tradição. O passado – diz MacIntyre – faz-se presente no nosso presente: "descubro que faço parte de uma história e isso é o mesmo que dizer, em geral, quer eu goste ou não, quer eu reconheça ou não, que sou um dos portadores de uma tradição" (MACINTYRE, 2001, p. 372).

Compreender, portanto, o universo das virtudes públicas, no parecer de Victoria Camps e Alasdair MacIntyre, é mergulhar na irredutivelmente singular e, ao mesmo tempo, plural condição humana. As virtudes públicas consistem em um caminhar do particular para o universal e, deste ponto, retornar para as singularidades. Nos termos de Victoria Camps:

> A tradição, a educação, os costumes nos ensinam a aderirmos a certas normas de conduta. E nem sempre há identidades entre essas convenções e a moral. A linguagem da moral está formada por grandes palavras que exigem, por si mesmas, a adesão universal: há que ser justo, há que se promover a igualdade, a liberdade, a paz, há que ser tolerante, solidário e responsável, não se deve discriminar nem marginalizar o outro, a tortura é condenável, como o é a violência. O referente de tais palavras, contudo, é uma realidade confusa que acaba por não oferecer a dimensão que os nomes reclamam. (CAMPS, 1996, p. 178)

Por ser assim, a ética das virtudes matiza o universalismo do pensamento de Rawls, por exemplo, mas também não resvala pelo relativismo, que poderia desqualificar a própria acepção da conduta ética. Pensar a educação à luz da ética das virtudes supõe explorar a dimensão narradora do sujeito, incentivando os alunos a conferirem significado às próprias vidas, com a finalidade de tornar sua existência uma narrativa dotada de sentido. Por ser assim, a ação ética é compreendida, na perspectiva aristotélica, como uma constante busca pela vida boa, vida esta que só pode ser adquirida mediante a efetividade de ações justas.

Se nos remetermos mais diretamente para as questões propriamente escolares, podemos apontar os trabalhos de Jan Masschelein e Maarten Simons, bem como o de François Dubet, como referências para se pensar a ética. Iniciando com a perspectiva de Masschelein e Simons, destaca-se a ideia da escola como tempo livre: *skolé*. A escola faculta mecanismos sutis que reproduzem a desigualdade social. A escola – assim como já considerara Hannah Arendt – é conservadora, exclusivamente porque o professor representa a geração mais velha e porta consigo um acervo de saberes estruturados pelo passado. Todavia Masschelein e Simons consideram que vivemos uma época de aprendizagem ao longo da vida, em todos os domínios. Mesmo assim, a escola persiste sendo a instituição na qual os jovens são habilitados para serem inseridos devidamente na sociedade, para serem iniciados em conhecimentos, em habilidades e no processo de socialização na cultura e na vida coletiva.

Os referidos autores asseveram que, desde a escola da Grécia antiga, há, pela instituição, uma suspensão da ordem das coisas. O professor e os alunos situam-se em uma temporalidade bastante diversa do tempo produtivo. Enquanto a escola tem vida, quando a porta da sala de aula se fecha, a vida comunitária externa e a própria sociedade permanecem do lado de fora. Por sua vez, "na escola, sempre há alguma coisa sobre a mesa" (MASSCHELEIN; SIMONS, 2015, p. 41). Há algo da sociedade que é posto em jogo na vida escolar. A escola traz para o jogo, no sentido de que transforma as coisas em matéria de estudo (MASSCHELEIN; SIMONS, 2015, p. 43). Há, deste modo, um processo criativo, de inventividade, de transcendência na ação escolar, tornando cada aula um evento a ser lembrado.

> A escola é o tempo e o lugar onde temos um cuidado especial e interesse nas coisas, ou, em outras palavras, a escola focaliza a nossa atenção em algo. A escola (com seu professor, disciplina escolar e arquitetura) infunde na nova geração uma atenção para com o mundo: as coisas começam a falar (conosco). A escola torna o indivíduo atento e garante que as coisas – destacadas de usos privados e posições – tornem-se "reais". Ela faz alguma coisa, ela é ativa. Nesse sentido, não se trata de um recurso,

> produto ou objeto para utilização como parte de uma determinada economia. Trata-se do momento mágico quando alguma coisa fora de nós mesmos nos faz pensar, nos convida a pensar ou nos faz coçar a cabeça. Nesse momento mágico, algo de repente deixa de ser uma ferramenta ou um recurso e se torna uma coisa real, uma coisa que nos faz pensar, mas também nos faz estudar e praticar. É um acontecimento, no sentido vivo da palavra. (MASSCHELEIN; SIMONS, 2015, p. 51)

Reportando-se à etimologia da palavra interesse, como um estar entre, estar fora de si mesmo, Masschelein e Simons argumentam que isso é exatamente o que nos leva a estudar. A escola, pois, seria o tempo e o espaço daquilo que é compartilhado por nós. A escola – como já se assinalou anteriormente – transforma as coisas do mundo em objeto de estudo. Dar forma à escolarização consistiria, sob tal enfoque, apresentar o mundo ao aluno. Contudo estar na escola requereria algumas atitudes, convenientes ao processo de estudar e de escrever: a obediência a determinadas regras, a minimização da distração, e, portanto, a disciplina – de tal modo que o professor possa trazer o aluno para aquilo que os autores chamaram de "o presente do indicativo". Alunos e professores devem ser todos eles sujeitos que se empolgam, que vivem seu ensino e aprendizado com concentração, dedicação, respeito, atenção e paixão. O professor, nesse sentido, além do profissionalismo, precisa agir com algum amadorismo. Em que sentido ser amador?

> Um professor é alguém que ama seu tema ou matéria, que se preocupa com ela e presta atenção a ela. Ao lado do "amor pelo assunto", e talvez por causa disso, também ensina por amor ao aluno. Como um amador, o professor não é apenas versado sobre algo, também se preocupa e está ativamente envolvido nesse algo. Não só é conhecedor de matemática, mas apaixonado pelo assunto, inspirado por seu trabalho e pelo material. Esse é um entusiasmo que se mostra nas pequenas ações ou gestos precisos, expressões de seu conhecimento, mas também expressões de sua preocupação com o trabalho à mão e seu lugar nele. Esse entusiasmo, literalmente, tem a capacidade de dar uma voz ao objeto de estudo ou prática, seja ele matemática, linguagem, madeira ou estampas. Dessa maneira, é bem-sucedido em colocar os alunos em contato com a matéria e permitir que percam a noção do tempo; isto é, consegue tirá-los do tempo comum e trazê-los a um ponto no presente onde sua atenção é exigida – uma presença no presente, pode-se dizer. Esse entusiasmo, essa apropriação de uma relação específica com a matéria, está ligada ao fato de que a

matéria é tornada livre, torna-se liberada, é separada do uso pretendido e pode, assim, tornar-se um objeto de estudo ou de exercício, tanto para o professor quanto para o aluno. (MASSCHELEIN; SIMONS, 2015, p. 77)

Escola e professor – continuam Masschelein e Simons – deverão partir do pressuposto de que os alunos têm capacidade equivalente uns aos outros. A escola deve se recusar a legitimar e a naturalizar quaisquer diferenças entre os alunos. Só reconhecendo essa igualdade matricial entre seus estudantes é que o professor poderá ser inspirado por seu aluno, por seu assunto e por sua matéria. Isso significa partilhar com o aluno o conhecimento e, em especial, o desejo pelo conhecimento – a curiosidade intelectual. Trata-se, no limite, do amor por um mundo a ser compartilhado e do amor pela geração nova. O "acontecimento escolar" – na expressão dos autores – requer arrancar os jovens do seu mundo; elevar alguém para além do seu mundo (TRINDADE, 2009). Masschelein e Simons argumentam que o tempo solene da escola reside exatamente em sua capacidade de começar alguma coisa. Trata-se de um rito de iniciação. A mesa da escola, por sua vez, coloca na pauta estudo, exercício e treinamento. As coisas do mundo são, assim, transformadas em coisas daquele que as apreende, a partir do momento em que o professor coloca-se a serviço do seu assunto e traz as coisas para a mesa. A escola constitui, nessa medida, um lugar público onde algo pode acontecer.

A escola teria como característica básica a tarefa da suspensão:

> o tempo econômico, social, cultural, político ou privado é suspenso, assim como as tarefas e papeis relacionados a espaços específicos. A suspensão aqui poderia ser compreendida como um ato de des-privatização, des-socialização ou des-apropriação. (MASSCHELEIN; SIMONS, 2014, p. 110)

Essa suspensão, com isso, liberta alguma coisa, ou seja, as coisas ficam livres do uso comum que tinham na família e na sociedade (CUSTÓDIO, 2016). Nos termos de Masschelein e Simons:

> Alguém se torna professor da escola ao sentar-se em frente a alguém, colocando algo na "mesa". O ato de colocar algo na mesa transforma algo em matéria comum e transforma alguém em professor e outra pessoa em estudante. O que a pessoa faz quando coloca algo na mesa – o que a transforma em professor – é que ela diz "é assim que nós (como adultos)

> fazemos" ou "é assim que isso é feito hoje". Colocando isso em termos mais diretos, alguém que coloca um livro na mesa acompanhado de uma frase, mesmo que mínima, como, por exemplo, "isso é interessante", torna-se professor (ou um representante do mundo no qual o livro circula e é utilizado). Colocar o livro na mesa o separa do seu uso pela sociedade – ele se torna um livro "escolar" ou matéria comum que se torna livre para estudo e exercício. Ser confrontado por algo que é de uso livre transforma outros em estudantes; eles podem renovar seu uso através de estudo e exercício, podem fazer um novo uso dele. (MASSCHELEIN; SIMONS, 2014, pp. 111-112)

Masschelein e Simons comparam, ainda, a escola a um jogo. Remetendo a Huizinga, dizem que um jogo é jogado por si mesmo e que se mantém fora do processo de satisfação das necessidades. Ninguém se apropria nem do espaço nem do espírito do jogo. É como se o tempo da escola fosse um tempo do jogo, onde algo é colocado à nossa disposição e é liberado de seus usos cotidianos. Nesse sentido é que a escola se apresenta como um território de suspensão – pelo fato de ela ser um lugar de iniciação.

François Dubet segue por outro caminho. Para ele, o que interessa é descobrir como a escola pode se tornar a mais justa possível. Nessa direção, ele se indaga com o título de seu livro: *O que é uma escola justa?* A partir de tal indagação, toda a obra é composta com a finalidade de buscar compreender as possibilidades e os limites do atual modelo escolar, ancorado sob o que Dubet considera ser a ficção da igualdade de oportunidades. Dubet destaca que essa ficção tornou-se historicamente necessária, dado que foi ela que possibilitou a ruptura com um parâmetro aristocrático de formação, à luz do qual as oportunidades eram explicitamente diversas. Contra esse modelo, instaurou-se uma escolarização pautada pelo mérito e pela dinâmica do que poderíamos caracterizar como merecimento dos lugares sociais ocupados. Ocorre que a mesma sociedade que institui a suposta igualdade de oportunidades será aquela que faz com que as mesmas desigualdades que perpassam o tecido social sejam também encontradas na escola. É como se a escola recompusesse, em seu interior, as desigualdades nas quais ela, como instituição, já se inseria.

> A oferta escolar está longe de ser igual, homogênea e, de maneira geral, a escola trata pior as crianças menos favorecidas. O mapa escolar registra

> as desigualdades sociais e suas imposições são mais rígidas para os pobres encerrados nos estabelecimentos dos "guetos", onde a concentração de alunos relativamente fracos enfraquece ainda mais o nível geral, reduzindo suas chances de êxito, inclusive para os bons alunos. Ao contrário, as concentrações de bons alunos nos estabelecimentos favorecidos reforçam a qualidade da educação e o nível médio dos alunos. (DUBET, 2008, p. 34)

Por ser assim, as desigualdades sociais são reiteradas pela vida escolar. Continua Dubet:

> Um certo "bom senso" pedagógico aliado à demanda segregativa das famílias acentua as desigualdades escolares e, em consequência, as desigualdades sociais. Sabe-se também que a escola é mais sensível às demandas de orientações positivas apresentadas pelos pais socialmente e culturalmente mais próximos dos professores do que àquelas dos pais de meios populares, frequentemente suspeitos de não estar à altura de ajudar eficazmente seus filhos. Mais sutilmente ainda, as avaliações e as decisões de orientação dos alunos carregam rastros de sua origem social, pois, em situações similares, elas são sempre mais severas com os alunos menos favorecidos socialmente, como mostra a diferença entre as notas obtidas em classe e as que resultam dos testes e dos exames anônimos. (DUBET, 2008, p. 36)

A desigual performance dos alunos, sob tal sistema de ensino, é concebida como manifestação do seu próprio mérito individual, à luz de todas as condições obtidas no regime de igualdade de oportunidades. Tudo isso, entretanto, "são ficções necessárias porque permitem aos indivíduos perceberem-se como livres e iguais, apesar da formação contínua de desigualdades escolares" (DUBET, 2008, p. 41). Tais desigualdades escolares podem ser a transposição para a escola dos mecanismos de segregação e de exclusão da própria sociedade mais ampla ou podem ser também desigualdades novas, criadas pela própria escola, no ato de comparar o desempenho de seus alunos. Para Dubet a igualdade de oportunidades situar-se-ia, ainda, como horizonte normativo, devendo ser, contudo, problematizada, com vistas ao estabelecimento de uma escola mais justa, ou a menos injusta que seja possível. Diz Dubet que "o fracasso escolar é o prelúdio da exclusão social" (DUBET, 2008, p. 100) e não há autoridade natural em um sistema que impõe seus valores e seus saberes de maneira desigual a indivíduos distintos, distribuídos desigualmente no tabuleiro social. O que acontece efetivamente é que "os vencedores da competição do mérito não querem mudar nem os conteúdos, nem as regras, nem os modelos pedagógicos que os beneficiaram" (DUBET, 2008, p. 118). Os professores de hoje, tendo sido muito provavelmente os bons alunos de ontem, reproduzem os ditames do sistema escolar sem colocar em questão, muitas vezes, seus mecanismos de segregação e de exclusão.

Quando se reflete sobre a questão da ética, do ponto de vista da escolarização, alguns outros aspectos podem ser considerados operatórios. A atividade do ensino – como destaca Eirick Prairat – constitui um conjunto de rotinas que se colocam nas diferentes situações da vida escolar. A palavra rotina, neste caso, não tem um sentido pejorativo e expressa uma forma de dar validação e de constituir a experiência. Há, sob esse aspecto, uma exemplaridade docente, identificada com o que o autor qualifica – evocando Herbart (2007) – por tato professoral. O tato seria exatamente essa "capacidade rápida de apreciar as características de uma situação e de decidir" (PRAIRAT, 2017, p. 95). O tato constitui, então, uma maneira de julgar que se remete à ideia de um gesto adequado ou de uma palavra justa (PRAIRAT, 2015, p. 49). O tato, nessa direção, respeita as nuances e as circunstâncias: "o tato nos remete à ideia de um gesto adequado ou de uma palavra justa" (PRAIRAT, 2013, p. 102). Prairat ainda considera que

> educar é, portanto, organizar a passagem, a transição do mundo afetivo em direção ao mundo efetivo. A escola se situa, com efeito, entre a família e o mundo efetivo e constitui o meio termo, assegurando a ligação, a passagem daquela para este. (PRAIRAT, 2009, p. 64)

Por tal motivo, a escola se institui como espaço intermediário entre o ambiente doméstico e o espaço público. Sob tal aspecto, "o tato (*tactus* em latim) vem do verbo *tangere*, tocar. O tato é primitivamente o sentido de tocar" (PRAIRAT, 2019, p. 72). Tocar o coração dos alunos e, ao mesmo tempo, da circunstância específica. É disso que se trata.

A ética e a fala de crianças: construindo histórias para contar[1]

Como desenvolver o tema da ética quando refletimos sobre questões relativas à condição infantil e a educação das crianças? Trata a ética de um tipo de formação que se diferencia do papel escolar do ensino e do aprendizado dos saberes, ou dos conteúdos expressos pela cultura da escola. Pode-se, portanto, assumir como pressuposto a perspectiva segundo a qual a escolarização abrange conhecimentos e valores. É possível verificar na cultura que a escola produz um tipo de saber que é especificamente seu, que não é apenas a reprodução dos conteúdos culturais da sociedade, mas é, pelo contrário, uma criação própria e específica do cotidiano das escolas. Se isso parece claro quando se aborda o tema do conhecimento escolar, nem sempre a mesma clareza aparece quando a análise se volta para o diálogo acerca dos valores envolvidos na ação intencional do ensino.

Sabe-se que a educação escolar está hoje em pauta. É quase um slogan comentar da queda da credibilidade da escola como instituição agregadora e formadora do tecido societário. Só que, justamente porque a educação pública vive mesmo uma crise, é que ela tem a oportunidade de se repensar; de atualizar suas próprias balizas; de eleger – quem sabe – outras referências. Como comenta Hannah Arendt (1979) em seu trabalho sobre educação, quando perdemos as velhas respostas, talvez seja prudente tentar reformularmos as questões.

Apreendemos o mundo por conceitos e também com categorias, de certo modo, organizamos, recortamos e selecionamos esse mundo que apreendemos. Por ser assim, caberá averiguar qual é a linguagem por meio da qual nos dirigimos às crianças para falar do bem, da justiça, das virtudes e da moral. Nessa direção, talvez seja recomendável qualificar alguns parâmetros compreendidos na acepção de ética – para depois remetermos esse assunto em direção aos estudos da infância e da educação. Aí teremos nosso principal anteparo teórico: a visão aristotélica da ética, que hoje tem sido retomada nas discussões sobre

[1] A parte do texto que se inicia agora reconstitui aspectos já desenvolvidos em: BOTO, Carlota. Educar crianças para valores compartilhados: a face narrativa da moral. In: CAPPELINI, Vera Lúcia Messias Fialho; MANZONI, Rosa Maria (Orgs.) *Políticas públicas, práticas pedagógicas e ensino-aprendizagem: diferentes olhares sobre o processo* educacional. São Paulo: Cultura Acadêmica, 2008, pp. 693-709.

as teorias da justiça. Para o mundo antigo, o *ethos* significava uma segunda natureza, uma natureza cultural, que se constrói a partir da primeira natureza, originariamente fisiológica. Para buscar maior precisão conceitual, diríamos que "o *ethos* não é natureza nem destino no sentido de algo dado e imutável. Consiste ele próprio em um perpétuo emergir a partir de si mesmo; é arte moral, e, como toda arte, obra de esforço continuado, disciplina, perseverança" (GONZÁLEZ, 1996, p. 11). Trata-se de uma maneira de ser que envolve o campo da vontade.

Somos nós que nos construímos, enquanto sujeitos da ética que escolhemos habitar como nossa morada. Para Aristóteles – como vimos –, a ideia de ética reporta-se àquelas coisas que devem ser desejadas como formas de viver bem; de constituição do ideal do que os gregos compreendiam por *eudaimonia*. Seria um tipo de sabedoria prática, que conduziria o sujeito a uma vida plena no sentido das virtudes, virtudes que capacitam o indivíduo para atingir a excelência, ou o melhor de si, em diferentes domínios. Falar de ética seria, portanto, para a cosmovisão de Aristóteles e daqueles que até hoje postulam ser seus seguidores, uma retomada de formas de agir que nos remeteriam a uma vida boa.

Para obter uma vida boa, conforme Aristóteles considerava essa expressão, seria fundamental resguardar, no cômputo das paixões, o justo meio que possibilita a escolha sensata; até porque "as qualidades morais são de tal modo constituídas que são destruídas pelo excesso e pela deficiência" (ARISTÓTELES, 2002, p. 71). Além disso, a disposição ética seria desenvolvida não pela ciência teórica, mas pela ação prática.

O exercício das virtudes faria com que o ser humano se tornasse apto, quanto à saúde do corpo e da mente, a uma felicidade duradoura. A palavra ética, derivada da ideia de costumes, de conduta habitual, teria ela própria – como vimos anteriormente – se originado etimologicamente da definição de morada. O comportamento ético seria, pois, para Aristóteles, aquele no qual, de algum modo, a sociedade "habita". Por isso, diz Aristóteles que o bem é, por analogia, o lugar para onde as coisas "tendem", uma potência a ser alcançada como ato. Sob o ponto de vista aristotélico, o qual hoje algumas teorias éticas têm retomado como "ética das virtudes", a ideia de bem pode se adequar para a interpretação de um conjunto bastante vasto de virtudes. Nesse sentido, o senso de oportunidade – que os gregos chamavam de *kairós* – bem como o senso de moderação, poderão ser compreendidos como virtudes éticas. Nas palavras de Aristóteles, as virtudes são como as artes práticas: nós as adquirimos, praticando, exercitando; no início, imitando. Por ser assim, a ética não se bastaria como um problema intelectual a ser resolvido do ponto de vista teórico – ou seja, no mundo contemplativo. Pelo contrário, seria uma matéria da prática, que só aprendemos fazendo. Tornamo-nos justos praticando atos justos e por meio desses atos podemos conquistar o hábito da justiça.

Aristóteles não prevê uma homogeneização da ideia moral, dado que não haveria um elemento comum o qual, em sua essência abstrata, correspondesse a uma imagem universal da virtude. A ética aristotélica caracterizar-se-ia, por ser assim, como um contínuo reportar-se a situações particulares, inexistindo o postulado de universalidade no predicado moral. Haveria um mundo comum cuja preservação é tida como desejável por parte do tecido societário. Esses valores partilhados por um sentido público integrador do rescaldo de culturas e de tradições indicaria, no limite, os lugares que mereceriam cuidado e preservação.

Aristóteles considera que a virtude da justiça será, dentre todas as formas de excelência moral, aquela que melhor se relaciona com as outras pessoas, posto que ela faz "o que é vantajoso para os outros, quer se trate de um governante, quer se trate de um companheiro da comunidade" (ARISTÓTELES, 2001, p. 93). De acordo com o comentário de Solange Vergnières (1998), será a escolha deliberada que aciona a faculdade especificamente humana da inteligência prática. Por isso – complementa a autora –, "a virtude ética só é completa se for acompanhada por uma capacidade intelectual de deliberar bem" (VERGNIÈRES, 1998, p. 104). O caráter se forma à luz de um conjunto de fatores que envolvem natureza, educação, idade, mas, principalmente, a "série de atos dos quais sou o princípio" (VERGNIÈRES, 1998, p. 105). Aristóteles – como vimos – considera que o que determina a ação como justa ou injusta será exatamente sua voluntariedade ou não. Se o ato não é voluntário, não pode ser injusto. Voluntária será, por sua vez, a "ação cuja prática depende do agente e que é praticada conscientemente, ou seja, sem que o agente ignore quem é a pessoa afetada por sua ação, qual é o instrumento usado e qual é o fim a ser atingido" (ARISTÓTELES, 2001, p. 104).

A ação seria involuntária quando praticada

> [...] sob compulsão ou por ignorância; um ato é forçado quando sua origem é externa ao agente, sendo tal a sua natureza que o agente não contribui de forma alguma para o ato, mas, ao contrário, é influenciado por ele, por exemplo, quando uma pessoa é arrastada a alguma parte pelo vento, ou por outra pessoa que a tem em seu poder. (ARISTÓTELES, 2001, p. 49)

Quando há, por seu turno, uma escolha, pode-se falar em deliberação que determina a ação da vontade. Por ser assim, Giovanni Reale (2001) considera que a "eleição implica sempre raciocínio e reflexão e, justamente, o tipo de raciocínio e de reflexão que se refere às coisas e às ações que dependem de nós e que correspondem à ordem das coisas realizáveis. Aristóteles chama deliberação a este tipo de raciocínio e de reflexão" (REALE, 2001, p. 94).

Aristóteles não prevê uma homogeneização da moralidade, dado que não haveria um elemento comum, o qual, em sua essência abstrata, correspondesse a qualquer imagem universal da virtude. A ética aristotélica caracterizar-se-ia, nessa perspectiva, como um contínuo reportar-se a situações particulares, não existindo, por conseguinte, uma estrita universalidade no predicado moral. Existiria um tipo de formação humana capaz de preparar a vida pautada pela ética. Contudo a ação ética corresponde à escolha de um modo de ser e de agir, sendo também um hábito. Pode-se dizer que seremos nós que nos construiremos enquanto sujeitos da ética que escolhemos habitar como nossa morada. Todavia fazemos isso coletivamente, junto com as outras pessoas. Embora não se reduza a isso, a ética envolverá, sim, os usos e os costumes de uma dada sociedade. Nesse domínio, considera-se também a ideia reguladora de um mundo comum, cuja preservação é tida como desejável. Esses valores partilhados no sentido público integram elementos de cultura e de tradições, indicando, no limite, lugares sociais a serem coletivamente cuidados e preservados.

Sob tal ponto de vista, a virtude seria uma faculdade prática: construída pelo hábito, pela ação propositadamente exercitada e repetida, à luz de uma disposição já existente, em potência, no caráter do homem. Exercitar as virtudes não seria, então, contrariar a natureza, mas levá-la à sua radicalidade. O comportamento exterior será o resultado disso: o grande fator distintivo da ética, o modo de agir perante os outros e perante si próprio. Nesse sentido, John Morrall observa que a "formação da associação política é relacionada por Aristóteles com a tendência humana de buscar amizade" (MORRALL, 2000, p. 45). Pensar a ética, para Aristóteles, era fundamentalmente refletir sobre o mundo público. Como diz José Sérgio Fonseca de Carvalho,

> o mundo público é, pois, o espaço compartilhado do discurso e da visibilidade, por oposição ao ocultamento, próprio do âmbito privado; o espaço mundano da pluralidade de seres singulares por oposição à multiplicidade vital de indivíduos da mesma espécie. (CARVALHO, 2017, p. 20)

As pessoas não se bastam a si mesmas; daí haver uma natural inclinação para a política. Esta seria, por outras palavras, um dispositivo do processo civilizador, que contempla a substituição da força física por outras esferas de interação simbólica.

Pensar a educação, sob tal chave analítica, nos convida a recordar o parecer de Hannah Arendt acerca do mundo público e dos valores comuns que a educação tem por tarefa resguardar. Caso não houvesse mundo comum e um lugar público para sua defesa, haveria, no parecer da filósofa, a devastadora ameaça de dissolução dos valores e de banalização do mal – o que teria ocorrido nos campos de concentração nazistas no decorrer da Segunda Guerra. Para Arendt, a perda de valores que integram referências do ponto de vista societário pode significar o esfacelamento das tradições. Essas, no limite, conferem identidade ao grupo.

Sem tradições a serem resguardadas, tudo será possível, e qualquer mal poderá ser concebido e perpetrado. Sendo assim, Arendt defende com veemência a ideia de a escola dirigir-se com vigor à preservação do leque das tradições culturais consideradas coletivamente meritórias. É preciso que a escola proteja, sim, a criança do mundo que pode atacá-la; que os educadores se responsabilizem pela proteção das gerações ainda menores para que a violência inscrita no mundo adulto não atropele sua inocência, sua fragilidade. Assim, um dos pilares da educação é esse "cuidar de crianças". Mas fundamental será também que a escola proteja o mundo contra o desmoronamento que parece sempre iminente. Proteger o mundo é resguardá-lo da possível ação deletéria que seu desconhecimento poderá produzir nas gerações novas. Ou seja, se as novas gerações não forem educadas para compreender os significados inscritos numa cultura que precede sua própria existência, essa mesma juventude poderá destruir os principais legados deixados por nossos antepassados. Poderá destruir um mundo comum, herdado como tesouro que a história nos "deixou sem testamento". Diz Hannah Arendt que, assim como a criança, também "o mundo necessita de proteção, para que não seja derrubado e destruído pelo assédio do novo que irrompe sobre ele a cada geração" (ARENDT, 1979, p. 335).

A visão de Hannah Arendt posta-se na contramão de um dado senso comum pedagógico, ancorado no que a autora identifica como *pathos* da inovação. O ato educativo, para tal perspectiva, não poderia ganhar significado pela ideia da construção de conhecimentos pelo próprio aprendiz, como se a criança fosse um sujeito solitário, que não usufrui de um mundo compartilhado por seres da sua espécie. Acerca de tal problemática, Julio Groppa Aquino também propõe que a escola venha a ser defendida das pedagogias inovadoras de nossa contemporaneidade, dizendo o que segue:

> O afã novidadeiro das práticas pedagógicas não tradicionais passa, assim, a mascarar uma esquiva narrativa sem precedentes na história da escolarização; afã embalado pelo mantra da renovação dos negócios deste mundo e, *mutatis mutandis*, de desprezo absoluto para com ele, já que seus porta-vozes se mostram inapetentes para instaurar conexões vigorosas entre os mortos das obras e os vivos das aulas. (AQUINO, 2019, p. 161)

A criança, antes de construir o repertório de sua originalidade cultural, seria inserida em um universo cuja existência precede o nascimento dela própria, enquanto criança. Ela deverá desse universo se apropriar como seu solo, seu território, sua referência civilizatória – ou o ponto de partida de todas suas futuras criações culturais. É tarefa da educação apresentar paulatinamente o mundo às crianças. Para a autora, a ação educativa tem como primeiro pilar de sustentação a transmissão de saberes e de valores, para que esse mundo público e comum, legado pela tradição cultural, possa ser internalizado como uma pertença por aqueles que são, no mesmo mundo, seus recém-chegados: as crianças e os adolescentes. A tarefa da escola seria primeiramente – na perspectiva de Arendt – apresentar o mundo à criança, e isso se faz aos poucos...

> Na medida em que a criança não tem familiaridade com o mundo, deve-se introduzi-la aos poucos a ele; na medida em que ela é nova, deve-se cuidar para que essa coisa nova chegue à fruição em relação ao mundo como ele é. Em todo caso, todavia, o educador está aqui em relação ao jovem como representante de um mundo pelo qual deve assumir a responsabilidade, embora não o tenha feito e ainda que secreta ou abertamente possa querer que ele fosse diferente do que é. Essa responsabilidade não é imposta arbitrariamente aos educadores; ela está implícita no fato de que os jovens são introduzidos por adultos em um mundo em contínua mudança. (ARENDT, 1979, p. 239)

Como bem observa Eliane Marta Teixeira Lopes, Hannah Arendt desenvolve a ideia de que a origem do ato de educar está exatamente no fato de cada geração ser nova em relação às anteriores. Por isso, tratar-se-ia de ensinar à geração nova como é esse mundo ao qual passaram a pertencer: "não é com o novo, a pessoa nova no mundo, que trabalha a educação?" (LOPES, 2005, p. 213). Exatamente por lidar com a juventude é que o ato educativo, na mesma medida, carrega algo de preservação...

> Qualquer pessoa que se recuse a assumir a responsabilidade coletiva pelo mundo não deveria ter crianças, e é preciso proibi-la de tomar parte em sua educação. Na educação, essa responsabilidade pelo mundo assume a forma de autoridade. A autoridade do educador e as qualificações do professor não são a mesma coisa. Embora certa qualificação seja indispensável para a autoridade, a qualificação, por maior que seja, não engendra por si só autoridade. A qualificação do professor consiste em conhecer o mundo e ser capaz de instruir os outros acerca deste, porém sua autoridade se assenta na responsabilidade que ele assume por esse mundo. (ARENDT, 1979, p. 239)

Hannah Arendt recorda o fato de que os saberes e valores que ensinamos são sempre mais velhos do que a juventude escolar. O que há de novo no ato educativo, diz a filósofa, é exatamente o fato de a pedagogia abarcar inevitavelmente o contato com aquilo que é radicalmente inovador: os recém-chegados nessa vida, neste mundo comum. Para o caso escolar, os alunos sempre novos e sempre outros reconstroem e renovam um mundo que, se não fosse por eles, feneceria. Entretanto aquele mundo "no qual são introduzidas as crianças... é um mundo velho, isto é, um mundo preexistente, construído pelos vivos e pelos mortos, e só é novo para os que acabaram de penetrar nele" (ARENDT, 1979, p. 226).

No limite, para Hannah Arendt, quando nós adultos nos eximimos de ter ascendência sobre a juventude, quando nos furtamos ao papel assimétrico de agir com a autoridade que o lugar de educador confere ao adulto, é como se estivéssemos nos recusando a assumir a responsabilidade sobre o mundo e sobre tudo o que nele existe. O caráter conservador postulado por Arendt para o ato educativo deve ser assim matizado: conservação aqui é preservação de bens culturais, que, se não fosse por isso, se esfacelariam com a mortalidade de seus criadores. Aí então deixaria de haver sentidos partilhados:

> Para preservar o mundo contra a mortalidade de seus criadores e habitantes, ele deve ser, continuamente, posto em ordem. O problema é simplesmente educar de tal modo que um pôr-em-ordem continue sendo efetivamente possível, ainda que não possa nunca, é claro, ser assegurado. Nossa esperança está pendente sempre do novo que cada geração aporta; precisamente por basearmos nossa esperança apenas nisso, porém, é que tudo destruímos se tentarmos controlar os novos de tal modo que nós, os velhos, possamos ditar sua aparência futura. Exatamente em benefício daquilo que é novo e revolucionário em cada criança é que a educação precisa ser conservadora; ela deve preservar essa novidade e introduzi-la como algo novo em um mundo velho, que, por mais revolucionário que possa ser em suas ações, é sempre, do ponto de vista da geração seguinte, obsoleto e rente à destruição. (ARENDT, 1979, p. 243)

Para o mundo não desmoronar pela ação renovadora do potencial de juventude que sempre o interpelará, cumprirá ao educador assumir claramente o sentido de sua responsabilidade, de um lado, pelo mundo e, de outro, pelas novas gerações. Recusar qualquer uma das faces desse duplo encargo pedagógico significa abdicar da tarefa de ensinar. A educação como prática social teria, por ser assim, algo de conservadora: ela necessita preservar, ao mesmo tempo, a integridade do mundo e a condição da infância, até para que ambos venham a superar-se. Na perspectiva de Arendt, a dimensão assimétrica do ato educativo demonstra que a formação ética na escola deverá ter direção, pauta e orientação. A educação não exercita a prática política. Exatamente por sua assimetria, ela não poderá ser apresentada como se fosse uma contrafação da atividade política; e também não poderá – na outra margem – ser confundida com o jogo ou o brinquedo. Há erros conceituais nos dois extremos. Trata-se de ensinar saberes e valores e de exercitar práticas sociais que habilitem o futuro cidadão para hábitos valorosos na vida civil. Como bem sublinha Julio Groppa Aquino, há erro pedagógico e equívoco conceitual nas visões extremadas:

> É possível, e até desejável, que a ação pedagógica seja desencadeada a partir dos elementos informativos que os alunos dispõem, mas o objetivo docente deve ultrapassar em muito esse escopo restrito, da disponibilidade cognitiva do aluno e sua pontualidade. O trabalho escolar visa, sem dúvida, a transformação do pensamento do aluno. Em certo sentido, ele se contrapõe aos "dados da realidade" discente. Antes, o mundo do conhecimento contrapõe os saberes sistematizados àqueles pragmáticos, do dia-a-dia. Por essas e outras, a escola é lugar do passado, no bom sentido do termo. E deve continuar sendo! (AQUINO, 2000, pp. 115-116)

Seria o caso, talvez, de se perguntar hoje que tipo de mundo comum temos legado às novas gerações. Em que medida a excessiva preocupação com a inovação da agenda educativa não obstruiu a rota daquilo que poderia ser caracterizado como perda da autoridade legada pela tradição? (CARVALHO, 2016, 2017). Se transmitimos às novas gerações a construção do seu próprio repertório de aprendizado, com que linguagem nomeamos os valores? Eles serão completamente individuais ou haverá ainda algum espaço para perfilhar significados coletivamente compartilhados? Seria possível indagar, como fazem alguns autores que problematizam o tema da ética, qual é o feixe de valores que ensinamos às nossas crianças?

Maria de Fátima Simões Francisco observa que haveria dois conceitos fundamentais na filosofia arendtiana: mundo e tradição. A autora destaca a seguinte ideia: o mundo seria compreendido em Arendt como artefato humano, especialmente por haver nele um universo material e simbólico que deverá durar mais do que a própria existência individual das pessoas que os fabricaram. Por ser assim:

> [...] cada geração aparece no mundo, permanece nele por um período limitado e então desaparece. Não esteve sempre aí, nem estará. Por outro lado, cada uma comparece quando as demais, ou não estão mais nele ou não estão, ainda, encontrando-se apenas com as poucas que imediatamente a precedem ou sucedem. Assim, o aparecimento das gerações no

> mundo, ao lado de cada ser temporário, se dá em sucessão. Cada uma, por sua vez, traz ao mundo um conjunto de homens inteiramente diverso daquele da outra, dotados de perspectivas e preocupações completamente próprias. Porque o mundo é sua habitação comum, o cenário comum de seu aparecimento, estarão condicionadas a se inter-relacionarem, a se comunicarem, a se levarem mutuamente em conta. (FRANCISCO, 2007, p. 33)

José Sérgio Fonseca de Carvalho dirá que a grande originalidade do pensamento de Hannah Arendt advém do significado político de sua perspectiva. A acepção de mundo comum, que compreende os sentidos compartilhados de uma dada sociedade, conferiria significado público ao ato educativo: "a complexidade do mundo público e os conflitos que o marcam não são reprodutíveis no âmbito escolar e, se o fossem em sua plenitude, a escola já não teria sentido" (CARVALHO, 2013, p. 38). Daí derivaria o fato de Hannah Arendt considerar as relações pedagógicas como intrinsecamente pré-políticas. Desse modo, a tarefa primeira da educação seria exatamente a de iniciar as novas gerações, mostrar-lhes o mundo onde deverão viver. A educação efetua, antes de tudo, uma tarefa de reconhecimento: o professor, ao acolher seus alunos, também apresenta a eles um repertório considerado valioso, seja em um campo específico do conhecimento, seja no âmbito de um conjunto de valores repartidos socialmente.

O processo cultural intrínseco ao ato de educar reporta-se à tarefa do ensino: a educação mobiliza essa dinâmica de transmissão, mediante a qual as pessoas são levadas a se apropriarem de um conjunto de significados, os quais, futuramente, ao serem de fato dominados, poderão vir a ser recusados e transformados. Antes disso, porém, será necessário conhecer. Nessa direção, considera-se que o aluno não necessariamente construiu o conhecimento que apreendeu (CARVALHO, 1999), mas, por aprender o que lhe foi ensinado, apropriou-se de sinais e códigos de uma cultura letrada ou científica que lhe serão preciosos na vida, não apenas em si mesmos, principalmente porque ampliam o leque de referências mediante as quais progressivamente o estudante construirá sua autonomia. Trata-se, então, não apenas da aprendizagem do aluno, mas da tarefa do ensino do professor, da transmissão de um legado de bens culturais e de experiências simbólicas (CARVALHO, 2017, p. 62).

A mesma escola que constrói a especificidade de uma cultura que é sua não se exime da tarefa de agregar a ela elementos que adquiriu como efeito de um processo de transposição de saberes historicamente acumulados e eleitos (CHEVALLARD, 1991). Quando conferimos à criança a responsabilidade pela construção de seu próprio conhecimento, não estaríamos – nós, professores – nos furtando da responsabilidade docente? Não estaríamos nos eximindo exatamente daquilo que é a essência do ofício do magistério? Não estaríamos nós imersos na ilusão positivista segundo a qual o percurso individual de cada vida pode ser traduzido como uma reconstrução das conquistas, dos saberes e das competências acumuladas pela trajetória da espécie humana? José Sérgio Fonseca de Carvalho enfrenta esse debate, dizendo o seguinte:

> Afirmar que o aluno tem autonomia na resolução de problemas de física ou em seu raciocínio histórico não significa necessariamente afirmar que ele recorra a dados ou conceitos que inventou ou mesmo descobriu por si só, ainda que eventualmente esse possa ser o caso –, mas apenas que ele é capaz de utilizar a linguagem e os procedimentos canonizados por essas áreas do saber, aplicando-os de forma adequada a problemas que lhe são propostos, por outros ou por si mesmos. [...] Nenhum professor alfabetizador, incluindo aqueles que se valem do uso de cartilhas ou outros "métodos tradicionais", espera que seus alunos só sejam capazes de escrever as palavras que lhes foram ensinadas. Aliás, um professor só considera que, de fato, ensinou seu aluno a ler e escrever se ele é capaz de, por si só, ler e escrever palavras, frases e textos que nunca lhe foram ensinados, ou seja, se ele demonstrar autonomia em sua escrita. (CARVALHO, 1999, p. 67)

Há um risco internalizado na expectativa, hoje hegemônica, das teorias da educação, segundo a qual, ao aprender, a criança constrói seu próprio conhecimento. A ideia de construção reporta-se à dimensão da criação e, portanto, da originalidade. Ora, haveria ineditismo no aprender? O aprendizado seria uma reconstrução, no percurso individual da vida, das grandes conquistas da Humanidade (como já apregoaram algumas teorias de cariz positivista)? Em primeiro lugar, como já assinalava Azanha, a originalidade, por si só, não tem valor pedagógico:

> Tanto pode ser original e criativo um poeta como um torturador. Não se pode, pois, pretender cultivar a criatividade abstratamente nem

> desenvolvê-la diretamente. Ser criativo é, no fundo, ser divergente. Mas ninguém diverge, simplesmente, sem pontos de referência. (AZANHA, 1978, p. 16)

Só podemos divergir de algo que conhecemos. A ideia de divergência suporia – continua Azanha – o predicado comparativo e este requer aprendizado. O risco que se corre quando se entrega ao aluno a missão de construção de seu próprio aprendizado é o de denegar o ato primeiro da escolarização: o ensino. A educação escolar pode, sob aquele álibi, recusar o lugar público do ensino como atividade intencional que estrutura a finalidade primeira da vida escolar. Diante das novas gerações – as mesmas de quem reclamamos, por não se interessarem pelos ensinamentos que a escola oferece –, muitas vezes nós nos furtamos à pedagógica tarefa de conferir direção, de assinalar rotas, enfim, de entregar significados públicos e comuns que instituem sentidos em um mundo ao qual todos – crianças e adultos – pertencemos. Além disso, se reconhecermos que a escola trabalha a um só tempo com conhecimento e com valores, se não será ela quem escolherá os conhecimentos – os quais deverão ser, com ineditismo, construídos no âmago de cada aluno individualmente –, quem irá eleger os valores? Deverão os valores ser também construídos pelos estudantes? Não seria essa, em alguma medida, a fonte da crise de legitimidade com que a escola se defronta em nossos tempos?

Cabe recordar que socialmente a ideia de infância é decorrente de perspectivas históricas. Quando duas sociedades de épocas diferentes falam da criança, elas não dizem exatamente a mesma coisa. Elas não se reportam sequer ao mesmo fenômeno: a infância de uma não será a mesma infância da outra... A sensibilidade social acerca da infância e da juventude é uma disposição historicamente construída e, sendo assim, coletivamente partilhada. Se o sentimento de infância é histórico, e isso é sabido, podemos concluir também que será o adulto quem falará da infância. Leandro de Lajonquière explicita muito bem essa ideia:

> [...] a infância é uma invenção discursiva que resulta de um particular gesto adulto, qual seja o de se inventariar o passado. Gesto que implica, por sua vez, o recalcamento da condição de *infans*, vivida outrora pelo hoje considerado adulto no campo da palavra e da linguagem.

> A modernidade, na medida em que entranha em si mesma uma outra forma de o homem relacionar-se com seus semelhantes e com o passar do tempo, faz dos seres pequenos os depositários imaginários da ilusão de um futuro e, portanto, beneficiários do usufruto de um tempo singular de infância, dando lugar, assim, à infância moderna. (LAJONQUIÈRE, 2004, p. 51)

Lajonquière (2004) questiona o mérito do que nomeia "fundamentalismo psiconaturalista". Para o autor, as teorias contemporâneas sobre a educação tomaram a infância como uma essência, ancorada em um conjunto de saberes psicológicos, os quais atuam como referência e álibi para orientações quanto ao desenvolvimento infantil. Para o autor o que se aprende é necessariamente

> emprestado de alguma tradição que já sabia o que fazer com a vida. Assim, aquele que aprende de fato contrai automaticamente uma dívida que, embora acredite às vezes tê-la com seu mestre ocasional, está em última instância assentada no registro dos ideais ou do simbólico. (LAJONQUIÈRE, 2002, p. 173)

Lajonquière compreende ainda que, na educação da criança, o adulto ensina ao mesmo tempo em que espera.

> Se assim não fosse, a educação seria de difícil acontecimento. Se o adulto não ensinasse, não mostrasse – deliberadamente e inconscientemente – "como é que se faz", não haveria nada para ser apre(e)ndido por parte da criança. Por outro lado, se o adulto não doasse para a criança, bem como a si mesmo, o tempo da espera, então, a criança não teria tempo nenhum para apre(e)nder a fazer como os outros. Quando um adulto ensina, mostra, ensi(g)na, isto é, coloca em signos, não faz mais do que lançar a palavra ao rodeio. A palavra retorna através da criança e, assim, marca o apre(e)ndido. Mas a possibilidade de seu retorno implica o tempo, reclama uma espera, aquela necessária à conquista de uma posição subjetiva com relação ao desejo em pauta no ato. A palavra e seu retorno marcam, em filigrana, o compasso de uma educação e, portanto, se o adulto nada "ensina" e nada "espera", ela só pode se revelar impossível. (LAJONQUIÈRE, 2010, p. 78)

A ação pedagógica, em algum sentido, retira a criança de seu estado de dependência e ingenuidade. Ser educado é também perder....

Dessa maneira, o percurso da educação progressivamente ocasionará a inevitável retirada da criança de seu estado infantil. Quando transforma a criança em aluno, a escola faz isso. Além disso, aos poucos, haverá uma diminuição da assimetria existente entre o saber do professor e o conhecimento do aluno. Para que a criança dê o melhor de si, nesse momento, é preciso que possa conferir sentido à travessia (ALAIN, 1978, p. 12). Isso supõe narrá-la; construir sobre sua pequena vida um relato em primeira pessoa que seja dela, criança.

> Principalmente às crianças, que têm tanto frescor, tanta força, tanta curiosidade ávida, não quero que se ofereça assim a noz descascada. Toda a arte de instruir consiste em conseguir-se, pelo contrário, que a criança se esforce e se erga ao estado de homem. [...] A infância é um estado paradoxal no qual se percebe que não é possível permanecer; o crescimento acelera imperiosamente este movimento de auto-superação [...] Mas esta bela passagem, longe de torná-la insensível, eu a desejaria marcada e solene. (ALAIN, 1978, p. 12)

Vários autores, referenciados pela ética aristotélica, reportam-se ao tema da formação em valores para os educadores da infância. A tradição aristotélica – como comentam Monique Canto-Sperber e Ruwen Ogien (2004, p. 63) – parece "apta a propor uma ordem narrativa individual, relativamente à qual possam ser definidos os modelos de excelência das práticas humanas". Alasdair MacIntyre, por exemplo, assinala o fértil potencial do trabalho com a narratividade como postulado e método para se desenvolver profissionalmente o campo das virtudes. Esse autor – como já vimos – caracteriza o homem como um animal contador de histórias. O relato da própria vida, ou, com outras palavras, a dimensão narrativa com que constrói sua identidade, traduziria, até certo ponto, o lugar que o ser humano ocupa nesse mundo que compartilha com os semelhantes. Somos o tema de uma história que é nossa, uma história na qual inscrevemos e depreendemos sentidos: nós e os outros. Personagens de narrativas, compomos a gramática lógica da encenação da vida já vivida e, ao mesmo tempo, projetamos o lugar de um futuro vislumbrado. Assim, a ética é o lugar onde ancoramos ou não nossa narratividade – nossa história de vida. Poder-se-ia, sob tal clivagem, considerar que o ser humano:

> Não é, em essência, mas se torna no decorrer de sua história, um contador de histórias que aspiram à verdade. Mas a questão principal não é sobre sua própria autoria; só posso responder a pergunta "o que devo fazer?" se souber responder à pergunta "de que história ou histórias estou fazendo parte?" Isto é, ingressamos na sociedade humana com um ou mais papéis a nós atribuídos – papéis para os quais fomos recrutados – e temos de aprender o que são para poder entender como os outros reagem a nós e como nossas reações a eles poderão ser interpretadas. É ouvindo histórias sobre madrastas malvadas, crianças perdidas, reis bons, porém imprudentes, lobos que amamentam gêmeos, filhos caçulas que não recebem herança, mas precisam vencer na vida [...] que as crianças aprendem ou aprendem equivocadamente o que é filho e o que é pai, qual pode ser o elenco da peça dentro da qual nasceram e como é o mundo lá fora. Privar as crianças dessas histórias é deixá-las sem script, ansiosas, hesitantes tanto nos atos quanto nas palavras. Por conseguinte, não há como nos oferecer entendimento de sociedade nenhuma, inclusive da nossa a não ser por intermédio do estoque de histórias que constituem seus primeiros recursos teatrais [...] [já que] contar histórias tem papel fundamental na nossa educação para as virtudes. (MACINTYRE, 2001, p. 363)

Formamos nossa identidade sempre inevitavelmente sob os olhares dos outros. Os sentidos da vida, nós os configuramos coletivamente: "faço parte da história dessas outras pessoas, da mesma forma que elas fazem parte da minha. A narrativa de qualquer vida faz parte de um conjunto interligado de narrativas" (MACINTYRE, 2001, p. 366). Note-se que, no interior dos estudos da educação, é possível tomar a narratividade como estratégia e método para evocar relatos de formação ou de ação educativa, fazendo de tais relatos fontes importantes para interpretação teórica da cultura escolar. A construção de narrativas propicia, portanto, aos professores, por um lado, a transformação do conteúdo recriado pela memória. Por ser assim, obter-se-ia, pela narratividade, uma refinada expressão das relações de ensino, das recordações da vida escolar e dos nexos de tais elementos com seu contexto mais amplo: a realidade social. Trata-se de uma prática que integra, que agrega e que se torna bastante operatória para a pesquisa educacional. Mais do que isso, essa prática é inventiva, porque acrescenta um elemento novo – a memória – ao passado daqueles que ainda estão ali para contar a história; e, ao fazer isso, atua para ratificá-la, para retificá-la ou apenas para contar mais uma vez... Diz, sobre o tema, Denice Catani, o seguinte:

> Quando se pede às pessoas que se voltem para a recuperação de suas histórias de relações com a escola, as leituras, os conhecimentos, os professores e as várias disciplinas escolares, tem-se buscado chamar a atenção para o fato de que, quando o nosso próprio objeto de trabalho é a formação alheia, todas essas dimensões de nossa história pessoal ganham evidentemente maior relevo. Pensa-se que as próprias práticas profissionais dos indivíduos enquanto docentes devem muito aos processos formadores que eles próprios experimentaram ao longo de seu desenvolvimento. Quais as conexões existentes entre essas histórias de formação e as práticas que escolhem para dar respostas ao "como fazer" do seu trabalho? (CATANI, 1998, p. 29)

O desafio aqui proposto seria o de buscar fazer o mesmo com as crianças e adolescentes. Muitas vezes a escola não sabe como lidar com os dilemas morais que aparecem no dia-a-dia. A criança pegou o estojo bonito do colega e levou para casa. Como lidar com a situação? Uma das estratégias possíveis para trabalhar os valores com as crianças pode ser contar histórias para elas e, além disso, fazê-las transformar suas memórias em histórias – em narrativas dotadas de sentido. A sensibilidade perante a dor do outro, a empatia, o senso de justiça e de proporção, o ideal de reciprocidade, as práticas de solidariedade, tudo isso pode-se construir, a pouco e pouco, mediante um entrelaçamento de relatos que, conjugados, oferecem um sentido prospectivo à identidade da criança. Nós vivemos o presente lembrando do passado e criando a pauta do futuro. Não seria interessante colocar esse exercício narrativo na agenda escolar de nossas crianças?

São algumas habilidades específicas que nos constituem como humanos; "pensar e lembrar é o modo humano de deitar raízes, de cada um tomar seu lugar no mundo a que todos chegamos como estranhos" (ARENDT, 2004, p. 166). O diálogo travado com os outros tem por ponto de partida – como vimos no capítulo anterior – um diálogo solitário que parte do "eu que constitui a pessoa" (ARENDT, 2004, p. 167). Sob tal perspectiva, "a expressão idiomática 'pare e pense' é totalmente correta. Sempre que pensamos, interrompemos qualquer coisa que poderíamos estar fazendo e, enquanto somos dois-em-um, ficamos incapazes de fazer qualquer coisa que não pensar" (ARENDT, 2004, p. 170). E sabemos que, em determinados momentos, a mente ocupa--se rapidamente de apagar aquilo que fazemos de mau.

Ao analisar o fenômeno do holocausto, Hannah Arendt destacou que uma das suas especificidades seria a transcendência em relação a todas as categorias morais anteriormente dadas. A moral vigente e habitual teria sofrido um colapso provisório e, quando terminou a guerra, parecia que tudo voltara à normalidade. Todavia o desmoronamento ético e jurídico que caracterizara o ocorrido não parecia compreensível...

Como observa Jerome Kohn, Arendt desafiou os contemporâneos quando evidenciou que o pior de tudo, em relação àqueles que trabalharam na administração dos campos de concentração do nazismo, é que aquelas "pessoas não eram criminosas comuns; mas antes pessoas comuns que tinham cometido crimes com mais ou menos entusiasmo, simplesmente porque fizeram o que lhes foi mandado" (ARENDT, 2004, p. 122). Há memórias com as quais temos dificuldades de nos reconciliar. Muitas vezes, elas parecem sumir da consciência. Na ação do nazismo, diz Hannah Arendt que os indivíduos agiram como se não tivessem autonomia; como se fossem apenas dentes a serviço de uma engrenagem que ultrapassaria suas responsabilidades individuais. Isso mostrava que não havia qualquer naturalidade no argumento moral e, sendo assim, o funcionário obediente poderia ser qualquer um de nós... Esse era o dado tenebroso: "existe um Eichmann em cada um de nós" (ARENDT, 2004, p. 123).

O fato bruto da banalidade do mal estaria exatamente na constatação de o horror ter sido proveniente de um sujeito que, aparentemente semelhante a outro qualquer, revelou, no entanto, incapacidade para pensar naquilo que tinha sido feito: "quer na sua carreira como oficial da Gestapo encarregado do transporte dos judeus, quer como prisioneiro no banco dos réus" (KOHN, 2004, p. 15). É possível perpetrarmos o mal sem nos darmos conta disso? Simplesmente porque nos recusamos a pensar nisso? Pelo fato de – como diz Hannah Arendt – não voltarmos ao assunto? Retomar a ideia de ética – pela referência de Arendt – será assumir alguns pilares relativos à conduta humana, pilares esses que podem ser ensinados e aprendidos desde a infância: "responsabilidade de escolher a si mesmo, responsabilidade de julgar e eleger exemplos, e responsabilidade para com a durabilidade do mundo por meio de um agir consciente" (ASSY, 2004, p. 38). Pensar seria assumir um ponto de vista que possa vir a ser tornado público e que seja capaz de dialogar com outros pontos de vista, como se estivéssemos entre amigos.

Hannah Arendt comenta – como já se observou anteriormente – que, quando praticamos o mal, nós prejudicamos o ato de pensar, dado que esta é uma atividade que tem como implicação a representação. Para a autora, a conduta moral deriva daquele relacionamento de cada um consigo próprio: como se cada um de nós fosse dois. Refletir sobre a ética seria, então, algo que constitui a condição humana. Aliás, a radicalidade do mal pode ser identificada quando não conseguimos mais voltar ao assunto; reconciliar-nos com a ação; quando aquele que perpetrou o mal já não se mostra capaz de "falar consigo mesmo" (ARENDT, 2004, p. 161). Somos dependentes de um "parceiro silencioso que carregamos dentro de nós" (ARENDT, 2004, p. 160). A absoluta solidão é vivenciada quando perdemos esse interlocutor interno. Aí estaria caracterizado um lugar típico da incapacidade ética.

A perda da capacidade de pensar (e consequentemente de lembrar) compõe o esfacelamento do que no homem existe de humanidade. Para Hannah Arendt, como bem observa Sonia Maria Schio, a faculdade de pensar difere da de conhecer:

> Para pensar será preciso retirar-se mentalmente do mundo externo. Nesse, denominado por Arendt como 'mundo das aparências', os seres humanos se vêem e são vistos, distinguem-se uns dos outros e certificam-se da realidade circundante, fisicamente perceptível. Nesse sentido, a retirada do mundo exterior para o interior, para a vida do espírito, ocorre somente como faculdade, como possibilidade humana de voltar-se para dentro de si mesmo, tornar-se introspectivo e refletir. Fisicamente, o corpo permanece no mundo das aparências. Por isso, o pensamento, aparentemente, é algo de passivo e de teórico, ao ocorrer no mundo interno, subjetivo. E nesse vai-e-vem do mundo das aparências é permitido ao homem tornar-se crítico mediante um processo contínuo de questionar e de buscar respostas. (SCHIO, 2006, p.74-5)

Pensar é sempre voltar ao assunto... Do ponto de vista da educação, mobilizar nas crianças a prática de seus relatos significará um convite para o firmamento de identidades à luz do autoconhecimento. Mais do que isso: seria uma forma de tornar conscientes práticas cotidianas a serem observadas sob vários pontos de vista. Quando eu me reporto a uma história, naturalmente eu deverei olhá-la por diferentes ângulos. Levar tal recurso para a escola e para a prática do ensino de crianças supõe o compromisso pleno com o desenvolvimento da oralidade infantil. Parece ser, portanto, procedimento valoroso a edificação, no interior da vida escolar, de práticas de convivência solidárias e fraternas entre professores e alunos, entre colegas uns com os outros, entre estudantes e valores.

Além disso, contar e ouvir histórias auxilia a ampliação do repertório linguístico das pessoas. As crianças, ao se narrarem, desenvolverão sua oralidade como habilidade fundamental da comunicação humana. A escola – especialmente a de ensino fundamental – que pretende habilitar o sujeito para a cultura letrada, por vezes, parece esquecer-se de que o letramento decorre da oralidade. Escrevemos palavras com as quais nos familiarizamos anteriormente, porque falávamos. É fundamental, do ponto de vista cognitivo e do ponto de vista da sociabilidade, mobilizar a fala da criança, pedir dela a narratividade de sua vida e de seus atos. Ao fazer isso, a dimensão ética surgirá no seguinte sentido: ao convidar a criança a contar suas narrativas, faremos com que ela se depare com os valores. Ela conversará consigo mesma. Nesse diálogo interior da consciência consigo própria, a criança aos poucos perceberá: "não posso fazer certas coisas porque, depois de fazê-las, já não serei capaz de viver comigo mesma" (ARENDT, 2004, p. 162). Como bem observa Vanessa S. Almeida acerca do tema: "podemos sim ajudar nossos alunos a encontrarem uma porta de entrada para as histórias, partindo do pressuposto de que eles, a princípio, são capazes de compreender experiências humanas fundamentais" (ALMEIDA, 2008, p. 15).

O diálogo interior do ser humano – de acordo com Arendt – é uma conversa de duas pessoas numa só; uma dicotomia interior, que me permite encontrar em mim mesma um outro eu. O ponto de partida do potencial dialógico seria a habilidade humana para a *solitude*, que não se confunde com isolamento: um "diálogo silencioso de mim comigo mesma" (ARENDT, 2004, p. 163), mediante o qual eu posso fazer perguntas e receber respostas. Nesse sentido, adequando tal pensamento para meditar sobre a educação das crianças, haveria dois movimentos:

a princípio uma conversa interior, que faculta o que virá em seguida – o exercício de uma narratividade que constitui e institui as matrizes da identidade a ser formada. A prosa com os outros, no mundo.

Para projetar um futuro mais generoso do ponto de vista dos valores, parece imperioso meditar sobre o tema da ética. Como abordar o tópico dos valores na educação das novas gerações? Por sua responsabilidade perante valores na educação das novas gerações, torna-se imprescindível, antes de tudo, que a escola não se exima de sua singela tarefa: a instrução. Por meio dela, as crianças serão inteiradas do mundo no qual elas são recebidas, integradas numa memória do passado. É fundamental assumirmos um direcionamento que possibilite o reconhecimento do mundo como ele é, sem que por isso nos desobriguemos de indicar algumas pistas para o mundo dos que virão depois de nós. Nessa direção, Victoria Camps, autora que – como já observamos anteriormente – também se filia àquela orientação aristotélica, ao conceber o tema das virtudes públicas, adverte da necessidade de, ao instruir a criança, ensinar-se a ela que o trabalho também pode ser fonte de realização; e até mesmo de alegria.

Victoria Camps, ao elencar o que nomeia virtudes públicas, sublinha que

> [...] a função da ética é ensinar a querer o que merece ser querido, educar os sentimentos com o propósito de se aderir a fins que promovem a justiça. Basicamente a ética realiza um trabalho de discernimento: distinguir o que deve ser ensinado, o que deve ser tolerado, a quem se deve ajudar, do que se deverá falar. (CAMPS, 1996, p. 1)

Por isso mesmo, o discurso ético – especialmente aquele dirigido às crianças – envolverá a razão e a sensibilidade; o relato identitário na construção de narrativas, mas também o exemplo formativo; de um lado, a construção da justiça e, de outro, uma ética do cuidado. Diz a mesma autora que "a ética fala da justiça porque há desigualdade, fala da amizade porque não somos autossuficientes, fala da democracia porque não existem sábios suficientemente capazes e competentes para governarem sem perigo de se equivocar" (CAMPS, 1996, p. 11).

E porque vivemos em uma época e em um país no qual os governantes parecem ter escancarado sua incapacidade de pensar sobre o bem, sua impotência – na representação e em ato – para lembrar e fazer lembrar, resta-nos, como educadores, em nosso ofício cotidiano, não esquecermos nós de formar o caráter das novas gerações. Esse é, a meu ver, o principal desafio que todos os educadores enfrentamos todos os dias em sala de aula.

CONSIDERAÇÕES FINAIS

> Ao que eu acrescentaria que é sendo um professor justo que ensinamos a nossos alunos o valor e o princípio da justiça; sendo respeitosos e exigindo que eles também o sejam, ensinamos o respeito não como um conceito, mas como um princípio que gera disposições e se manifesta em ações. Mas é preciso ainda ressaltar que o contrário também é verdadeiro, pois, se as virtudes como o respeito, a tolerância e a justiça são ensináveis, também o são os vícios como o desrespeito, a intolerância e a injustiça. E pelas mesmas formas.
>
> (CARVALHO, 2013, p. 55)

Conforme observa na epígrafe José Sérgio Fonseca de Carvalho, a ética é uma matéria cujo exercício – bem como cujo aprendizado – se dá pela prática, pelo hábito meticulosamente construído, mediante a identificação de exemplos. Nessa direção, qual seria o sentido de um livro teórico sobre a ética dirigido a educadores e a estudantes em formação? Acredita-se aqui que, do ponto de vista da educação, é necessário meditar sobre as diversas teorias éticas e, para tanto, há de se conhecê-las. Sob tal perspectiva, a explicitação de alguns dos modos de conceber a problemática da moralidade pode conferir ao sujeito leitor instrumentos para representar o objeto da ética de maneira mais complexa e mais operatória. Supõe-se que o conhecimento de vertentes teóricas que interpretam o fenômeno da moralidade pode conferir chaves conceituais e analíticas que possibilitem uma reflexão mais criteriosa e mais qualificada para pensar o fenômeno da justiça e das demais virtudes. Evidentemente não se considera aqui que o conhecimento teórico das variadas acepções de ética constitui matéria suficiente para engendrar a vida boa, do ponto de vista das ações do sujeito. Não se considera que o domínio das variadas interpretações sobre a ética possibilitará uma existência mais justa e mais conforme à moralidade. Conhecer e agir são cenários absolutamente distintos. Porém, julga-se que, ao conceber o campo da moralidade, o indivíduo estará apto a parar para pensar sobre ele. Isso trará elementos para que a teoria examinada possa vir a se traduzir como um saber apropriado para a atividade de pensar sobre a vida justa. E esse parar para pensar pode ser revertido para a prática de ações mais virtuosas.

A escola lida com regras e normas pretensamente impessoais, as quais remetem para a formação de todo um *ethos* de conduta, um conjunto de atitudes considerado valioso. Por ser assim, não se poderá dizer que escolarização trabalha apenas com saberes. Sim, o conhecimento é uma matéria primordial da instituição escolar. Mas não é a única. A escola lida com um repertório de valores, que remete à formação de atitudes e de hábitos. Por causa disso, refletir sobre a ética pode vir a ser um instrumento operatório para escolher formas de ação para a vida de todos os dias.

Compreender a diferença entre uma ética consequencialista, como a do utilitarismo, e a moral deontológica de Kant, meditar sobre a apropriação que Rawls veio a fazer da ética kantiana, em confronto com a ética das virtudes de matriz aristotélica, ponderar sobre o pensamento da moral sartreana ou de Hannah Arendt... Enfim, supõe-se que tudo isso faz sentido para que o profissional de ensino seja capaz de mobilizar o debate ético para operar em sua sala de aula. Todas as perspectivas neste livro enunciadas podem ter alguma utilidade em relação à formação das gerações novas. A escola hoje debate-se com as questões da disciplina e mesmo da violência. Em que medida não seria interessante levar até a sala de aula a discussão teórica sobre o território da ética?

Como o campo do pensamento e do discurso moral abarca o tema da tolerância? O que significa trabalhar a ética e a tolerância em sala de aula? Como lidar, entre alunos, com a problemática do outro? Como ensinar isso? As questões de convivência, de rejeições, de *bullying*, de desavenças e reconciliações, poderiam ser todas elas enfrentadas mediante a reflexão e a análise a propósito dos significados da empatia e da tolerância. Como abordar com os alunos a temática grega da vida justa? A grande questão, já enfrentada pela filosofia grega, é aquela que pergunta se a virtude pode ser ensinada. O tema da justiça como virtude é, então, abordado à luz do pensamento grego, o que possibilita uma reflexão decorrente da leitura e do colocar em debate textos da tragédia e da filosofia grega. Passear pela literatura pode constituir, assim, uma oportuna estratégia didática – factível de ser mobilizada em sala de aula – para se poder discorrer sobre as indagações derivadas do contato com o universo da moralidade.

Da ética de Aristóteles, alguns conceitos parecem fundamentais para serem apropriados pela pedagogia: os conceitos de virtude, de justo meio e de amizade. A acepção de virtude deriva dos valores impressos na mentalidade da Grécia clássica, mas remete às potencialidades da condição humana em diferentes esferas. O justo meio seria exatamente o ponto médio entre dois extremos: a convicção de que a sabedoria reside entre dois extremos. Tudo isso é operatório para se pensar em situações de sala de aula. O afastamento do excesso e da carência, em matéria de virtude, seria o melhor dos procedimentos, na maioria das vezes. Por seu turno, a amizade é apresentada – também do ponto de vista pedagógico – como uma virtude necessária. Seria importante agirmos com nossos colegas de classe como se eles fossem nossos amigos. Seria importante que os professores tratassem seus parceiros de trabalho à luz do que se poderia caracterizar como uma amizade profissional. Enfim, agir em relação aos outros "como se fosse" por amizade...

O ponto de partida da ética kantiana é a boa vontade; e o lema dessa moral reside no dever de agir perante o outro como se o princípio de nossa ação pudesse transformar-se em lei de caráter universal. Além disso, Kant assevera que todas as pessoas deverão ser tomadas, em quaisquer circunstâncias, sempre como um fim e jamais como meios. Tais princípios, por si mesmos, expressam diretrizes norteadoras de um modo de agir cotidiano. As pessoas devem atuar de maneira moralmente correta, mas isso não basta: é preciso agir com moralidade em virtude dos princípios que regulam o significado da ação. Não basta agir, portanto, conforme a moral do dever. É preciso agir pelo dever em si. Tal convicção pode também constituir um alicerce do que poderia ser aqui compreendido como uma deontologia da escolarização.

A concepção de moralidade de Durkheim é também fundamental para a educação, posto que ele demonstra que o indivíduo, e por decorrência o aluno, não é um dado de natureza, mas é um sujeito de cultura. Além disso, haveria um papel determinante da educação na constituição desse ser social traduzido pela condição humana. Educar seria, pois, no parecer de Durkheim, transmitir saberes, valores e atitudes. Durkheim absorve de Kant a ideia de dever. Contudo, para ele, esse dever está inscrito nas formas de agir e de ser da comunidade. Trataria a moral de um roteiro de atos prescrito pela sociedade. Seja como for, é importante, sob a perspectiva pedagógica, que os alunos sejam formados para saberem que há todo um conjunto de regras de ações que, sendo talhado pela sociedade, precede e predetermina a conduta individual.

O utilitarismo é uma teoria que merece ser reconhecida por balizar a lógica de muitas instituições em nossa contemporaneidade. O indivíduo é tomado aqui como a grande referência da ética, cuja finalidade seria – de acordo com tal perspectiva – assegurar o bem estar da maioria. A lógica do pensamento utilitarista estaria no cálculo entre a felicidade e o sofrimento: os dois sentimentos propulsores das ações individuais – a busca do prazer e a fuga da dor. John Stuart Mill fazia uma clara distinção entre prazeres superiores e inferiores, mas o objetivo de sua teoria social persistiria sendo o bem estar da maioria. Mill defende a utilidade como um critério da ética, contrário que era ao postulado de direitos abstratos, bem como à tese do contratualismo. Mill defende também a liberdade de cada um viver como melhor lhe aprouver, não devendo prestar contas à sociedade por atos que digam respeito exclusivamente a si próprio. O utilitarismo, enquanto teoria que contempla uma dimensão moral, merece ser identificado por educadores como um alicerce que é de políticas liberais.

John Rawls, que, ancorado por uma referência kantiana, faz-se opositor da visão de mundo utilitarista, propugna uma concepção procedimental de liberalismo, denominada por ele de justiça como equidade. Para tanto, ao criticar o argumento de John Stuart Mill, ele resgata a noção de contrato social e apresenta toda sua ideia de bem e de bem comum ancorada por tal perspectiva contratualista. Rawls parte do pressuposto de que todas as pessoas são dotadas de duas faculdades morais: um senso de justiça e uma concepção de bem. Uma sociedade equitativa e bem ordenada é aquela que opera adequadamente esses dois princípios. Rawls cria, então, o que caracteriza por teoria da escolha racional. A ideia é a de que, diante do dilema ético, as pessoas envolvidas estivessem recobertas por um véu da ignorância, que impediria a elas de saber quem elas são no tabuleiro societário. Os sujeitos não teriam noção se são ricos ou pobres, jovens ou velhos, homens ou mulheres. Naquilo que Rawls chamou de posição original, as pessoas não sabem nada sobre si próprias. A hipótese de Rawls é a de que, na posição original, as pessoas tenderiam a escolher as possibilidades que melhor atingissem a todos os envolvidos. Elas, portanto, abraçariam o que ele chamará de *maximin*, e que seria o máximo do mínimo para todas as pessoas. Esse modelo da posição original e do véu da ignorância é profundamente fértil para pensar questões pedagógicas, seja entre professores, seja com os alunos.

Jean Paul Sartre situa a liberdade como o grande emblema do que poderia ser caracterizado como seu pensamento ético. Para o filósofo, ao vir ao mundo, o ser humano é destituído de qualquer essência que prefigure os dados de sua existência. Por ser assim, Sartre desqualifica a tese segundo a qual a essência precederia a existência. Ora, não tendo escolhido a si mesmo, mas ao mesmo tempo, não possuindo uma essência por anteparo, o ser humano estaria condenado a ser livre e teria responsabilidade por todos os atos decorrentes de sua liberdade. Ao recusar, portanto, a hipótese de uma natureza humana inamovível, Sartre indica que, circunscrito por uma situação, por circunstâncias que não dependem dele, o homem precisará, a todo momento, escolher formas de viver. Nessa condição de escolha em situação reside o que há de mais fértil na ética sartreana. O homem constitui-se, pois, como projeto. Ele escolhe sua forma de vida e, ao escolher, a despeito dos sentimentos de angústia e de desamparo que podem acompanhá-lo, vai, pouco a pouco, firmando sua identidade; uma identidade que nunca será, entretanto, fixa, posto que sempre está em formação. Sucede que, no tocante ao universo da ética, tudo aquilo que a pessoa escolhe para si, ela deverá escolher para a Humanidade inteira.

Daí a responsabilidade posta na escolha, a qual, por ser assim, possuirá uma implicação universal. A ética de Sartre constitui um ideal regulador para delinear parâmetros do que se poderia caracterizar como profissionalismo ou profissionalidade docente em construção. A identidade do professor pode ser tomada, sob tal perspectiva, a partir dos elementos desenhados pela ética de Sartre.

A atuação que teve como espectadora do julgamento de Eichmann – um oficial nazista – possibilitou a Hannah Arendt a elaboração de uma consistente reflexão sobre aquilo que a filósofa passou a chamar, desde então, de banalidade do mal. Essa expressão se configuraria em virtude do desenraizamento da experiência humana proporcionado pela incapacidade de pensar. Eichmann declarava ter apenas cumprido ordens durante os anos do Terceiro Reich, alegando adotar a moral kantiana, obedecendo a seus superiores e cumprindo as regras que lhe teriam sido prescritas. O oficial nazista demonstrava, com isso, sua completa incapacidade de pensar, do ponto de vista de outra pessoa. O que teria ocorrido, durante os anos em que vigorou o nazismo, foi exatamente o colapso de toda uma ordem moral e o surgimento de outra, completamente diversa. Com a erosão dos anteriores padrões de ética, as palavras do Führer passavam a ter força de moralidade. As pessoas, para aderir a essa nova ordem, simplesmente deixavam de parar para pensar. Com a troca de um sistema de valores por outro, os indivíduos, ao realizar o que lhes era ordenado, não se detinham para pensar no assunto. Arendt desenvolve uma concepção socrática de ética. Ela recorda o parceiro silencioso que existe em cada um de nós e que nos possibilita ser "dois em um". Quando o ser humano está só, ele está necessariamente acompanhado de outro eu. Se o sujeito, porventura, recusa esse diálogo da consciência consigo própria, esse diálogo que consiste na atividade de pensar, ele está também impedido de se recordar e, por conseguinte, é também incapaz de se arrepender – perdendo, por ser assim, aspectos fundantes da condição humana. Sem arrependimento, enfim, não há possibilidade de reconciliação com o passado. O pensamento de Arendt é fundamental para lembrar os educadores de que o maior mal é sempre aquele perpetrado por ninguém; ou por um sujeito que se recusa a ser alguém.

Finalmente, regressando para a ética aristotélica, Victoria Camps debate uma série de temas, todos importantes para se pensar o lugar social da educação. Um destacado aspecto do pensamento de Camps é a perspectiva da tolerância. Ali, a autora indaga o potencial e os limites da tolerância: até onde vão as fronteiras do que é tolerável? E qual a importância de se lidar com a tolerância como um princípio? Camps aborda também a dimensão da profissionalidade para comentar a relevância de se conferir significado à própria identidade profissional. Além disso, Victoria Camps situa a boa educação como uma virtude pública. Para ela, trata-se de pensar a formação humana, no sentido crítico e progressista, para que as gerações adultas efetivamente mereçam constituir-se como ponto de referência das novas gerações. Já que Victoria Camps, para tanto, assume um ponto de vista ancorado pela análise de Hannah Arendt, optou-se por remeter o texto para as ideias pedagógicas da referida filósofa. Por fim, busca-se discutir a fertilidade analítica de se construir uma educação pautada na visão de narratividade, como objetivo e como método a ser construído em sala de aula. Trata-se, com Flávia Schilling, de o educador e seus alunos tomarem a palavra.

> "Tomar a palavra" permitiria descobrir ou inventar a relação entre o que tinha sido dividido e aparecia como impossível de relacionar, introduziria a diversidade no que era apresentado como naturalmente uniforme. Isso porque a palavra, a lei, é, nas organizações e instituições marcadas pela heteronomia, privilégio do "um", portador da fala inaugural, da fala fundadora do mundo. "Tomar a palavra" significa criar um saber. Um saber sobre o outro e sobre si mesmo: falar a instituição e não ser mais falado por ela; falar sobre o trabalho, sobre as epidemias, sobre o tempo da vida e não mais, apenas, ser falado. (SCHILLING, 2014b, p. 97)

O que pretendi, com a oportunidade de redação deste livro, foi a possibilidade de, pelo crivo da educação, tomar a palavra e falar de ética. Com a convicção de ter sido um gesto atrevido, eu não poderia, no entanto, deixar de fazê-lo. Eu posso ter sido infeliz na abordagem, mas o tema persiste sendo fundamental. Que esse debate, portanto, venha a ter continuidade. Que possamos legar às novas gerações um trabalho educativo construído sob os pilares da ética. Este foi o significado maior da escrita do presente livro.

REFERÊNCIAS

ABBAGNANO, Nicola; VISALBERGHI, Aldo. *História da pedagogia*. Volume I. Lisboa: Livros Horizonte, 1981.

ADORNO, Theodor W. *Educação e emancipação*. Trad: Wolfgang Leo Maar. São Paulo: Paz e Terra, 1995.

ALAIN [Émile Chartier]. *Reflexões sobre a educação*. São Paulo: Saraiva, 1978.

ALBERONI, Francesco; VECA, Salvatore. *O altruísmo e a moral*. 2ª ed. Rio de Janeiro: Rocco, 1992.

ALMEIDA, Vanessa Sievers. *Educação em Hannah Arendt*: entre o mundo deserto e o amor ao mundo. São Paulo: Cortez, 2011.

ALMEIDA, Vanessa Sievers. *Educação, histórias e sentido em Hannah Arendt*. In: Associação Nacional de Pós-Graduação e Pesquisa em Educação – ANPED. 2008. Disponível em: <https://www.anped.org.br/sites/default/files/gt17-4307-int.pdf>. Acesso em: 26 out. 2020.

ALLOUCHE, Frédéric. *Ser livre com Sartre*. Petrópolis: Vozes, 2019.

AMORÓS, Celia. Sartre. In: CAMPS, Victoria. *Historia de la ética 3*: la ética contemporánea. 3ª ed. Barcelona: Crítica, 2008, pp. 327-385.

ANDRÉ, João Maria. Globalização, mestiçagens e diálogo intercultural. *Revista de História das Idéias*: tolerâncias, intolerâncias. Coimbra: Instituto de História e Teoria das Idéias da Faculdade de Letras da Universidade de Coimbra. vol. 25 (2004), pp. 9-50.

AQUINO, Julio Groppa. *Da autoridade pedagógica à amizade intelectual*: uma plataforma para o *ethos* docente. São Paulo: Cortez, 2014.

AQUINO, Julio Groppa. Do *cotidiano escolar*: ensaios sobre a ética e seus avessos. São Paulo: Summus, 2000.

AQUINO, Julio Groppa. *Educação pelo arquivo*: ensinar, pesquisar, escrever com Foucault. São Paulo: Intermeios, 2019.

ARENDT, Hannah. A crise na educação. In: *Entre o passado e o futuro*. São Paulo: Perspectiva, 1979, pp. 221-247.

ARENDT, Hannah. *Homens em tempos sombrios*. São Paulo: Companhia das Letras, 1987.

ARENDT, Hannah. *A dignidade da política*: ensaios e conferências. 3ª ed. Rio de Janeiro: Relume Dumará, 2002.

ARENDT, Hannah. *Eichmann em Jerusalém*: um relato sobre a banalidade do mal. São Paulo: Companhia das Letras, 1999.

ARENDT, Hannah. *Entre o passado e o futuro*. Trad: Mário W. Barbosa de Almeida. 5ª ed. São Paulo: Perspectiva, 2000.

ARENDT, Hannah. *Responsabilidade e julgamento*. São Paulo: Companhia das Letras, 2004.

ARENDT, Hannah. *A vida do espírito*. Rio de Janeiro: Civilização Brasileira, 2008.

ARISTÓFANES. *As nuvens*. Trad: Gilda Maria Reale Starzynski. São Paulo: Difusão Européia do Livro, 1967.

ARISTÓTELES. *Poética*. Trad: Jaime Bruna. In: ARISTÓTELES/HORÁCIO/LONGINO. *A poética clássica*. São Paulo: Cultrix/Editora Universidade de São Paulo, 1981.

ARISTÓTELES. *Ética a Nicômaco*. Trad: Mário da Gama Kury. 4ª ed. Brasília: Editora Universidade de Brasília, 2001.

ARISTÓTELES. *Ética a Nicômaco*. Trad: Edson Bini. Bauru: Edipro, 2002.

ARISTÓTELES. *Ética a Nicômaco*. In: Aristóteles. *Os pensadores*. Volume II. São Paulo: Nova Cultural, 1987.

ARISTÓTELES. *Tratado da política*. Mira-Sintra: Europa América, 1977.

ASSY, Bethânia. *Ética, responsabilidade e juízo em Hannah Arendt*. São Paulo: Perspectiva/Instituto Norberto Bobbio, 2015.

ASSY, Bethânia. Introdução à edição brasileira. ARENDT, Hannah. *Responsabilidade e julgamento*. São Paulo: Companhia das Letras, 2004, pp. 31-60.

AUDARD, Catherine. Utilitarismo. In: CANTO-SPERBER, Monique (Org.). *Dicionário de ética e filosofia moral*. São Leopoldo: Editora UNISINOS, 2003, pp. 737-744.

AZANHA, José Mário Pires. Alain ou a pedagogia da dificuldade. In: ALAIN [Émile Chartier]. *Reflexões sobre a educação*. São Paulo: Saraiva, 1978, pp. 7-19.

AZANHA, José Mário Pires. *Educação: alguns escritos*. São Paulo: Companhia Editora Nacional, 1987.

AZANHA, José Mário Pires. *A formação do professor e outros escritos*. São Paulo: SESC, 2006. p.57.

BALLESTEROS, Juan Carlos Pablo. Educacion y retorica en Aristoteles. *Hypnos*: Ética ontem e hoje II. São Paulo: Centro de Estudos da Antiguidade Greco-Romana (Ceag-Puc/SP), nº 9 (2002), ano 7, pp. 57-67.

BARNES, Jonathan. *Aristóteles*. Trad: Marta Sansigre Vidal Madrid: Ediciones Cátedra, 1999.

BARROS, Gilda Naécia Maciel de. Platão: poder e Paideia. *Hypnos*: O poder. São Paulo: Centro de Estudos da Antiguidade Greco-Romana (Ceag-Puc/SP), ano 5, nº 6 (2000), pp. 23-34.

BARROS, Gilda Naécia Maciel de. Polis, política e cidadania. *Cadernos de História e Filosofia da Educação*. São Paulo: Humanitas, vol. II, nº 4 (1998), pp. 63-73.

BARROS, Roque Spencer Maciel. *Meditação sobre Rousseau*. São Paulo: Centro Regional de Pesquisas Educacionais, 1963.

BARTHOUX, Gérard. *L'école à l'épreuve des cultures*. Paris: Presses Universitaires de France, 2008.

BAUMAN, Zygmunt. *Ética pós-moderna*. São Paulo: Paulus, 1997.

BÉNÉTON, Philippe. *Histoire de mots culture et civilisation*. Paris: Presses de la fondation nationale des sciences politiques, 1975.

BERKOWITZ, Peter. *Virtue and the making of modern liberalism*. Princeton: Princeton University Press, 2000.

BERLIN, Isaiah. Introdução. In: MILL, John Stuart. *A liberdade/Utilitarismo*. São Paulo: Martins Fontes, 2000, pp. 7-54.

BIASOLI-ALVES, Zélia Maria Mendes; FISCHMANN, Roseli (Orgs.). *Crianças e adolescentes:* construindo uma cultura da tolerância. São Paulo: Edusp, 2001.

BIESTA, Gert. *Para além da aprendizagem*: educação democrática para um futuro humano. Belo Horizonte: Autêntica, 2020.

BILBENY, Norbert. *La revolución en la ética: hábitos y creencias en la sociedad digital*. Barcelona: Editorial Angrama, 1997.

BOBBIO, Norberto. *A era dos direitos*. Rio de Janeiro: Campus, 1992.

BOBBIO, Norberto. *Direito e Estado no pensamento de Emanuel Kant*. São Paulo: Mandarim, 2000.

BOBBIO, Norberto. *Elogio da serenidade*. Trad: Marco Aurélio Nogueira. São Paulo: Unesp, 2002.

BORGES, Anselmo. Secularização e tolerância. *Revista de História das Idéias: tolerâncias, intolerâncias*. Coimbra: Instituto de História e Teoria das Idéias da Faculdade de Letras da Universidade de Coimbra, vol. 25 (2004), pp. 129-146.

BORGES, Maria de Lourdes; DALL'AGNOL, Darlei; DUTRA, Delamar Volpato. *Ética*: o que você precisa saber sobre. Rio de Janeiro: DP&A, 2002.

BORNHEIM, Gerd. *Sartre*. São Paulo: Perspectiva, 2011.

BOTO, Carlota. António Nóvoa: uma vida para a educação. *Educação e pesquisa*. São Paulo, vol. 44 (2018), pp. 1-15. Disponível em: <http://www.scielo.br/pdf/ep/v44/1517-9702-ep-44-e201844002003.pdf>. Acesso em: 26 out. 2020

BOTO, Carlota. Diálogo, amizade e ética no mundo antigo: algumas anotações. *Cadernos Interdisciplinares Luso-Brasileiros*. São Paulo: Escola Superior de Direito Constitucional, vol. 1 (jul/dez 2006), pp. 187-223.

BOTO, Carlota. A Ética de Aristóteles e a Educação. *Videtur – 16*. Porto: Faculdade de Direito da Universidade do Porto/Faculdade de Educação da USP, 2002, pp. 49-62. Disponível em: <http://www.hottopos.com/videtur16/carlota.htm>. Acesso em 26 out. 2020.

BOTO, Carlota. Educação e ética: formação para a cidadania e para a tolerância. *Revista Internacional d'Humanitats*. Barcelona: CEMOrOc-Feusp/Universidade Autônoma de Barcelona: Editora Mandruvá, ano XIV, nº 22 (jul./set. 2011), pp. 29-46. Disponível em: <http://www.hottopos.com/rih22/carlota.pdf>. Acesso em: 26 out. 2020.

BOTO, Carlota. Educar crianças para valores compartilhados: a face narrativa da moral. In: CAPPELINI, Vera Lúcia Messias Fialho; MANZONI, Rosa Maria (Orgs.) *Políticas públicas, práticas pedagógicas e ensino-aprendizagem: diferentes olhares sobre o processo* educacional. São Paulo: Cultura Acadêmica, 2008, pp. 693-709.

BOTO, Carlota. Ética e educação clássica: virtude e felicidade no justo meio. *Educação e Sociedade*: Revista Quadrimestral de Ciência da Educação. Campinas: Centro de Estudos Educação e Sociedade (CEDES), ano XXII, nº 76, Número Especial (out. 2001), pp. 121-146. Disponível em: < https://www.scielo.br/scielo.php?pid=S0101-73302001000300008&script=sci_abstract&tlng=pt>. Acesso em: 26 out. 2020.

BOUDON, Raymond. *Déclin de la morale? Déclin des valeurs?* 2ª ed. Paris: Presses Universitaires de France, 2003.

BRAGA, Antonio Frederico Saturnino. *Kant, Rawls e utilitarismo*: justiça e bem na filosofia política contemporânea. Rio de Janeiro: Contraponto, 2011.

CALVINO, Italo. *Por que ler os clássicos*. 5ª ed. São Paulo: Companhia das Letras, 1998.

CAMPS, Victoria. El derecho a la diferencia. In: OLIVÉ, León (Org.). *Ética e diversidade cultural*. 2ª ed. México: FCE/UNAM, 2004, pp. 87-101.

CAMPS, Victoria. *Ética, retórica e política.* Madrid: Alianza Editorial, 1995.

CAMPS, Victoria (Org.). *Historia de la ética*: de los griegos al Renacimiento. 2ª ed. Barcelona: Crítica, 2002.

CAMPS, Victoria. Introducción. In: RAWLS, John. *Sobre las libertades.* Barcelona: Paidós, 2010, pp. 9-25.

CAMPS, Victoria. *Virtudes públicas.* 3ª ed. Madrid: Editorial Espasa Calpe, 1996.

CANTO-SPERBER, Monique; OGIEN, Ruwen. *Que devo fazer?* A filosofia moral. São Leopoldo: Editora UNISINOS, 2004.

CARVALHO, Helder Buenos Aires de. Alasdair MacIntyre e o retorno às tradições morais de pesquisa racional. In: OLIVEIRA, Manfredo A. de. *Correntes fundamentais da ética contemporânea.* 2ª ed. Rio de Janeiro: Vozes, 2000.

CARVALHO, José Sérgio Fonseca. A crise na educação como crise da modernidade. *Educação,* São Paulo, nº 4 (2007), pp. 16-25.

CARVALHO, José Sérgio Fonseca. Autonomia e autoridade no construtivismo: uma crítica às concepções de Piaget. In: AQUINO, Julio Groppa. *Autoridade e autonomia na escola*: alternativas teóricas e práticas. São Paulo: Summus, 1999, pp. 49-70.

CARVALHO, José Sérgio Fonseca. *Educação, uma herança sem testamento*: diálogos com o pensamento de Hannah Arendt. São Paulo: Perspectiva/ Fapesp, 2017.

CARVALHO, José Sérgio Fonseca. *Por uma pedagogia da dignidade*: memórias e reflexões sobre a experiência escolar. São Paulo: Summus, 2016.

CARVALHO, José Sérgio Fonseca. *Reflexões sobre educação, formação e esfera pública.* Porto Alegre: Penso, 2013.

CARVALHO, Maria Cecilia Maringoni. Por uma ética ilustrada e progressista: uma defesa do utilitarismo. In: OLIVEIRA, Manfredo A. (Org.). *Correntes fundamentais da ética contemporânea.* 2ª ed. Petrópolis: Vozes, 2001, pp. 99-119.

CATANI, Denice Barbara. Práticas de formação e ofício docente. In: BUENO, Belmira O.; CATANI, Denice B.; SOUZA, Cynthia P. (Orgs.). *A vida e o ofício dos professores*: formação contínua, autobiografia e pesquisa em colaboração. São Paulo: Escrituras, 1998, pp. 21-29.

CASSIRER, Ernst. *Kant, vida y doctrina.* 6ª reimpressão. México: Fondo de Cultura Económica, 2003.

CATROGA, Fernando. Secularização e laicidade: uma perspectiva histórica e conceptual. *Revista de História das Ideias*: tolerâncias, intolerâncias.

Coimbra: Instituto de História e Teoria das Idéias da Faculdade de Letras da Universidade de Coimbra, vol. 25 (2004), pp. 51-127.

CEPERO, Juan Ramón Medina. *Sistemas contemporáneos de educación moral.* Barcelona: Ariel, 2001.

CHANGEUX, Jean-Pierre (Org.). *Uma ética para quantos?* Bauru: EDUSC, 1999.

CHEVALLARD, Yves. *La transposition didactique*: du savoir savant au savoir enseigné. Paris: La pensée sauvage, 1991.

CHAUÍ, Marilena. *Convite à filosofia.* São Paulo: Ática, 1994a.

CHAUÍ, Marilena. *Introdução à história da filosofia:* dos pré-socráticos a Aristóteles. Volume I. São Paulo: Brasiliense, 1994b.

CHAUÍ, Marilena. *Introdução à história da filosofia*: dos pré-socráticos a Aristóteles. São Paulo: Companhia das Letras, 2002.

CORNFORD, Francis Mcdonald. *Antes e depois de Sócrates.* São Paulo: Martins Fontes, 2001.

CORREIA, Adriano. Crime e responsabilidade: a reflexão de Hannah Arendt sobre o direito e a dominação totalitária. In: DUARTE, André; LOPREATO, Christina; MAGALHÃES, Marion Brepohl. *A banalização da violência*: a atualidade do pensamento de Hannah Arendt. Rio de Janeiro: Relume Dumará, 2004, pp. 83-98.

CORTINA, Adela. *Ética mínima.* São Paulo: Martins Fontes, 2009.

CORTINA, Adela. *Ética sem moral.* São Paulo: Martins Fontes, 2010.

CORTINA, Adela; MARTÍNEZ, Emilio. *Ética.* São Paulo: Loyola, 2005.

COSTA, M. Victoria. *Rawls, citizenship and education.* Nova York: Routledge, 2011.

COTLER, Irwin. Religião, intolerância e cidadania: rumo a uma cultura mundial dos direitos do homem. In: BARRET-DUCROCQ, Françoise (Dir.). *A intolerância*: Foro Internacional sobre a Intolerância, Unesco, 27 de março de 1997, La Sorbonne, 28 de março de 1997. Tradução: Eloá Jacobina. Rio de Janeiro: Bertrand Brasil, 2000, pp. 60-73.

COULANGES, Fustel de. *A cidade antiga*: estudo sobre o culto, o direito e instituições da Grécia e de Roma. Volume I. 3ª ed. Lisboa: Livraria Clássica Editora, 1929.

COURTINE-DÉNAMY, Sylvie. *Hannah Arendt.* Lisboa: Instituto Piaget, 1999.

COX, Gary. *Compreender Sartre.* Petrópolis: Vozes, 2011.

CRAMPE-CASNABET, Michèle. *Kant*: uma revolução filosófica. Rio de Janeiro: Zahar, 1994.

CRITELLI, Dulce. O ofício de pensar. *Revista educação.* São Paulo: Segmento, 2006, pp. 74-83.

CUSTÓDIO, Crislei de Oliveira. *A infância no espelho da pedagogia: mundo infantil, regimes de temporalidade e individualização no discurso pedagógico.* [teses USP]. São Paulo: FEUSP, 2016.

DALLARI, Pedro. *O direito à educação no contexto da internacionalização dos direitos humanos.* In: BOTO, Carlota; SANTOS, Vinício de Macedo; SILVA, Vivian Batista; OLIVEIRA, Zaqueu Vieira. *A escola pública em crise: inflexões, apagamentos e desafios.* São Paulo: Livraria da Física, 2020. p.69-84.

DE VITA, Álvaro. *A justiça igualitária e seus críticos.* São Paulo: Unesp, 2000.

DELLA VOLPE, Galvano *et. al. Moral e sociedade.* 2ª ed. São Paulo: Paz e Terra, 1982.

DESCARTES. *Discurso do método.* 3ª ed. Mira-Sintra: Europa-América, 1986.

DUBET, François. *O que é uma escola justa?:* A escola de oportunidades. São Paulo: Cortez, 2008.

DUCH, Lluís. *La éducación y la crisis de la modernidad.* Barcelona: Paidós Ibérica, 1997.

DUPAS, Gilberto. *Ética e poder na sociedade da informação.* São Paulo: UNESP, 2000.

DURKHEIM, Émile. *Sociologia, educação e moral.* Porto: Rés Editora, 1984.

FELIPE, Sônia T. Rawls: uma teoria ético-política da justiça. In: OLIVEIRA, Manfredo A. (Org.). *Correntes fundamentais da ética contemporânea.* 2ª ed. Petrópolis: Vozes, 2000, pp. 133-162.

FERREIRA, Vergílio. Da fenomenologia a Sartre. In: SARTRE, Jean-Paul. *O existencialismo é um humanismo.* 3ª ed. Lisboa: Presença, 1970, pp. 9-113.

FERRY, Luc. A escola da república e os direitos do homem. In: CHANGEUX, Jean-Pierre. *Uma ética para quantos?* Bauru: Edusc, 1999, pp. 133-139.

FERRY, Luc. *Kant*: uma leitura das três *críticas*. Rio de Janeiro: Difel, 2009.

FINLEY, Moses I. *Democracia antiga e moderna.* Rio de Janeiro: Graal, 1988.

FINLEY, Moses I. (Org.) *O legado da Grécia:* uma nova avaliação. Brasília: Editora Universidade de Brasília, 1998.

FISCHMANN, Roseli. As arestas da (des)igualdade. *O Estado de S. Paulo.* Caderno Aliás, 18 mai. 2008a, J4.

FISCHMANN, Roseli. *Estado laico.* São Paulo: Memorial da América Latina, 2008b.

FISCHMANN, Roseli. *Direitos humanos no cotidiano.* São Paulo: Unesco/Usp, 1998.

FISCHMANN, Roseli. Ensino religioso em escolas públicas: subsídios para o estudo da identidade nacional e o direito do outro. In: FISCHMANN, Roseli (Org.) *A formação do educador*. Volume 2. São Paulo: Unesp, 1996.

FRANCISCO, Maria de Fátima Simões. Preservar e renovar o mundo. *Revista educação*. Especial: biblioteca do professor. São Paulo: Segmento, 2007, pp. 26-35.

FREITAG, Barbara. *Itinerários de Antígona*: a questão da moralidade. 3ª ed. Campinas: Papirus, 1992.

GARGARELLA, Roberto. *As teorias da justiça depois de Rawls*: um breve manual de filosofia política. São Paulo: Martins Fontes, 2008.

GIORDANI, Mário Curtis. *História da Grécia:* Antiguidade Clássica. 3ª ed. Petrópolis: Vozes, 1984.

GOERGEN, Pedro. *Pós-modernidade, ética e educação*. Campinas: Autores Associados, 2001.

GOLDFARB, Jeffrey C. *Civility & subversion:* the intellectual in democratic society. Cambridge: Cambridge University Press, 1998.

GONZÁLEZ, Juliana. *El ethos, destino del hombre*. México: Universidad Nacional Autônoma de México/Fondo de Cultura Econômica, 1996.

GRAÑA, Roberto. B. *Sartre ou o inconsciente como álibi*: a psicanálise e a crítica filosófica. Porto Alegre: Age, 2019.

GUISÁN, Esperanza. El utilitarismo. In: CAMPS, Victoria (Org.). *Historia de la ética 2*: la ética moderna. Barcelona: Crítica, 2006, pp. 457-499.

GUISÁN, Esperanza. *Introducción a la ética*. 2ª ed. Madrid: Ediciones Cátedra, 2002.

GUSDORF, Georges. *Professores para quê?* Lisboa: Moraes, 1970.

HABERMAS, Jürgen. *O Ocidente dividido*. Rio de Janeiro: Tempo Brasileiro, 2006.

HAMELINE, Daniel. O educador e a ação sensata. In: NÓVOA, António (Org.). *Profissão professor*. Porto: Porto Editora, 1991.

HERBART, Johann Friedrich. *Tact, autorité, expérience et sympathie en pédagogie*. Paris: Economica/Anthropos, 2007.

HÉRITIER, Françoise. O eu, o outro e a intolerância. In: BARRET-DUCROCQ, Françoise (Dir.) *A intolerância*: Foro Internacional sobre a Intolerância, Unesco, 27 de março de 1997, La Sorbonne, 28 de março de 1997. Tradução: Eloá Jacobina. Rio de Janeiro: Bertrand Brasil, 2000, pp. 24-27.

HERMANN, Nadja. *Ética e educação*: outra sensibilidade. Belo Horizonte: Autêntica, 2014, pp. 31-64.

HESÍODO. *Os trabalhos e os dias*. São Paulo: Iluminuras, 1990.

HIPÓCRATES. *Aforismo e juramento*. São Paulo: Paumape, 1995.

HIPÓCRATES, *Conhecer, cuidar, amar:* o Juramento e outros textos. São Paulo: Landy, 2002.

HÖFFE, Otfried. *Immanuel Kant*. São Paulo: Martins Fontes, 2005.

HOMERO. *A Ilíada*. Trad: Fernando C. de Araújo Gomes. São Paulo: Ediouro, s/d.

HOMERO. *Odisséia*. Trad: Jaime Bruna. 9ª ed. São Paulo: Cultrix, 1993.

HORDAKIS, Antoine. *Aristóteles e a educação*. Trad: Luiz Paulo Rouanet. São Paulo: Loyola, 2001.

HURD, Heidi M. *O combate moral*. São Paulo: Martins Fontes, 2003.

ISAMBERT, François. Durkheim, Émile, 1858-1917. In: CANTO-SPERBER, Monique (Org.). *Dicionário de ética e filosofia moral*. Volume 1. São Leopoldo: Editora Unisinos, 2003, pp. 491-496.

JACQUES, Francis. Barbárie e civilização na era do pluralismo. In: ROSENFIELD, Denis L.; MATTÉI, Jean-François. *O terror*. Rio de Janeiro: Zahar, 2002, pp. 58-84.

JAEGER, Werner. *Paideia:* a formação do homem grego. São Paulo: Martins Fontes, 1995.

JAPIASSU, Hilton. *Desistir do pensar? Nem pensar!*: criando o sentido da vida num mundo funcional e instrumental. São Paulo: Editora Letras & Letras, 2001.

KANT, Immanuel. *Fundamentação da metafísica dos costumes*. Lisboa: Edições 70, 1988.

KANT, Immanuel. *Fundamentação da metafísica dos costumes*. Lisboa: Edições 70, 1995.

KANT, Immanuel. Resposta à pergunta: que é o Iluminismo? In: *A paz perpétua e outros opúsculos*. Lisboa: Edições 70, 1989.

KNOX, Bernard. *Édipo em Tebas*: o herói trágico de Sófocles e seu tempo. São Paulo: Perspectiva, 2002.

KOHN, Jerome. Introdução à edição americana. In: ARENDT, Hannah. *Responsabilidade e julgamento*. São Paulo: Companhia das Letras, 2004, pp. 7-30.

KORCZAK, Janusz. O direito da criança ao respeito. Trad. Yan Michalski. In: DALLARI, Dalmo de Abreu; KORCZAK, Janusz. *O direito da criança ao respeito*. 2ª ed. São Paulo: Summus, 1986, pp. 67-99.

KREMER-MARIETTI, Angèle. *L'Éthique*. 2ª ed. Paris: Presses Universitaires de France, 1987.

KUKATHAS, Chandran. Rawls, John, nascido em 1921. In: CANTO-SPERBER, Monique (Org.). *Dicionário de ética e filosofia moral*. São Leopoldo: Editora UNISINOS, 2003, pp. 460-463.

LA TAILLE, Yves de. *Moral e ética*: dimensões intelectuais e afetivas. São Paulo: ArtMed, 2006.

LA TAILLE, Yves de. Para um estudo psicológico das virtudes morais. *Educação e pesquisa*. São Paulo, vol. 26, nº 2 (jul./dez. 2000), pp. 109-121.

LAJONQUIÈRE, Leandro de. A infância, os adultos e a ilusão de um futuro. In: Colóquio do Lepsi 4: os adultos, seus saberes e a infância. *Anais*... São Paulo: Universidade de São Paulo, 2004, pp. 51-58.

LAJONQUIÈRE, Leandro de. *Figuras do infantil*: a psicanálise na vida cotidiana com as crianças. Petrópolis: Vozes, 2010.

LAJONQUIÈRE, Leandro de. *Infância e ilusão (psico)pedagógica*: escritos de psicanálise e educação. 3ª ed. Petrópolis: Vozes, 2002.

LAFER, Celso. *Hannah Arendt*: pensamento, persuasão e poder. 2ª ed. São Paulo: Paz e Terra, 2003.

LAUAND, Jean. *Em diálogo com Tomás de Aquino*: conferências e ensaios. São Paulo: Mandruvá, 2002.

LAHUERTA, Milton. Educação e política no contexto da crise contemporânea: formação para a vida civil e o lugar público da escola. In: BOTO, Carlota; SANTOS, Vinício de Macedo; SILVA, Vivian Batista; OLIVEIRA, Zaqueu Vieira. *A escola pública em crise: inflexões, apagamentos e desafios*. São Paulo: Livraria da Física, 2020. pp. 355-380.

LE GOFF, Jacques. As raízes medievais da intolerância. In: BARRET-DUCROCQ, Françoise (Dir.). *A intolerância*: Foro Internacional sobre a Intolerância, Unesco, 27 de março de 1997, La Sorbonne, 28 de março de 1997. Tradução: Eloá Jacobina. Rio de Janeiro: Bertrand Brasil, 2000, pp. 38-41.

LÉVY, Bernard-Henri. *O século de Sartre*. Rio de Janeiro: Nova Fronteira, 2001.

LLEDÓ, Emilio. Aristóteles y la ética de la polis. In: CAMPS, Victoria (Org.). *Historia de la ética*: de los griegos al Renacimiento. 2ª ed. Barcelona: Crítica, 2002, pp. 136-207.

LIBÂNEO, José Carlos. Currículo de resultados, atenção à diversidade, ensino para o desenvolvimento humano: contribuição ao debate sobre a escola justa. In: BOTO, Carlota; SANTOS, Vinício de Macedo; SILVA, Vivian Batista; OLIVEIRA, Zaqueu Vieira. *A escola pública em crise: inflexões, apagamentos e desafios*. São Paulo: Livraria da Física, 2020. pp.41-67.

LIPOVETSKY, Gilles. *A sociedade pós-moralista*: o crepúsculo do dever e a ética indolor dos novos tempos democráticos. Barueri: Manole, 2005.

LOCKE, John. *Carta acerca da tolerância*. Coleção Os Pensadores. Trad: Anoar Aiex e E. Jacy Monteiro. São Paulo: Abril Cultural, 1983.

LOPES, Eliane Marta Teixeira. Viver a vida e contá-la: Hannah Arendt. In: FARIA FILHO, Luciano Mendes. *Pensadores sociais e história da educação*. Belo Horizonte: Autêntica, 2005, pp. 205-217.

LUCE, John Victor. *Curso de filosofia grega: do séc. VI a.C. ao séc. III d.C.* Rio de Janeiro: Zahar, 1994.

LYON, David. *Pós-modernidade*. São Paulo: Paulus, 1998.

LYONS, David. *As regras morais e a ética*. Campinas: Papirus, 1990.

MACINTYRE, Alasdair. *A short history of ethics*: a history of moral philosophy from the Homeric Age to the Twentieth Century. 2ª ed. Nova York: University of Notre Dame Press, 1997.

MACINTYRE, Alasdair. *Depois da virtude*, Bauru: EDUSC, 2001.

MCLEISH, Kenneth. *Aristóteles*. Trad: Raul Fiker. São Paulo: Unesp, 2000.

MARQUES, Ramiro. *O livro das virtudes de sempre:* ética para professores. São Paulo: Landy, 2001.

MARROU, Henri-Irénné. *História da Educação na Antiguidade*. Trad: Mário Leônidas Casanova. 5ª reimpressão. São Paulo: EPU, 1990.

MARSHALL, Francisco. *Édipo Tirano*: a tragédia do saber. Porto Alegre: Ed. Universidade/UFRGS, 2000.

MASSCHELEIN, Jan; SIMONS, Maarten. *A pedagogia, a democracia, a escola*. Belo Horizonte: Autêntica, 2014.

MASSCHELEIN, Jan; SIMONS, Maarten. *Em defesa da escola*: uma questão política. 2ª ed. Belo Horizonte: Autêntica, 2015.

MASSELLA, Alexandre Braga. Introdução. In: MILL, John Stuart. *O utilitarismo*. São Paulo: Iluminuras, 2000, pp. 9-20.

MARÍAS, Julián. *História da Filosofia*. São Paulo: Martins Fontes, 2004.

MARTINS, Guilherme d'Oliveira. *Educação ou barbárie?*: ensaios. Lisboa: Gradiva, 1998.

MATTÉI, Jean-François. *A barbárie interior*: ensaio sobre o *i-mundo* moderno. Trad: Isabel Maria Loureiro. São Paulo: Unesp, 2002.

MENEZES, Edmilson. Kant, educação e dimensão pública. In: BOTO, Carlota; SANTOS, Vinício de Macedo; SILVA, Vivian Batista; OLIVEIRA, Zaqueu Vieira. *A escola pública em crise: inflexões, apagamentos e desafios.* São Paulo: Editora Livraria da Física, 2020. pp. 85-108.

MILL, John Stuart. A liberdade. In: MILL, John Stuart. A liberdade/Utilitarismo. São Paulo: Martins Fontes, 2000a, pp. 1-174.

MILL, John Stuart. Utilitarismo. In: MILL, John Stuart. A liberdade/Utilitarismo. São Paulo: Martins Fontes, 2000b, p. 175-277.

MONDOLFO, Rodolfo. *O pensamento antigo:* história da filosofia greco-romana – Desde Aristóteles até os neoplatônicos. Volume II. São Paulo: Mestre Jou, 1973.

MONNIN, Nathalie. *Sartre.* São Paulo: Estação Liberdade, 2017.

MORRALL, John. *Aristóteles.* Brasília: UNB, 2000.

MORRIS, Katherine J. *Sartre*: introdução. Porto Alegre: Artmed, 2009.

NEMO, Philippe. *O que é o Ocidente?* São Paulo: Martins Fontes, 2005.

NIETZSCHE, Friedrich. *O nascimento da tragédia.* Trad: Jacó Guinsburg. 2ª ed. São Paulo: Companhia das Letras, 1992.

NOHL, Herman. *Introducción a la ética*: las experiencias éticas fundamentales. 6ª ed. México: Fondo de Cultura Económica, 1993.

NUSSBAUM, Martha C. *Fronteiras da justiça*: deficiência, nacionalidade, pertencimento à espécie. São Paulo: Martins Fontes, 2013.

NÓVOA, António (Org.). *Profissão professor.* Porto: Porto Editora, 1991.

NÓVOA, António. Relação escola-sociedade: novas respostas para um velho problema. In: SERBINO, Raquel Volpato *et. al. Formação de professores.* São Paulo: Unesp, 1998.

OLIVÉ, León. *Ética y divesidad cultural.* 2ª ed. México: Fondo de Cultura Económica, 2004.

OLIVEIRA, Nythamar. *Rawls.* Rio de Janeiro: Zahar, 2003.

PASCAL, Georges. *Compreender Kant.* Petrópolis: Vozes, 2005.

PESSOA, Fernando. *Obra poética.* Volume único. Rio de Janeiro: Nova Aguilar, 1983, p. 116.

PIAGET, Jean. *O juízo moral na criança.* São Paulo: Summus, 1994.

PIMENTA, Pedro Paulo. *Reflexão e moral em Kant.* Rio de Janeiro: Azougue Editorial, 2004.

PLATÃO. *Apologia de Sócrates.* Brasília, Editora Universidade de Brasília, 1997.

PLATÃO. *Diálogos.* Trad: Jaime Bruna. São Paulo: Cultrix, s/d., pp. 13-38.

PLATÃO. Fedro. In: *Platão.* Lisboa/São Paulo: Verbo, 1973a.

PLATÃO. *Górgias.* In: *Górgias / O Banquete / Fedro.* Lisboa: Verbo, 1973b.

PLATÃO. *Mênon.* Trad: Maura Iglesias. Rio de Janeiro: Puc-Rio & Loyola, 2001.

PORTA, Mario Ariel González. *A filosofia a partir de seus problemas.* 3ª ed. São Paulo: Loyola, 2007.

PRAIRAT, Eirick. *De la déontologie enseignante*. Paris: Presses Universitaires de France, 2009.

PRAIRAT, Eirick. *Éduquer avec tact*: vertu et compétence de l'enseignant. Paris: ESF Sciences Humaines, 2017.

PRAIRAT, Eirick. *La morale du professeur*. Paris: Presses Universitaires de France, 2013.

PRAIRAT, Eirick. *Propos sur l'enseignement*. Paris: Presses Universitaires de France, 2019.

PRAIRAT, Eirick. *Quelle éthique pour les enseignants?* Bruxelas: De Boeck Éducation, 2015.

RAMALHO, Maria Irene. Tolerância-não. In: *Revista de História das Idéias*: tolerâncias, intolerâncias. Coimbra: Instituto de História e Teoria das Idéias da Faculdade de Letras da Universidade de Coimbra, vol. 25 (2004), pp. 147-155.

RAPHAEL, D. D. *Moral philosophy*. 2ª ed. Oxford: Oxford University Press, 1994.

RAWLS, John. *Justiça e democracia*. São Paulo: Martins Fontes, 2000a.

RAWLS, John. *La justicia como equidad*: una reformulación. Buenos Aires: Paidós, 2004.

RAWLS, John. *Sobre las libertades*. Barcelona: Paidós, 2010.

RAWLS, John. *O liberalismo político*. 2ª ed. São Paulo: Ática, 2000b.

RAWLS, John. *Uma teoria da justiça*. São Paulo: Martins Fontes, 2000c.

REALE, Giovanni. *Introdução a Aristóteles*. Lisboa: Edições 70, 2001.

REALE, Giovanni; ANTISERI, Dario. *História da filosofia*. Volume 2. São Paulo: Paulus, 1990.

REYNOLDS, Jack. *Existencialismo*. Rio de Janeiro: Vozes, 2013.

RIBEIRO, António Sousa. Os limites da tolerância: as "lições" do Holocausto. *Revista de História das Idéias*: tolerâncias, intolerâncias. Coimbra: Instituto de História e Teoria das Idéias da Faculdade de Letras da Universidade de Coimbra, vol. 25 (2004), pp. 405-419.

RIBEIRO, Renato Janine. Ética, política e cidadania: revistando a vida pública. In: COIMBRA, José de Ávila Aguiar (Org.). São Paulo: Editora Senac, 2002, pp. 121-145.

RICOEUR, Paul. *Em torno do político*. São Paulo: Loyola, 1995.

RICOEUR, Paul. Etapa atual do pensamento sobre a intolerância. In: BARRET-DUCROCQ, Françoise (Dir.). *A intolerância*: Foro Internacional sobre a Intolerância, Unesco, 27 de março de 1997, La Sorbonne, 28 de março de 1997. Tradução: Eloá Jacobina. Rio de Janeiro: Bertrand Brasil, 2000, pp. 20-23.

ROMANO, Roberto. Ética e Brasil 500 anos: história, ideias e fatos. In: COIMBRA, José de Ávila Aguiar (Org.). *Fronteiras da ética*. São Paulo: Editora Senac, 2002, pp. 51-73.

ROMILLY, Jacqueline. A Grécia Antiga contra a intolerância. In: BARRET--DUCROCQ, Françoise (Dir.). *A intolerância*: Foro Internacional sobre a Intolerância, Unesco, 27 de março de 1997, La Sorbonne, 28 de março de 1997. Tradução: Eloá Jacobina. Rio de Janeiro: Bertrand Brasil, 2000, pp. 31-33.

ROUSSEAU, Jean-Jacques. *Discurso sobre a origem a fundamentos da desigualdade entre os homens*. Mira-Sintra: Europa-América, 1976.

ROUSSEAU, Jean-Jacques. *Emílio ou da educação*. 3ª ed. São Paulo: Difel, 1979.

ROVIGHI, Sofia Vanni. *História da Filosofia contemporânea*. São Paulo: Loyola, 1999.

RUSS, Jacqueline. *A aventura do pensamento europeu*: uma história das idéias ocidentais. Lisboa: Terramar, 1997.

SANDEL, Michael J. *Liberalism and the limits of justice*. 2ª ed. Cambridge: Cambridge University Press, 1998.

SARTRE, Jean-Paul. *L'existencialisme est un humanisme*. Paris: Gallimard, 1996.

SCHILLING, Flávia. *Educação e direitos humanos*: percepções sobre a escola justa: resultados de uma pesquisa. São Paulo: Cortez, 2014a.

SCHILLING, Flávia. *A sociedade da insegurança e a violência na escola*. 2ª ed. São Paulo: Summus, 2014b.

SCHIO, Sônia Maria. *Hannah Arendt*: história e liberdade. Caxias do Sul: Educs, 2006.

SIBILIA, Paula. *Redes ou paredes*: a escola em tempos de dispersão. Rio de Janeiro: Contraponto, 2012.

SIDGWICK, Henry. *História da ética*. São Paulo: Ícone, 2010.

SILVA, Franklin Leopoldo. *Sartre e o humanismo*. São Paulo: Almedina, 2019.

SILVEIRA, Denis Coutinho. *Os sentidos da justiça em Aristóteles*. Porto Alegre: Edipucrs, 2001.

SINGER, Peter. *Vida ética*: os melhores ensaios do mais polêmico filósofo da atualidade. Rio de Janeiro: Ediouro, 2002.

SÓFOCLES. *Antígona*. Trad. Fernando Melro. 2ª ed. Lisboa: Editorial Inquérito Limitada, 1984.

SÓFOCLES. *Rei Édipo*. In: SÓFOCLES. *Rei Édipo/Antígone/Prometeu Acorrentado*. Trad: J. B. Mello e Souza. São Paulo: Edições de Ouro, s/d.

SOUZA, Maria Cecília Cortez Christiano. *Escola e memória*. Bragança Paulista: Editora da Universidade São Francisco, 2000.

SOUZA, Thana Mara. *A liberdade em Sartre*. São Paulo: Edições 70/Discurso Editorial, 2019.

TERRA, Ricardo. *Passagens: estudos sobre a filosofia de Kant*. Rio de Janeiro: Editora UFRJ, 2003.

THOUARD, Denis. *Kant*. São Paulo: Estação Liberdade, 2004.

TODOROV, Tzvetan. *Nós e os outros*: a reflexão francesa sobre a diversidade humana. Trad: Sergio Góes de Paula. Rio de Janeiro: Zahar, 1993.

TOURAINE, Alain. *Poderemos viver juntos?*: iguais e diferentes. Petrópolis: Vozes, 1998.

TRINDADE, Christiane Coutheux. *Educação, sociedade e democracia no pensamento de John Dewey* [teses USP]. São Paulo: FEUSP, 2009.

TUCIDÍDES. Oração fúnebre de Péricles. In: BRUNA, Jaime (Org.). *Eloquência grega e latina*. São Paulo: Ediouro, s/d.

TUGENDHAT, Ernst. *Lições sobre ética*. 4ª ed. Petrópolis: Vozes, 2000.

VAIDERGORN, José (Org.). *O direito a ter direitos*. Campinas: Autores Associados, 2000.

VALLESPÍN, Fernando. El neocontractualismo: John Rawls. In: CAMPS, Victoria (Org.). *Historia de la ética 3*: la ética contemporánea. 3ª ed. Barcelona: Crítica, 2008, pp. 582-605.

VANCOURT, Raymond. *Kant*. Lisboa: Edições 70, 2002.

VAYSSE, Jean-Marie. *Vocabulário de Immanuel Kant*. São Paulo: Martins Fontes, 2012.

VÁZQUEZ, Adolfo Sanchez. *Ética*. 22ª ed. Rio de Janeiro: Civilização Brasileira, 2002.

VENTÓS, Xavier Rubert de. *Ética sin atributos*. Barcelona: Editorial Anagrama, 1996.

VERNANT, Jean-Pierre. *Les origines de la pensée grecque*. 5ª ed. Paris: Quadrige/Presses Universitaires de France, 1983.

VERGNIÈRES, Solange. *Ética e política em Aristóteles*: physis, ethos, nomos. São Paulo: Paulus, 1998.

VIEIRA, Trajano. *Édipo Rei de Sófocles*. São Paulo: Perspectiva/Fapesp, 2001.

VOLTAIRE. *Tratado sobre a tolerância*. Trad: Paulo Neves. São Paulo: Martins Fontes, 2000.

WAGNER, Eugênia Sales. *Hannah Arendt*: ética e política. Cotia: Ateliê Editorial, 2006.

WALLERSTEIN, Immanuel. *O universalismo europeu*: a retórica do poder. São Paulo: Boitempo, 2007.

WARNIER, Jean-Pierre. *La mondialisation de la culture*. 4ª ed. Paris: Éditions La Découverte, 2007.

WATSON, David. *Hannah Arendt*. Rio de Janeiro: Difel, 2001.

WATSON, Peter. *Historia intelectual del siglo XX*. 3ª ed. Barcelona: Crítica, 2003.

WEBER, Max. *Ciência e política*: duas vocações. São Paulo: Martin Claret, 2006.

WOLFF, Francis. *Aristóteles e a política*. São Paulo: Discurso Editorial, 2001.

WORMSER, Gérard. Sartre, Jean-Paul (1905-1980). In: CANTO-SPERGER, Monique (Org.). *Dicionário de ética e filosofia moral*. Volume 2. São Leopoldo: Unisinos, 2003, pp. 531-537.